"十三五"国家重点出版物出版规划项目

智慧物流：现代物流与供应链管理丛书

冷链物流管理

主　编　汪利虹　冷凯君
副主编　傅翰祺　汤　云
参　编　初叶萍　潘　林　毕　娅
　　　　施　文　林宜静　杨申燕
　　　　周　程

机械工业出版社

本书编写团队以多年冷链物流管理教学、科研及企业实践应用的经验为基础，充分吸收国内外已有冷链教材的长处，致力于为物流类专业的学生打造一本具有专业特色的冷链物流管理教材。全书共九章，内容全面，由浅入深，覆盖了冷链物流管理的主要理论和方法。此外，每一章均设计了引例、综合案例与关键术语等应用环节，提供了大量的实际案例与资料，方便进行启发式教学与案例教学。

本书可作为高等院校物流类专业的教材，也可供企业、机构相关从业人员或立志投身冷链行业的有志之士参考。

图书在版编目（CIP）数据

冷链物流管理/汪利虹，冷凯君主编 .—北京：机械工业出版社，2019.3（2023.12 重印）

（智慧物流：现代物流与供应链管理丛书）

"十三五"国家重点出版物出版规划项目

ISBN 978-7-111-62205-5

Ⅰ.①冷… Ⅱ.①汪… ②冷… Ⅲ.①冷冻食品-物流管理-高等学校-教材 Ⅳ.①F252.8

中国版本图书馆 CIP 数据核字（2019）第 044378 号

机械工业出版社（北京市百万庄大街 22 号　邮政编码 100037）

策划编辑：常爱艳　易　敏　　责任编辑：常爱艳　易　敏　陈　洁

责任校对：樊钟英　　　　　　　封面设计：鞠　杨

责任印制：郜　敏

三河市国英印务有限公司印刷

2023 年 12 月第 1 版第 9 次印刷

185mm×260mm・14.75 印张・345 千字

标准书号：ISBN 978-7-111-62205-5

定价：38.80 元

电话服务　　　　　　　　网络服务

客服电话：010-88361066　　机　工　官　网：www.cmpbook.com

　　　　　010-88379833　　机　工　官　博：weibo.com/cmp1952

　　　　　010-68326294　　金　书　网：www.golden-book.com

封底无防伪标均为盗版　　　机工教育服务网：www.cmpedu.com

顾 问	马士华　华中科技大学教授
	海　峰　武汉大学教授
	李文峰　武汉理工大学教授
	李延晖　华中师范大学教授

前　言

进入21世纪以来，随着消费水平和安全意识的不断提升，人们对生鲜食材提出了更高的要求，全程冷链运输成为新常态。在"互联网+"和电商经济的双重推动下，冷链产品需求飞速增长，冷链物流已成为助推物流行业发展的新增长点，受到人们的极大关注。尤其是近年来，在现代信息技术（如互联网、大数据、物联网和人工智能等）的推动下，我国冷链物流技术迅速发展，特别是以生鲜农产品物流为代表的冷链物流，发展环境和条件不断改善。据不完全统计，我国每年约有4亿t生鲜农产品进入流通领域，冷链物流比例逐步提高。随着冷链市场不断扩大，冷链物流企业不断涌现，并呈现出网络化、标准化、规模化和集团化发展态势。

因此，冷链物流管理越来越受到企业的重视。冷链物流管理是生鲜农产品、食品及药品、生物制品等行业企业和组织在生产与流通过程中的一项基础管理工作，也是确保产品安全、降低运作成本、提高冷链附加值的关键，对提高冷链物流效率、降低冷链物流成本发挥着重要作用。

本书编写团队以多年冷链物流管理教学、科研及企业实践应用的经验为基础，充分吸收国内外已有冷链教材的长处，致力于为物流类专业的学生打造一本具有专业特色的冷链物流管理教材。本书内容全面，由浅入深，覆盖了冷链物流管理的主要理论和方法。特别是团队近年来与中国物流学会、台湾冷链协会密切合作，吸收了大量冷链物流管理的经验，每一章均设计了引例、综合案例与关键术语等应用环节，提供了大量的例题与应用案例分析，方便进行启发式教学与案例教学。

本书由汪利虹和冷凯君主编，共分九章。第一章由初叶萍和傅翰祺编写，第二章由毕娅和潘林编写，第三章由傅翰祺编写，第四章由冷凯君和傅翰祺编写，第五章由汪利虹编写，第六章由林宜静编写，第七章由周程编写，第八章由施文和潘林编写，第九章由杨申燕编写。汪利虹、冷凯君和汤云负责了本书的策划和内容体系的设计，并完成了统稿及审校。

在本书的编写过程中，华中科技大学马士华教授在百忙中从大纲的制定到终稿都给予了大量宝贵的意见。另外，本书编者在编写过程中还得到了国内许多物流与供应链管理领域专家的指导和帮助，如武汉大学海峰教授、武汉理工大学李文峰教授、华中师范大学李延晖教授、台湾冷链协会副理事长董志刚先生等。同时，本书的编写也得到了黄冈师范学院陈向军校长的大力支持和机械工业出版社的帮助。

由于作者水平有限，再加上"互联网+"和电商经济正在快速发展，对它们的认识和研究都还在继续深入，因此，书中难免出现谬误，真心希望读者批评指正。

编　者

目 录

前 言
第一章 冷链物流概述 ································· 1
学习目标 ································· 1
引例 ································· 1
第一节 冷链物流的含义及研究的主要内容 ································· 2
第二节 冷链物流的特点、分类与基本运作模式 ································· 6
第三节 冷链物流的发展现状及展望 ································· 11
关键术语 ································· 16
思考题 ································· 16
综合案例 ································· 16

第二章 冷链物流系统 ································· 18
学习目标 ································· 18
引例 ································· 18
第一节 冷链物流系统概述 ································· 19
第二节 冷链物流的系统分析 ································· 22
第三节 冷链物流系统的主要运作模式 ································· 32
关键术语 ································· 34
思考题 ································· 34
综合案例 ································· 34

第三章 冷链标准与法规 ································· 37
学习目标 ································· 37
引例 ································· 37
第一节 冷链标准化体系 ································· 38
第二节 冷链物流相关法规 ································· 44
第三节 冷链物流认证 ································· 53
关键术语 ································· 58
思考题 ································· 58
综合案例 ································· 59

第四章 冷库管理 ································· 61
学习目标 ································· 61
引例 ································· 61

冷链物流管理

　　第一节　冷库的日常管理 …………………………………………………… 62
　　第二节　冷库的卫生管理 …………………………………………………… 66
　　第三节　冷库的节能管理 …………………………………………………… 71
　　第四节　冷库的制冷系统管理 ……………………………………………… 75
　　第五节　气调冷库的管理 …………………………………………………… 86
　　关键术语 ……………………………………………………………………… 88
　　思考题 ………………………………………………………………………… 88
　　综合案例 ……………………………………………………………………… 90

第五章　冷链加工与包装 ………………………………………………………… 92
　　学习目标 ……………………………………………………………………… 92
　　引例 …………………………………………………………………………… 92
　　第一节　冷链加工概述 ……………………………………………………… 93
　　第二节　生鲜食品的冷却技术 ……………………………………………… 99
　　第三节　生鲜食品的冻结技术 ……………………………………………… 107
　　第四节　生鲜食品的解冻技术 ……………………………………………… 119
　　第五节　冷链保鲜包装 ……………………………………………………… 124
　　关键术语 ……………………………………………………………………… 134
　　思考题 ………………………………………………………………………… 134
　　综合案例 ……………………………………………………………………… 134

第六章　冷链运输 ………………………………………………………………… 137
　　学习目标 ……………………………………………………………………… 137
　　引例 …………………………………………………………………………… 137
　　第一节　冷链运输概述 ……………………………………………………… 137
　　第二节　运输模式及其特征 ………………………………………………… 139
　　第三节　冷链运输的温湿度及气体成分条件 ……………………………… 150
　　第四节　冷链运输温度与监控 ……………………………………………… 153
　　第五节　冷链运输的未来发展趋势 ………………………………………… 157
　　关键术语 ……………………………………………………………………… 159
　　思考题 ………………………………………………………………………… 159
　　综合案例 ……………………………………………………………………… 160

第七章　冷链配送 ………………………………………………………………… 162
　　学习目标 ……………………………………………………………………… 162
　　引例 …………………………………………………………………………… 162
　　第一节　冷链配送概述 ……………………………………………………… 163
　　第二节　冷链配送的基本要素及流程 ……………………………………… 168
　　第三节　冷链配送的典型模式及其选择 …………………………………… 170
　　第四节　冷链配送优化 ……………………………………………………… 177
　　第五节　冷链宅配 …………………………………………………………… 179
　　关键术语 ……………………………………………………………………… 182

思考题…………………………………………………………………………… 182
　　综合案例………………………………………………………………………… 183
第八章　冷链物流成本控制与节能……………………………………………… 185
　　学习目标………………………………………………………………………… 185
　　引例……………………………………………………………………………… 185
　　第一节　冷链物流成本概述…………………………………………………… 186
　　第二节　冷链物流成本的核算………………………………………………… 190
　　第三节　冷链物流成本的控制………………………………………………… 195
　　第四节　冷链物流节能概述…………………………………………………… 198
　　关键术语………………………………………………………………………… 202
　　思考题…………………………………………………………………………… 202
　　综合案例………………………………………………………………………… 202
第九章　冷链物流信息管理……………………………………………………… 205
　　学习目标………………………………………………………………………… 205
　　引例……………………………………………………………………………… 205
　　第一节　物流信息技术与应用………………………………………………… 206
　　第二节　物流信息技术在冷链物流中的应用………………………………… 211
　　第三节　冷链物流信息管理系统……………………………………………… 217
　　关键术语………………………………………………………………………… 222
　　思考题…………………………………………………………………………… 222
　　综合案例………………………………………………………………………… 223
参考文献…………………………………………………………………………… 226

第一章 冷链物流概述

◇ 学习目标

理解物流与冷链物流的含义；了解冷链物流的特点、分类与基本运作模式；掌握冷链物流的发展过程与趋势及发展中存在的问题；了解冷链物流的学科性质与研究内容。

◆ 引例

京东生鲜：创新业务模式 发力冷链物流

2017年开年不几日，京东生鲜便宣布与京深海鲜达成战略合作，以此为开端提供"活鲜"配送服务，实现北京、天津地区"211"送达，其周边城市则最慢实现次日达。在满是痛点与瓶颈的生鲜冷链物流领域，2016年才正式布局冷链物流的京东生鲜时隔一年便提出如此高难度的服务承诺，不得不说有巨大的魄力。当然，借此也可以看出冷链物流的重要性及京东的高度重视。在这片物流领域的新蓝海，京东生鲜的冷链物流体系有何优势？其业务模式又有何不同呢？

2016年1月，京东生鲜事业部（以下简称京东生鲜）正式成立。京东生鲜坚持以让"消费者吃得更好一点"为宗旨，致力于让产品更加优质、服务更加出众、体验更加完善。

生鲜冷链物流除了要具备普通电商物流的各种条件外，更重要的是如何始终在规定的温度环境下把生鲜产品安全、及时、准确地送到消费者手里，让消费者放心。这就对生鲜冷链物流有了更高的要求。例如，不同的生鲜产品要求不同的源头预冷环境、存储环境、运输环境，以及最后一公里配送环境，这样的全程冷链如何保证？由此产生的大量成本如何有效控制？除此之外，针对大量不同的非标产品，怎样做到物流作业标准化以提高效率？符合生鲜电商所需的冷库在社会上难以寻找，运输过程与最后一公里配送脱冷等各种痛点如何解决？我国生鲜冷链物流起步较晚，标准相对缺失，各种痛点制约之下，发展亟待破局。针对生鲜冷链物流的这些痛点，京东物流也正试图开出自己的"药方"。

首先，把控选品源头。京东生鲜通过与优质品牌商合作，选取高品质生鲜产品，同时自己设计包装，将生鲜产品包装标准化，再运输至全国各区域的RDC仓；对于季节性、产地性的优质生鲜产品，则通过协同仓的模式，即在产地打包，通过航空陆运资源，实现一地发全国。

其次，流程标准化。电商生鲜最重要的是让产品具有统一的标准，这样才方便在电商平台上进行销售。而精品化更是生鲜电商未来发展的核心。2017年，京东生鲜制定了数百份标准，如商家引入标准、商品入库验收标准、商品存储的温湿度标准、商品保质期标准等，以此确保每一件商品的品质。同时，在 RDC 仓的收货区，京东生鲜还专门设立了生鲜产品快检实验室，建立了农药残留快检、食品安全快检、畜肉及水产品的快检流程及标准，从而确保食品安全，让消费者吃得放心。

再次，自建冷链物流网络。借助京东自营的冷链配送体系，通过标准化的配送流程，京东生鲜可以实现生鲜产品在产地运输、干线运输、仓储、终端配送四大环节的全程冷链无缝衔接。目前，京东除拥有专属冷链运输车、创新第四代配送箱外，自有冷库也均是按照高标准建设的，如仓库有多个温控区域，可以满足不同生鲜产品对温度的要求。针对最难实现标准化的仓配环节，京东生鲜更创新了京东产地协同仓的运营模式，减少流通环节，实现生鲜服务体系的标准化，进一步提升消费者的"新鲜"体验。在冷链监控方面，京东生鲜打造了生鲜产品温湿度监控平台，从商品入库、存储，一直到客户手中，每一个流转环节，通过 GPRS 功能实现全程实时温湿度监控，确保商品在仓储、运输和配送环节的温度可控、时效可控、品质可控。

最后，严控库存管理。依托京东大数据平台，分析并提前预估销量，从而有序地进行预售和备货，尽可能避免生鲜产品积压，保障每一位消费者买到的都是新鲜的产品。详细来说，京东生鲜在库存管理上有两大明显优势：其一，库存共享逻辑，通过零库存协同、RDC/FDC 等创新设计，将生鲜产品库存最大化应用到各个用户场景，在降低库存持有成本的同时确保不断货；其二，库存鲜度管理，通过严苛选品、出入库保质期管理、种植养殖基地直发等举措，确保商品更加新鲜。

随着我国生鲜电商市场规模不断扩展，在广阔的发展空间和前景下，京东生鲜将会继续发力冷链物流，除了自建大量标准化冷库外，还将在配送模式上不断创新、升级，以全程冷链更好地保障生鲜产品的品质，不断提升客户体验。

第一节 冷链物流的含义及研究的主要内容

冷链物流是近几年发展起来的一门新兴的理论与实践紧密结合的交叉学科，主要研究冷藏冷冻品从生产、储藏、运输、销售到消费前各个物流环节的管理，使其始终处于低温环境下，以保证产品质量、减少物品损耗。

一、冷链物流的含义

随着我国经济的不断发展，人民生活水平逐步提高，人们对商品的消费从以往的只注重商品数量逐步过渡到关注商品的质量，进而关注生产商品的整个产业链是否环保等方面。由于冷链物流在提高产品质量和品质、降低损耗等方面的优越性，冷链物流受到人们前所未有的关注和重视。2009 年国家颁布《物流业调整和振兴规划》；2010 年 6 月国家发展和改革委员会正式公布了《农产品冷链物流发展规划》，其作为国家层面的第一个专业物流规划，标志着我国农产品冷链物流站在了一个新的起点上，进入了一个新的发展阶段。人们逐步认识到冷链物流的重要性。由于冷链应用范围最广的主要是在农

第一章 冷链物流概述

产品及食品方面，因此本书冷链物流主要的内容以农产品冷链物流为主。

（一）冷链的含义

冷链也称为冷藏链，最开始源于食品保鲜。食品发生变质的主要原因是微生物的活动及生物酶产生的生化反应。食品中残留的微生物在适当的温度和水分存在时就会发生一系列的生化反应，导致食品变质。为保证食品质量，延长食品保质期，最基本的办法就是抑制微生物和酶的活动，也就是要降低温度和减少水分，使微生物和酶的活力降低、减缓。减少食品损耗的关键是温度，由温度变化引起的食品品质的下降具有累积性和不可逆性，因此必须对食品温度进行控制。伴随着学术界对冷链研究的深入，人们基于不同的研究角度，提出了视角不同的定义，其中以美国、欧盟和日本这些冷链物流先进的国家提出的冷链概念比较完善。美国食品药品管理局（US Food and Drug Administration，FDA）对冷链的定义为"贯穿从农田到餐桌的连续过程中维持适宜的温度，以抑制细菌的生长"。在美国，物流行业发展领先于世界水平，美国的农产品冷链物流业发展历史悠久，畜禽肉冷链流通率为100%，果蔬冷链流通率达95%以上，其对冷链的定义体现了供应链的思想。欧盟把冷链定义为"原材料的供应、经过生产、加工或屠宰，直到最终消费为止的一系列有温度控制的过程，冷链是用来描述冷藏和冷冻食品的生产、配送、储存和零售这一系列相互关联的操作的术语"。该定义中强调的是冷链的具体操作，由实践推动了欧盟各国对冷链标准化的统一和接口管理。日本《明镜国语辞典》指出，冷链是"通过采用冷冻、冷藏和低温储藏等技术，使鲜活食品、原料保持新鲜状态由生产者流通至消费者的系统"。日本对冷链的定义强调的是系统性和技术性，日本重视技术研究及应用，其冷链技术在全世界处于领先水平。因此，日本的冷链系统发展完善，在包括采收、采后预冷、整理、储藏、冷冻、运输和信息技术等方面普遍具备了较高水平，形成了规范配套的流通体系。冷链的构成如图1-1所示。

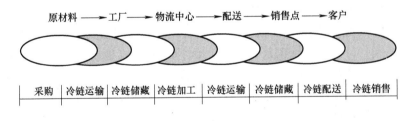

图1-1 冷链的构成

我国冷链行业起步较晚，1954年才开始冷链的初期建设，对冷链的研究分散在不同的经济领域，如禽畜产品、水产品、果蔬、速冻食品和冷饮加工等领域，因而冷链的定义也来自产业界，侧重于经济领域的实践总结。孙金萍（1997）提出，冷链是指"采用一定的技术手段，使易腐货物从采收加工、包装、储存、运输及销售的整个过程中都不间断地处于一定的适宜条件下，尽量降低货物质量的下降速度，最大限度地保持货物最佳质量的一整套综合设施和手段"。吕峰（2001）提出，冷链是"使食品在整个生产和流通范围内保持均衡低温以获得最佳品质的一种系统设施"。张英奎（2001）等也提出了冷链的定义，但他的定义只是针对食品冷链。王之泰（2010）提出"冷链是对特定物品在生产制造、流通、物流、应用和消费过程中使用的链式低温保障系统"。

冷链物流管理

原来的《物流术语》(GB/T 18354—2001)定义冷链为"保持新鲜食品及冷冻食品等的品质,使其在从生产到消费的过程中,始终处于低温状态的配有专门设备的物流网络"。2006年修订的国家标准《物流术语》(GB/T 18354—2006)定义冷链为"根据物品特性,为保持新鲜食品及冷冻食品等的品质,使其在从生产到消费的过程中,始终处于低温状态的配有专门设备的物流网络"。该标准同时对物流网络也做出了明确的定义,"物流网络是物流过程中相互关联的组织、设施和信息的集合"。《农产品冷链物流发展规划》(2010)将农产品冷链物流定义为"使肉、禽、水产、蔬菜、水果、蛋等生鲜农产品从产地采收(或屠宰、捕捞)后,在产品加工、储藏、运输、分销、零售等环节始终处于适宜的低温控制环境下,最大限度地保证产品品质和质量安全、减少损耗、防止污染的特殊供应链系统"。

我国不同时期出现的冷链定义反映了我国对冷链理解的三个层次。初始阶段可以称为"操作层"。根据人类认识事物的规律,对新鲜事物的接受和理解往往先停留在对事物的感观认识上。在初期将冷链定义为设施,反映了当时对冷链的认识还只是停留在基本的实物认知层面。将冷链定义为物流网络,则不仅包含了实物层的设施,还包括了信息和管理职能中的组织。此阶段由于处于认识的中间位置,本书称之为"管理层"。现在,越来越多的学者在定义冷链时,将冷链定义为一种特殊的供应链。供应链的思想是一种管理的思想,这反映了经过一定时间的发展,我国对冷链的认识上升到"战略层"。供应链管理的思想强调整个链条上企业间的协调和集成化管理。随着时间的推移,我国对冷链的认识从感性的实物层上升到理性的管理层,不同层次研究的重点不尽相同,认识的宽度也得到扩展。

(二) 冷链物流的含义

国内外的学者对冷链物流进行了许多研究。1996年,Den Ouden Zuurbier 等学者首次提出了食品低温供应链的概念,并认为食品低温供应链管理是农产品和食品生产、销售等组织为了降低物流成本、提高质量、提高食品安全性和物流服务水平而实施的一种一体化运作模式。付建华和魏国辰(2008)认为冷链物流是在我国专业分工加快,需求专业化的市场细分背景环境下产生出的一种新型行业。冷链物流是对冷藏冷冻食品在生产、储藏、运输、销售,到消费前的各个环节中始终处于低温环境下,以保证食品的质量,减少食品损耗这一食品冷链体系的泛指。根据国内外文献研究及实践分析,我们认为冷链物流泛指使冷藏冷冻产品在生产、储藏、运输、销售到消费前的各个环节中始终处于规定的低温环境下,以保证食品质量、减少食品损耗的一项系统工程。其构成模型如图1-2所示。

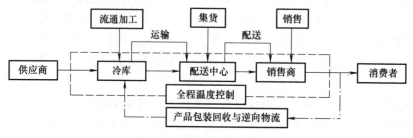

图1-2 冷链物流的构成模型

(三) 冷链物流的适用范围

冷链物流的适用范围主要有以下三类：第一类是初级农产品，如蔬菜、水果、肉、禽、蛋、水产品、花卉产品；第二类是加工食品，如速冻食品，禽、肉、水产等包装熟食，冰激凌和奶制品，快餐原料；第三类是特殊商品，如药品或疫苗等。

由于冷链是以保证冷藏冷冻产品品质为目的，以保持低温环境为核心要求的供应链系统，所以它比一般常温物流系统的要求更高、更复杂，建设投资也要大很多，是一个庞大的系统工程。冷藏冷冻产品的时效性要求冷链各环节具有更高的组织协调性，所以，冷链物流的运作始终是和能耗成本相关联的，有效控制运作成本与冷链物流的发展密切相关。

二、冷链物流研究的主要内容

冷链物流的兴起和发展促成了人们对冷链物流的研究与关注。对冷链物流业来讲，"十二五"时期是我国冷链物流业进行产业升级的关键时期。根据国务院颁布的《物流业调整和振兴规划》要求，国家发展和改革委员会正式发布了《农产品冷链物流发展规划》，冷链物流正处于方兴未艾的发展时期，代表着一种新兴的物流业态。冷链物流是一种特殊的物流形式，涉及多个产业，运作的复杂性很高，需要专门的系统研究。冷链物流活动本身的特殊性、冷链学科的综合性，促成了冷链物流研究的产生和发展。

(一) 冷链物流的学科性质

冷链物流是一门新兴的理论与实践相结合的交叉学科。它运用了经济学、管理学、物理、化学、数学、系统学和运筹学等理论工具；涉及物流管理学、运输经济学、企业管理学、生物学、制冷学、电学和食品工艺学等应用学科；对运输、仓储、冷冻、计算机、互联网等方面的技术有着越来越高的要求。

(二) 冷链物流的研究内容

冷链物流主要研究依据物品的质量属性，利用物流网络、物流设施和物流技术，保证冷藏冷冻品从生产、储藏、运输、销售，到消费前的各个环节始终处于低温环境下，以保证产品质量，减少物品损耗。其研究内容可以概括为以下几个层面：

第一，经济学层面。例如：冷链物流园区建设与宏观经济、区域经济的关系；冷链物流企业运作的经济性分析；冷链物流运营，采用第三方物流、第四方物流及物流集团化的经济性等。

第二，管理学层面。例如：冷链物流网络的建立与冷链物流系统的建设；冷链物流的采购、运输、仓储、流通加工、包装、配送、信息系统等作业环节一体化管理；冷链物流系统的组织管理、企业物流系统的绩效评价等。

第三，技术层面。冷藏冷冻食品的特性、食品保鲜及加工工艺、冷库布局与规划、冷链节能工艺与技术、冷链营运管理、冷藏运输技术、信息技术和智化技术等。

当前，冷链物流管理研究的前沿问题主要有：供应链集成设计问题；供应链管理问题；第三方、第四方物流企业运作问题；多式联运及一贯式运输问题；配送网络优化问题；信息技术、环境保护和绿色物流等。

冷链物流管理

◇【同步案例1-1】

蒙牛乳业冷链物流的应用

乳制品冷链物流是指产地源奶及加工制品在储藏、运输、加工、分销和零售的整个过程中，采用冷冻工艺和制冷技术，使乳制品始终处于适宜的低温条件的物流活动。近些年来，我国的乳制品产业增长迅速，为冷链物流的发展带来了千载难逢的机会。乳制品需一直处在所要求的低温环境中才不会腐败变质，高质量的冷链物流对促进乳业的发展具有重要意义。我国做得比较成功的乳业公司有蒙牛、伊利、三元和光明等，它们的冷链物流运作各有所长，其中蒙牛的低温市场增长显著。蒙牛是怎样做到的呢？

1. 创建虚拟的冷链物流

蒙牛乳业创建了覆盖全国范围的虚拟冷链物流。有了全面的虚拟冷链物流网络，采用虚拟的网络连接，蒙牛乳业大力投入品牌、管理、技术和配方，很快建立起完善的冷链物流体系。

2. 加大投入硬件设施

蒙牛乳业在零售终端都投放冰柜，以确保其低温乳制品的品质。从北京销往各地的低温产品全部通过汽运从北京销出，尽管成本高，但是花的时间短，因为蒙牛乳业要求其产品必须在2~3天到达销售终端，如果超过生产日期3天，销售终端可以拒绝进货，这样有力地保证了乳制品质量，蒙牛便尽可能扩大规模以减少物流费用。

3. 建立科学合理的冷链物流运作体系

蒙牛建立了科学合理的冷链物流运作体系，它有稳定的合作伙伴关系，如有的大型超市通过蒙牛冷链物流运输工具直接送达销售终端的冷柜，防止鲜奶变质。伴随着它们之间的不断合作，合作关系越来越稳固。蒙牛不断积累相关经验，逐渐重组生产加工企业的冷链资源、社会资源和自身资源，蒙牛的冷链物流管理和运作体系将日趋完善。

冷链物流涉及温度记录与跟踪、温度设备控制、商品验收、运作系统程序建立等领域。在冷链物流中，质量必须是权重最大、被考虑最多的因素，而高质量必须要标准化与跟踪作为保障。在运输过程中，采用实时跟踪技术监控确保运输环节符合作业标准，以保障运输产品的高质量。而针对我国现状，昂贵的实时跟踪技术监控短时间内难以全面实现，可以选择使用类似于民航飞机上黑匣子的技术，实时记录冷藏车的位置和状态，只要在签收货物时查看记录，有关冷藏车的停发时刻、温度变化等数据就会一目了然。

第二节 冷链物流的特点、分类与基本运作模式

与一般物流（常温物流）比较而言，冷链物流对商品的生鲜度的质量要求比常温物流的要求更加严格。冷链物流中的产品，在生产、储存、运输、再加工及销售的全过程中始终处于规定的低温环境下，冷链物流是以保持低温环境为核心要求的供应链系统，是一种比较特殊的物流模式。

一、冷链物流的特点

作为物流的重要组成部分，冷链物流除了具有一般物流的特点外，还具有自身的特

色,如对冷藏技术和时间的严格要求,这是冷链物流与其他物流的主要区别。除此之外,冷链物流还具有以下特点:

(一) 建设投资大,技术复杂

由于冷链物流的运行需要冷藏冷冻车、冷柜集装箱、冷藏冷冻仓库、零售端冷柜等一系列设备来保证物品储运所需温度,并且为了对物品运输进行跟踪和监控,还需要建立比较畅通的信息系统,建设投入的资本比较大,这些决定了冷链物流的投资比一般供应链要大很多。

(二) 要求冷链各环节具有更高的组织协调性

冷链物流服务的对象大多是易腐产品,易腐产品的生命周期通常都比较短,在运送过程中通常有时间窗(Time Windows)的限制。超过了这一时间窗,产品品质面临很大威胁,产品销售的可能性降低,对公司的形象造成损害,企业的运营风险增加。这就要求企业必须保证每个作业环节的连贯性,使整个物流过程保持高度的协调。

(三) 要求更加关注运作成本的控制

在冷链物流服务的过程中,每个地方、每个时间的温度不一样,为保证易腐产品的合适储运温度,机械设备的能耗也不一样。一般来说,冷库建设和冷藏车的购置投资是一般库房和干货车辆的3~5倍;与普通货物运输相比,冷链运输和仓储成本是一般普通货品的2~3倍。而冷链所包含的制冷技术、保温技术、产品质量变化机理和温度控制及监测技术是支撑冷链的技术基础,所需的建设资金也比常温物流要高得多,整个运营过程中,也需要更多的能源消耗。企业必须把这些因素纳入到成本的合理控制之中。

(四) 冷链物流市场经营规模小,网络分散

由于冷链物流配送对时效性要求高,冷链建设一般具有满足区域性需求的特点,网络相对比较分散。此外,冷链物流的成本一般要高于常温物流,因此市场需求往往受到经济发展水平的影响,经济发展水平高的地区,冷链物流需求相对旺盛,而经济发展水平低的地区,市场经营规模较小。

二、冷链物流的分类

冷链物流的分类可以根据不同的标准来进行。目前,国家标准没有对冷链物流进行分类,本书在吸收相关理论及实践的基础上归纳常见的分类如下:

(一) 按物流功能分类

按物流功能分类,冷链物流可以分为:单一品种储运的冷藏冷冻冷链;单一流通加工功能的冷链;单纯从事冷藏冷冻品周转、分拣业务的冷链;具有冷藏冷冻品周转、分拣作用,拥有保管、在库流通加工等综合功能的冷链。

(二) 按商品的属性分类

按商品的属性分类,冷链物流可以分为农产品冷链、食品冷链、医药品冷链、生物制品冷链、化工原料冷链、特殊危化品冷链、花卉及苗木冷链等。

(三) 按商品的在库温度分类

按商品的在库温度分类,冷链物流可以分为保鲜(0~5℃)、冷藏(-10~20℃)、速冻(-30℃以下)及低温(-25~-22℃)冷链。

(四) 按冷链企业类型分类

冷链物流企业分为八大类型,详见表1-1。不同的企业组织不同的冷链物流。

表1-1 冷链物流企业分类

类 型	定 义
市场型冷链企业(第三方)	以企业为主导,集生产、储存、配送与加工于一体,专门为市场配套的冷库及流通加工企业
配送中心型冷链企业	依托某一大型终端零售企业建立的以配送中心为核心的冷链企业
生产型冷链企业	依托某一种或几种农产品发展农产品加工,并建设冷链物流的企业
产地储存型冷链企业	为实现全程冷链的目标,在产地建设的冷链储存及预冷企业
集散周转型冷链企业	为实现大城市节点、物流节点要求进行大批量的进出、集散与周转而建设的冷链企业
冷链快餐型企业	为城市快餐业的发展而发展起来的冷链企业
出口贸易型冷链企业	专门进行冷链业务出口的企业,特别是保税物流企业
资源整合型冷链企业	基于供应链整合的冷链物流企业,其在整个冷链的链条上进行相关的整合,提供解决方案,提高效益,降低成本

三、冷链物流的基本运作模式

由于各地自然条件不同,各地区的经济发展、基础建设程度也不同,冷链物流发展模式也不相同。下面就几种基本的冷链物流运作模式进行对比分析。

(一) 以大型生产或加工企业为主导的冷链物流模式

在该模式中,大型冷链产品生产或加工企业是核心企业,根据自身的资源通过自建、联合建社区专卖店或直接进入超市,控制销售终端,组织冷链物流。如图1-3所示是以大型加工企业为主导的农产品冷链物流模式。例如,双汇、蒙牛等根据自身的资源通过自建或联合建社区专卖店,控制销售终端,组织生鲜农产品物流。这种模式物流环节少,信息反馈及时,市场灵敏度高,可加快物流速度,有助于提高冷链产品的附加价值。目前,我国的一些大型农副产品的加工企业已经开始建立自己的物流供应链系统。

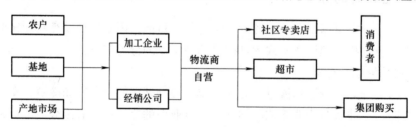

图1-3 以大型加工企业为主导的农产品冷链物流模式

(二) 以大型批发市场运营商为主导的冷链物流模式

例如,在农产品领域,大型农产品批发市场运营商通过与农产品经销公司、专业合作社联合,形成农产品生产、收购、加工、储存保鲜、配送及提供市场信息等一体化的物流模式,如图1-4所示。在这种模式中,农产品批发市场运营商接受用户需求的拉力和基于利润需求的推力,建立综合化和一体化的物流服务体系,并作为供应链的链主企业驱动各参与主体实施物流供应链管理,建立起利益共享、风险共担的运行机制。

第一章 冷链物流概述

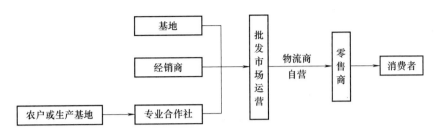

图1-4 以大型农产品批发市场运营商为主导的农产品冷链物流模式

（三）以连锁店为主导的冷链物流模式

伴随着现代化生活节奏的加快、生活消费水平的提高，以及对冷链产品安全关注程度的提升，消费者越来越多地在连锁店购买各类生鲜产品。如图1-5所示。连锁店向生鲜农产品冷链物流上游延伸，通过投资兴建基地或与生产品经销公司、加工企业联合，与大规模稳定货源和基地的产品生产商建立长期合作关系，并通过自建配送中心或采用第三方物流，向门店提供产品。这种模式有助于实现产品质量、加工和管理的标准化，能有效控制和减少店铺的存货和损耗，有利于连锁店品牌的发展，是今后较长时期内生鲜产品、农产品冷链物流的主流模式。

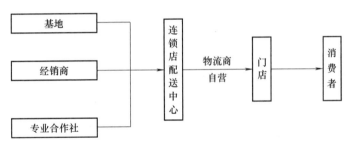

图1-5 以连锁店为主导的农产品冷链物流模式

（四）农产品冷链物流的农超对接联盟模式

所谓农超对接，就是把超市和生产者之间的一些低效环节节减，即超市不经过批发商、经纪人、批发市场等中间环节，直接从农民、农业专业合作社和种植龙头企业等生产者处采购农产品，如图1-6所示。2008年，商务部和农业部开始推行农超对接这种新

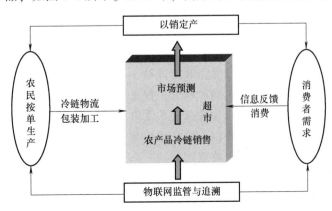

图1-6 农产品冷链物流的农超对接联盟模式

冷链物流管理

型的运作模式，目的就是为了保障消费者的食品安全，增加消费者和生产者的利益。在农超对接模式中，超市销售的农产品价格比传统以批发市场为核心的流通模式更为便宜，价格大概低10%～15%。从2010年中国连锁经营协会对农超对接的调查中发现，加入农超对接的超市的农产品采购价格比传统收购商高2.75%，而终端销售价格却比传统流通的同类商品平均低11.57%。

在冷链物流的农超对接联盟模式中，通常可以根据当地具体的情况来确定联盟的主体。联盟主体有以下几种可供选择：

（1）超市+合作社　这种对接模式中超市起到核心作用，分散的农产品可通过超市直接销售到消费者手里，减少了一些不必要的中间环节，整个交易成本得到有效控制，同时农产品的质量也得到很好的保证。

（2）超市+专业合作联社　这种模式相对于第一种更为先进。由于我国很多地区的合作社还处于规模小、资金少和管理水平低下的阶段，把这些合作社联合起来，集中他们的资源，成立专业合作联社，能使冷链物流的农超对接更为顺畅。

（3）超市+批发市场+合作社　采取这种模式的一般为中小型超市，超市还不能建立自身的基地和配送中心，只能和合作社所在地的批发市场建立合作关系，长期采购所需的农产品，减少了中间成本。

（4）联合直采　大型超市和供销合作社之间形成合作关系，共同选择合适的生产基地和农业专业合作社，供销合作社利用自身的管控优势，对农产品的生产和运输质量进行监督和管理，而大型超市只对农产品的销售负责。

（5）超市直营　在这种模式中，专业购销合作社在超市里设立农产品的销售柜台，对农产品进行直销。专业购销合作社可以依靠自身的实力选择认可的生产基地生产存在市场潜力的农产品，根据市场需求的变化进行农产品的采摘，由农民直接送到专业购销合作社的配货中心，配货中心再及时有效地配送到超市的直营柜台。

◇【同步案例1-2】

广西生鲜农产品冷链物流运作模式研究

（一）广西生鲜农产品现有的冷链物流模式

1. 以批发市场为主导的生鲜农产品冷链物流模式

批发市场模式主要是以批发商批发为主，其生鲜农产品的来源有两种途径：一种是农户直接把农产品运输到批发市场进行销售；另外一种是批发商作为中介去生产地收购，再集中到批发市场进行批量批发。批发市场的形成有些是在自发形成的基础上，政府进行主导经营，还有些是企业投资，政府协助。在批发市场上进行的交易一般都是比较大型的交易，涉及的物流主体也相对较多，但主要以大型零售商为主。批发市场这种物流模式有利于构建合理方便的销售渠道，尽量避免分散经营，实现农产品物流的规模化，降低物流成本。广西目前主要以小批发市场为主，规模效应不足，缺乏专业的管理运作能力，但也有一些比较成功、典型。

2. 连锁超市模式

连锁超市模式中，货源主要来自超市与农户签订长期供货合同，或超市自己到批发市场采购。在物流环节方面，有的超市有自有运输车，有的是外包给专业的物流公司，它们有稳定、互动互助的合作关系。连锁超市模式能够减少物流环节，提高物流环节中各个节点之间的相互协调的能力，保证货源的稳定性，加快运输和分销的速度，缩短在这些环节上的时间，保证高效和快捷的物流服务。

(二) 广西生鲜农产品冷链物流发展新模式构建

1. 建立第三方冷链物流企业的运输型冷链模式

广西的农产品主要都是通过批发市场流向全国各地，这已经成为广西生鲜农产品流通的主导方式。广西作为东盟水果集散的中转站，也是"南菜北运"的生产基地之一，承担着农产品外运的重要任务。因此，广西应与时俱进，响应国家发展冷链物流的需要，努力发展一批第三方冷链物流企业。

2. 构建以龙头企业为核心的生鲜农产品销售型冷链物流模式

广西涉农的龙头企业比较少，主要有南宁肉联厂、广西春江食品有限公司、广西亮亮集团、桂林力源粮油食品公司、海吉星大地、广西皇氏甲天下乳业公司和广西黑五类食品集团有限责任公司等。此外，广西目前的冷链物流企业远离农产品产地，经营范围容易受到限制，导致在销售环节不能保证冷链农产品的品质，对冷链物流造成不良的影响，因此，要发展涉农的冷链物流龙头企业。

第三节 冷链物流的发展现状及展望

一、国外冷链物流的发展现状

冷链的起源要追溯到 19 世纪上半叶冷冻机的发明。随着电冰箱的出现，各种保鲜和冷冻农产品开始进入市场，进入消费者的家庭。冷链作为一个概念最早是由美国人艾伯特·巴尔里尔（Albert Barrier）和英国人 O. A. 莱迪齐（O. A. Ruddich）于 1894 年先后提出来的。到了 20 世纪 30 年代，欧洲和美国的农产品冷链已经初步建立。20 世纪 40 年代，欧洲的农产品冷链在第二次世界大战中被摧毁，但战后又很快重建。如今，发达国家易腐食品的物流冷藏率已经达到 100%。

美国是最早提出物流管理的国家之一。美国拥有一个庞大、通畅、复合、高效的农产品冷链物流体系。美国农产品的生产以高度专业化、区域化和规模化著称，其产地市场集中，在农产品冷链运营模式上，以大规模直销和配送为主，平均 78.5% 的农产品是从产地经物流配送中心直接到零售商，批发商销量仅占 20% 左右。以蔬菜产业为例，美国的蔬菜物流是世界上最先进、最具有代表性的农产品冷链物流，蔬菜从田间采摘到进入终端消费者始终处于所需的低温条件下，田间采后预冷→冷库→冷藏车运输→批发站冷库→超市冷柜→消费者冰箱，整个物流链的损失只有 1%～2%，实现了产前、产中和产后全程全方位社会化服务，较好地解决了蔬菜均衡供应的问题，并且物流环节的损耗率极低。此外，美国十分重视加强农业信息化的建设，美国政府每年拨款 1.5 亿美元建设农业信息网络，建成世界最大的农业计算机网络系统 AGNET，覆盖美国国内 46 个州、加拿大的 6 个省及美国和加拿大以外的 7 个国家，连通美国农业部、15 个州的农业署、36 所大学和大量的农业企业。农民通过家中的电话、电视或计算机，便可共享网络中的信息资源,实现了生产者、运营者和销售者的资源与信息共享。以信息技术、储运技术、冷链技术等为支撑,美国在发达国家中率先实现了农产品冷链物流现代化和专业化,大大降低了农产品的损耗率,已经形成了完整的冷链物流体系。

第二次世界大战结束后经济的高速增长,促进了日本在冷链物流方面的巨大发展。日本在大中城市、港口、主要公路枢纽都对物流设施进行了合理规划,在全国范围内开展了包括高速公路网、新干线铁路运输网、沿海港湾设施、航空枢纽港、流通聚集地在内的各种基础设施建设,形成了较完整的冷链物流网络体系。在农产品冷链物流运作模式上,日本建立了以农业合作组织为主、以中心批发市场为核心的农产品冷链物流体系,有效地保障了城市的生鲜农产品供应。农产品生产总量的80%~90%经由批发市场送达最终消费者。日本还在全国生鲜农产品主产地建设了高密度、专业化的冷库,在农产品保鲜、冷藏、运输、仓储和加工等环节采用了先进的冷藏、冷冻技术及设备,减少农产品在储运过程中的损耗,在果蔬的分级、挑选、加工、包装和销售等环节中都采用了冷链的保鲜技术,已形成了"从田间到餐桌"的一整套完备的农产品冷链物流服务体系。运用信息技术建立电子虚拟的果蔬冷链物流供应链管理系统,对农产品的产、储、运、销全过程进行动态监控,同时实现物流信息在全国范围内的实时传递。到1975年,日本的冷链物流进入了基本完善的阶段。进入20世纪90年代,日本加大了在法律法规和标准化方面的建设,先后颁布了《物流法》《物流二法》《物流效率化法》《综合物流施政大纲》《新综合物流施政大纲》等一系列促进综合性物流发展的法律规范和政策,全面指导物流业的发展。

综上所述,发达国家的冷链物流起步较早,目前已发展得比较成熟。其主要的经验为:

1)建立"从农田到餐桌"的整套体系,实现全过程的食品安全控制与管理。

2)鼓励多种冷链物流模式并存共赢,大型批发市场和超市集团等龙头企业在促进农产品冷链物流发展中发挥了至关重要的作用。

3)采用先进的冷链物流技术设施,如产地加工企业采用真空预冷技术和冰温预冷技术,降低农产品的呼吸强度,延长了保鲜期,采用自动化冷库技术和气调储藏技术,使鲜活农产品的储藏保鲜期比普通冷藏延长1~2倍等。

4)建立一系列法律法规和物流标准,确保了冷链物流的农产品质量与安全。

5)制定一系列优惠、扶持政策,加大对冷链物流企业的投入。

二、我国冷链物流的发展现状

与发达国家相比,以农产品为例,我国农产品冷链物流起步较晚,国内的冷链最早产生于20世纪50年代的肉食品外贸出口。随着经济发展水平的提高和人们消费观念的变化,国内冷链物流市场需求和供给都有了大幅度的增长,但与发达国家相比存在很大差距,主要表现在如下几个方面:

1. 尚未形成一个独立完整的冷链系统

中国是个农业大国,但农产品产业化和产供销一体化水平不高,在初级农产品和易腐蚀食品供应链上,上下游之间缺乏整体规划与协调,无法实现冷链流通。据《2013—2017年中国冷链物流行业市场调研与投资预测分析报告》显示,我国综合冷链应用率

第一章　冷链物流概述

仅为19%，果蔬、肉类、水产品冷链流通率分别为5%、15%、23%，冷藏运输率分别为15%、30%、40%，产品损腐率较高，仅水果、蔬菜等农产品在采摘、运输、储存等物流环节上的损失率就达25%~30%，每年约有1.3亿t的蔬菜和1200万t的果品在运输中损失。目前大约90%的肉类、80%的鱼、很多牛奶和豆制品基本上处于常温环境中流通和初加工，即使是冷链中的产品，从产地进入市场零售的过程中也存在"断链"现象。

2. 冷链物流的硬件设施建设不足、技术含量低

农产品冷藏运输、存储设备落后，基础设施不足，在地理分布上也存在较大差异。原有设施设备陈旧，发展和分布不均衡，无法为易腐食品流通系统提供低温保障。中国冷链物流网整理的数据显示，2011年时我国人均冷库容量仅为$0.046m^3$，冷藏保温车保有量约为3万辆，仅占货运汽车的0.3%，汽车冷藏运输占全部货物运输总量的20%左右；在铁路货运方面，冷藏车只有7000余辆，仅占总运行铁路车辆的2%，冷藏运货量不到铁路货运量的1%。冷冻冷藏设施普遍陈旧老化，并且区域分布不平衡，大型农产品批发市场、区域性农产品配送中心等关键物流节点缺少冷冻冷藏设施。各类冷库的结构比例不平衡，大型生产性冷库比较多，小型零售冷库比较少，肉类冷库比蔬果冷库多。

3. 冷链物流市场化程度很低，第三方冷链物流公司发展落后

目前，我国的第三方物流还主要以提供货物代理、库存管理、搬运和定向运输等业务为主，很少有物流企业能够提供全面、综合、集成的冷链物流服务。正是由于第三方冷链物流的发展滞后，物流服务覆盖的网络有限，以及物流信息，系统建设缓慢，冷链物流的质量、准确性和及时性都难以保证，一方面产生较高的冷链物流成本，另一方面又无法避免较高的商品损耗率。因此，多数生产厂家要么止步于第三方冷链物流的高成本，要么担心冷藏物流业务外包后的安全问题，只能自行经营，或者部分或区域性地外包。冷链物流市场虽然最近几年发展较好，但是第三方服务占比少、市场竞争混乱是冷链市场存在的主要问题。根据中商产业研究院统计，2015年我国冷链物流百强企业的总收入仅占全国冷链物流产业总收入的10%，市场极为分散。同时冷链物流大部分是由企业自己执行的，根据中国仓储协会第五次中国物流供需状况调查结果，商业企业物流执行主体仅有27%是第三方物流提供的，而62%是由购货方自己执行的。这反过来又在一定程度上阻碍了第三方冷链物流的发展。

4. 冷链物流标准缺失，法律法规不健全

一个行业的稳步发展，需要相关的国家标准作为保证，以此对已进入市场和即将进入市场的企业进行规范化、标准化管理。到目前为止，我国在冷链物流上尚无一个统一的可供参考与执行并具有广泛约束力的标准。如HACCP（危害分析和关键控制点，是识别、评估和控制食品安全危害关键系统）冷链的实施就不是强制性的。冷链的能量损失和效率、操作手法、温度控制、管理的要求、设备标准、作业程序等不明确，市场监管、监测体系尚未建立，从而制约了我国冷链物流业的健康发展。

5. 低水平的国内冷链信息技术

目前，我国的冷链物流信息技术相对落后，信息设备不完整，没有形成一个完善的信息网络，导致流通的盲目性，冷链也无法追溯。国内农产品市场几乎没有一个统一的规划和设计，目前的信息系统只提供一些类似财务管理或库存管理的功能。各企业之间

冷链物流管理

的信息化水平差距也很大，缺乏一个信息交流的统一平台。这些都阻碍了冷链物流的发展。

6. 冷链物流管理和服务人才匮乏

我国冷链物流发展最严重的短板就是冷链物流专业人才的缺乏。与普通物流相比，冷链物流要求更专业的知识和技能，目前，在物流人才培养中，冷链物流人才培养力度不够，我国绝大部分高校并没有开设冷链物流管理或农产品物流管理专业，相关课程开设得也不多导致农产品冷链物流管理专业人才极其缺乏，能够胜任现代物流尤其是冷链物流的复合型人才较少。由于冷链物流的复杂性，懂冷链技术和管理、冷藏物流操作的专业人才更是严重不足。冷链物流人才匮乏，严重制约着冷链物流的发展。

三、我国冷链物流发展展望

近年来，我国政府非常重视国内冷链物流市场的发展，相继颁布多个文件，从支持冷链物流基础设施建设、规划冷链物流操作流程、支持生鲜电商的快速发展等多个方面鼓励冷链物流市场健康发展。现今冷链物流链发展的重点可分为两大部分：生鲜农产品流通与生鲜电商市场。

关于农产品流通部分，我国生鲜农产品流通模式近年来呈现多样化特点，产地直供、农超对接等模式相继出现，但农产品批发市场作为生鲜农产品供应链的重要环节，仍占据主导优势。国家统计局发布的数据显示，截至2017年年底，全国农产品批发市场数量达到4469家，市场交易额突破5万亿元，同比增长8%。根据2016年全国亿元以上生鲜农产品交易市场交易额9165亿元及2017年的行业增长率测算，截至2017年年底，全国亿元以上生鲜农产品交易市场交易额接近9900亿元。另有数据显示，我国农产品批发市场在农产品批发交易中的市场占有率已从2012年的75%以上下滑至2017年的不足70%，农产品批发市场在转型、升级、外迁，及农超对接、农产品电子商务、基地直供等渠道分流，是造成农产品批发市场占有率下滑的主要原因。

我们通过几组数据来看农产品电商等新兴渠道的增长情况。据不完全统计，通过农超对接进行流通的生鲜产品占市场生鲜产品流通总量的比重约为15%；农产品电商渠道占比也在逐年提升，截至2017年，我国拥有大宗农产品电子交易市场585家，其中畜牧禽类市场45家、渔产品类市场25家；2017年我国食材农产品电商得到迅速发展，交易额达到8000亿元。从终端市场来看，2017年我国生鲜市场规模接近1万亿元，其中生鲜电商市场交易规模约1391亿元，同比增长59.7%。相对于传统农产品流通模式，农产品电商、产地直供等新兴流通模式弱化了时间、空间对农产品流通的束缚，精简了农产品供应链环节，并依托互联网平台建立起了产、供、销的信息链。

而生鲜电商部分，随着居民收入水平的提高，人们对食材的新鲜程度要求越来越高，以盒马鲜生、每日优鲜、永辉超市的超级物种等为代表的O2O生鲜门店走红，推动了国内生鲜电商市场的快速成长。根据智研咨询发布的《2018—2024年中国智慧冷链物流行业市场深度调研及投资前景分析报告》预测，预计未来两年，国内生鲜电商市场或以50%以上的增速上涨。2016年，国内冷链物流市场规模达2200亿元，预计2020年将增至5000亿元，2016—2020年CAGR（年复合增长率）达23%。

根据现状推测，我国冷链物流发展将呈现以下几点特色：

第一章 冷链物流概述

1. 政府将强化冷链行业监管

《国务院办公厅关于加快发展冷链物流保障食品安全促进消费升级的意见》（国办发〔2017〕29号）提出，将冷藏保温车辆作为专用货运车辆加强管理，并将温度监控设备性能要求作为冷藏保温车辆投入运营的基本条件；对于不符合相关标准要求的，不允许投入冷链物流市场；引导高耗能、低效率、不合规的冷藏保温车加快退出市场。依据相关法律法规、强制性标准和操作规范，健全冷链物流监管体系，在生产和储藏环节重点监督保质期、温度控制等，在销售终端重点监督冷藏、冷冻设施和储存温度控制等，加强对冷链各环节温控记录和产品品质的监督和不定期抽查。研究将配备温度监测装置作为冷藏运输车辆出厂的强制性要求，在车辆进入营运市场、年度审验等环节加强监督管理。充分发挥行业协会、第三方征信机构和各类现有信息平台的作用，完善冷链物流企业服务评价和信用评价体系，由国家卫生计生委正式立项食品冷链国家强制性标准《食品冷链卫生规范》，由中国物流与采购联合会冷链物流专业委员会作为主起草单位负责编写。

2. 冷链行业竞争将走向规范化

上海市食品药品监督管理局制定颁布了《上海市食品储存、运输服务经营者备案管理办法（试行）》，并于2017年11月30日起施行，其中规定"从事冷冻冷藏食品运输的，应当提供经营范围为道路货物专用运输（冷藏保鲜）的'道路运输经营许可证'"。相信接下来很多地方政府也会效仿。冷链行业劣币驱除良币的现象将会不断改善。链库是冷库物联网大数据平台，平台现有10000多家冷库信息，链库目前正配合中物联冷链委在全国范围开展温度达标冷库认证工作，通过温度监测筛选出温度符合国家标准的冷库，从而达到净化冷库市场环境的作用。中物联冷链委CCLC冷藏车认证平台主要面向货主、第三方物流、冷藏车专用厂等行业主体，通过平台认证，整合优质冷藏车资源，提高优质冷藏车使用率，从而实现良币驱除劣币，促进公平竞争。

3. 优质冷链资源将迎来春天

沿海地区冷链资源多，中西部冷链资源少的问题依旧存在。发达地区尤其北京、上海、广州、深圳等一线城市冷库资源越来越稀缺。究其原因，其一是政府加强监管，加大拆除力度（特别是北京市）；其二是城市中物流用地批复减少或无冷库建设用地；其三是冷链市场需求的增加，多方面因素导致冷库资源紧张，必然会推动冷库租金上涨。第一代储存型冷库建设会越来越少，集储存、加工、分拣、包装、办公等多功能的现代化配送中心会成为趋势。数字化、智能化、节能化是冷库升级和改造的关注点。

4. 冷链人才需求将越发旺盛

无论是一线的驾驶员、操作工、搬运工、制冷工，还是中层的主管，或是负责整体运营的高级管理人才，都越来越稀缺。多所本科院校和中高职学校皆设置冷链物流相关专业方向，或开设相关课程，并大力开发在职人员培训课程，推动冷链专业教育和职业培训，形成多层次的教育、培训体系。

5. 冷链的模式创新和新业态将不断涌现

随着节能环保的推进和政府对城市配送的管理，冷藏运输车辆在城市的通行依旧困难。对冷链城市配送提出更多挑战，将倒逼冷链行业企业不断创新。另一方面，新零售、冷链宅配、同城冷链需求也快速增长，订单将越来越小批量、多频次和个性化，电动冷藏车、冷链包装、社区微仓等新技术和新模式将迎来快速发展。

6. 技术将驱动冷链服务快速升级

易果、京东、盒马鲜生、超级物种、无人零售业态的发展，将带动冷链物联网技术、信息技术及人工智能与自动化设备的快速发展，冷链物流将迎来新的机遇。为全面提升用户体验，京东物流将陆续在全国范围内投放超过 20 万个智能保温箱，以其为载体，搭建起了全球首个冷链物流全流程智能温控体系，消费者将有机会实时查看所购买的在京东自营生鲜商品在仓储、运输、配送等各环节的温度反馈和实时位置，实现全流程可溯源。这些智能保温箱集保温、定位、实时温度监测为一体，冷库和冷藏车也很快会实现，未来各环节的温度将会向消费者公开，这会成为标准服务。

由此可见，国家高度重视冷链物流发展，随着众多监管政策落地实施，冷链行业标准化和规范化是大势所趋。未来，市场环境日益完善，优质冷链资源将拥有更多的竞争优势。而物联网技术、信息技术、人工智能等新技术正与冷链物流行业发展深度融合，随着新零售等新兴业态的不断涌现，国人的消费需求将进一步提升，冷链物流行业发展前景光明。

◇关键术语

冷链（Cold Chain）

冷链物流（Cold Chain Logistics）

◇思考题

1. 名词解释：冷链、冷链物流。
2. 冷链物流适用于哪些范围？
3. 冷链物流的特点有哪些？
4. 冷链物流与常温物流的区别有几点？
5. 冷链物流主要的运作模式有几种？
6. 简述冷链物流国内外发展现状。
7. 冷链物流的主要研究内容是什么？

◇综合案例

美国冷链物流发展的主要做法与经验

美国农产品流通渠道短，环节少。农产品交易市场有三种：产地批发市场、销地批发市场和零售市场。由于美国农业生产区域化程度高，并且绝大部分农产品由企业化经营的少数大农场生产，供应给全国各地及海外市场，这使得美国农产品的产地市场比较集中。在整个农产品流通中，全美国近 80% 的农产品是从产地批发市场经物流配送中心直接到达零售市场的。美国的销地批发市场又称为车站批发市场。依赖于美国发达的道路交通体系，农产品能被迅速运往各大城市，形成城市农产品集散市场。车站批发商的销售量仅占农产品总交易量的 20% 左右。不过，车站批发市场对农产品价格的形成具有主导作用。

为使农产品冷链物流高效快捷，美国建有许多专门为农产品交易服务的组织，如果

第一章 冷链物流概述

蔬、大豆等农产品行业协会,农产品生产者、加工者、批发商、零售商和进出口商等都是协会的成员。协会负责协调组织农产品流通,举办交易会、展示会,增进会员间的信息交流,开展国际交流与合作促进出口,向会员介绍最新流通政策和法规,向国会及政府反映会员意见等。而为提高农产品冷链物流的效率,美国建有许多专门为农产品交易服务的组织,如装卸运输公司、加工包装和分类配送中心及银行、邮局等与之密切相关的机构,为农产品冷链物流提供了便捷的服务。还成立了冷链物流行业协会,为物流行业的发展提供了统一的标准,农产品物流组织化程度高;同时,美国的冷链物流行业分工细致、职责明确,如运输方只负责运输,装卸搬运方只负责装卸搬运。从管理学原理角度看,明确细致的分工促进了各个环节的专业化,运作效率高,并且容易追查。

美国的农产品冷链物流标准及监督机制健全。美国食品和药品管理局(FDA)对农产品冷链物流的操作标准和要求都做出了明确、强制性的规定,并建立了相应完善的监督机制与惩罚措施。FDA 规定,所有食品的生产,包括包装和储存,都必须遵循必要的条件(如食品的监控时间、温度及操作等)和控制,以便最大限度地抑制微生物的生长。对易感不良微生物迅速生长的食品,尤其是那些对于公共健康非常重要的食品(如海鲜、肉类和家禽类产品),必须在适当的环境和冷藏温度下保存,以防止产品变质。在运输环节,所有托运人、货运商和任何利用摩托车、汽车或火车从事食品运输的人都必须遵守运输要求。各环节的作业操作如不严格遵守相关的法规和标准要求,就会受到严惩,高昂的违规成本是每个物流服务商都不愿承担的。

问题:试以美国冷链物流的经验为例,阐述国际发达国家冷链物流发展的趋势。

第二章 冷链物流系统

◇ **学习目标**

掌握冷链物流系统的含义及要素组成；理解冷链物流系统的主要特征；理解冷链物流系统的基本功能；了解冷链物流系统的辅助功能；掌握冷链物流的四种运作模式。

◆ **引例**

夏晖集团（HAVI Group，以下简称夏晖）于1974年成立于美国芝加哥，是应麦当劳的需求而产生的公司，与麦当劳的合作超过30年之久，是世界上冷链物流及控温式配送中心的龙头企业，在供应链管理和冷链物流方面拥有领先的地位。基于与麦当劳数十年的友好合作，夏晖形成了在食品业提供完整供应链管理的能力。

夏晖在44个国家拥有7600名员工，在美国、欧洲、中国及东南亚地区为8000多家麦当劳餐厅提供高质量的供应链管理服务，其中也包括多温层食品物流服务。在过去几年里，夏晖更将业务扩展到一流的连锁咖啡店、现购自运式卖场、酒类和高级食品商店及其他快餐连锁系统。夏晖的主要客户还有必胜客、星巴克和海底捞等，并且在2008年承接了第29届北京奥运会所有食品存储和配送的业务。

夏晖拥有世界领先的多温度食品分发物流中心，配备专业的三温度（冷冻、冷藏、常温）运输车辆。中心内设有冷藏库、冷冻库及干货库，各个库区都有极其严格的温度、湿度要求，从而保证产品的品质。

为了满足麦当劳冷链物流的要求，夏晖主要为麦当劳提供一站式综合冷链物流服务，包括运输、仓储、信息处理、存货控制、产品质量安全控制等，并且根据麦当劳的店面网络建立了分拨中心和配送中心。这种为冷链物流需求方提供高效完善的冷链方案，全程监控冷链物流，整合冷链产品供应链的企业就是第三方冷链物流企业。

麦当劳利用夏晖设立的物流中心，为其各个餐厅完成订货、储存、运输及分拨等一系列工作，并通过它的协调与连接，使每一个供应商与每一家餐厅达到畅通与和谐，为麦当劳餐厅的食品供应提供最佳保证。设立至今，麦当劳的近60家供应商的商品都是通过夏晖建立的物流体系分发到各个门店。（案例来源：万联网，http://info.10000link.com/newsdetail.aspx?doc=2014080690025，内容有删减。）

第二章 冷链物流系统

第一节 冷链物流系统概述

一、冷链物流系统的含义

系统理论指出，组成系统需要具备三个要素：①由许多要素组成；②要素之间相互作用、相互制约；③是具有某种功能的整体。

冷链物流符合系统的基本要求：①由许多要素组成，如主体要素、客体要素和设施设备要素；②主体要素、客体要素及设施设备要素之间相互影响、相互关联、相互制约；③体现出具有冷链运输、仓储等多种功能。

因此，冷链物流符合系统的所有特征和要素，是一个复杂的大系统。

二、冷链物流系统的特征

冷链物流系统和一般物流系统相比具有特殊性。由于冷链物流有保证易腐品品质的目的，有保持低温环境的核心要求，因此它比一般物流系统的要求更高、更复杂。冷链物流系统的特性主要包括：安全首要性、时间敏感性、高成本性、信息多样性、技术复杂性、空间分散性和环境严格性。

1. 冷链物流系统的安全首要性

作为社会经济系统的一个子系统，一般物流系统在提供物流服务时的首要目标是经济效益，即尽量提高物流效率、降低物流成本。通常的物流活动是在物流服务水平和物流成本之间寻求平衡点，以此为基准来提供物流服务。然而，由于冷链物流系统的对象一般都具有鲜活性、易腐性和保质性等特点，其质量会直接影响到人的身体健康，甚至是生命安全。因此冷链物流系统的安全就显得尤为重要。冷链物流系统的运行不能一味追求经济效益，必须首先考虑冷链对象的质量，然后在物流服务水平、成本之间寻求平衡点，提供最佳的物流服务。冷链中的产品在物流过程中的安全，是冷链物流系统运营的底线。除此之外，冷链物流系统还要运用先进的技术来保持产品的品质，以满足消费者的需求。

近年来，我国食品安全事故频发，食品安全形势严峻。其中很多问题和我国冷链物流系统的不成熟、不完善直接相关。冷链物流应该是一条完整的、连续的链条，冷链对象的安全问题需要冷链上各主体企业之间的协同配合。

2. 冷链物流系统的时间敏感性

冷链物流系统中的时间敏感性是指物流周期短，要严格控制速度与时间。因为不论采用任何储存方法，冷链对象使用价值的体现都与时间相关，也就是商品的保质期。超过了这个时间限制，都不能保证商品的品质。不同商品在同一保存条件下，保质期并不相同；即使相同的商品，在不同保存条件下保质期也不同。在商品的冷链仓储管理中，一个主要的工作就是做好库龄分析，经常检查在库商品是否超过了保质期，坚持先进先出原则，减少由于商品过期而造成的浪费，并避免过期商品进入流通渠道。

冷链物流系统的构成要素十分复杂，系统要素随着系统的运行在外部环境的影响下

冷链物流管理

不断变化，加大了难度；另外，为了保障商品安全，让商品在物流过程中保持相应的质量与品质，减少损耗，也要尽量缩短商品在物流过程中的时间，提高商品物流的效率。这就要求冷链物流系统具有较强的敏捷性。冷链对象与其他物品相比，从商品的生产、加工、流通到销售的整个供应链过程中，其质量绝大多数都是逐步损耗的，并且损耗速度较一般商品快。当商品质量的损耗达到一定的程度就不能使用了，会造成商品的报废，成本难以回收甚至造成负增值。尤其对于生鲜食品来说，物流时间的长短直接决定了食品的口味和品质，同样质量的冷链商品，可能因为到货时间的早晚，价格相差很多。这也是为什么很多南方的优质水果要通过空运的方式运到北方城市进行销售。商品在保质期内实现其价值，要考虑商品零售点和消费者需求特点，尽可能地增加货架期，减少加工时间。作为必不可少的冷链物流环节，就要求最大限度地缩短物流提前期，增强商品销售的柔性。

3. 冷链物流系统的高成本性

冷链物流系统的运营需要配有专业制冷设施设备的物流网络的支持。从设施设备方面来说，冷链物流系统与常温物流系统的最大区别在于冷链物流需要有冷藏车、保温车、冷冻仓库及其他配套设施和相关技术的投入。冷链物流系统设施设备的购置成本远高于一般物流系统。冷藏车、保温车与普通厢式货车的价格相去甚远，冷冻仓库与普通仓库的造价差距很大。这些设施设备不仅购置成本高，而且能耗高，导致了高的投资和运营成本。冷链物流过程中对于商品的质量安全也有不同于其他商品的特殊要求，这同样需要在硬件、软件等配套保障措施方面进行大量投入。冷链对象的各种生物属性，对冷链物流过程中的储存、运输和保鲜等环节有很高的技术要求，需要特定的设施。大部分冷链商品具有易腐的特性，因此在冷链物流过程中需要采取各种措施以达到保鲜的目的，这些都需要专门的知识和设备。为了满足高水平的服务要求，冷链物流在相应的技术设备、商品的质量检测及管理控制等方面的投入非常巨大。当前市场环境下，商品多批次、少批量、需求点众多的需求特征限制了冷链物流的运行半径，加上部分冷链商品不能混装运输，加大了冷链物流的难度和运作成本。

4. 冷链物流系统的信息多样性

食品安全直接关系到人的身体健康，一旦食品质量出现问题，对消费者和社会的影响都是巨大的，因而食品从生产到最终的消费都应当处于信息追踪系统的监管之下，从而实现可溯源。冷链物流的可溯源是商品可溯源的基础和保障，而冷链物流可溯源的实质是冷链物流信息的可追溯。在冷链物流过程中，从原材料的生产、加工、到运输、储存、配送的过程中会产生大量的分散信息。这些信息具有信息量大、来源多样化、更新更快的特点，直接反映了在整个冷链物流过程中的相关信息，和消费者的生命健康关系紧密。对这些信息进行及时收集、记录、分析，并提供给消费者，是非常必要的。

5. 冷链物流系统的技术复杂性

相比于一般物流系统而言，人们对冷链物流系统的运作水平提出了很高的要求。冷链物流系统需要冷链技术的支撑，除了一般的现代物流技术，还包括制冷技术、保温技术、制冷保鲜技术和生物技术等。制冷技术和保温技术是冷链物流系统能够提供规定的环境温度的重要保障。低温保鲜技术是现今国际采用最广泛的保鲜技术，常见的低温保

第二章 冷链物流系统

鲜技术有速冻保鲜技术、真空冷冻干燥保鲜技术和真空预冷保鲜技术。例如，对于食品冷链而言，食品发生变质的主要元凶就是微生物的活动和酶发生的生化反应，但发生这些反应需要适当的温度和水分。随着温度的降低和水分的减少，细菌的活动程度和酶的活性就会降低，变化会变缓，对食品的危害也就减少。如果将温度和湿度控制在较低的范围内，食品就不易腐蚀变质，保质期延长。这就是低温冷藏技术的原理。与脱水、腌制、发酵和制罐等防腐技术相比，低温冷藏能使食品原有的风味、色泽、营养保持得更好，食用的安全性更高。除此之外，减少微生物的活动和降低酶的活性，也是防止食品发生变质的主要途径，这就需要生物技术的支持。

6. 冷链物流系统的空间分散性

冷链物流系统的空间特性主要体现在供给与需求之间的空间差。供给与需求之间的空间差是由社会分工和地理条件决定的。冷链物流系统通过其运输等功能要素改变了冷链对象的空间位置，创造了空间价值。

举例来说，农副产品是冷链的一个重要对象。在我国，珠江三角洲有"水果之乡"之称，尤以荔枝、柑橘、香蕉和菠萝品质最佳，数量最多。每年采收季节，大量南方的水果通过各种运输方式向北方地区不断输入；而东部沿海的大量鱼、虾、蟹等水产品也不断地流入中西部等内陆地区。正是这种空间差异为食品冷链物流创造了利润的来源。

7. 冷链物流系统的环境严格性

冷链物流系统对环境有严格的要求。根据冷链物流的实际操作经验，除去小部分特殊商品，绝大多数的商品尤其是生鲜食品要求储存在 −20~20℃ 的环境下，并且要保持储存环境内的空气干燥，从而抑制微生物的活动和酶的活性，保证商品质量，延长商品保质期。同时，在存储时，有许多冷链商品还有许多特殊的储存要求，如不同品种的水果不能混装以免催熟，气味较浓的商品不能混装以免发生串味，鲜活产品与冻货不能混装等。此外，冷链商品对存放环境清洁性的要求比其他商品高。

冷链主要是通过制冷保鲜技术来保持冷链商品的品质。不同的商品对温度和湿度的要求不一样，因此，针对不同的冷链商品要创造合适的冷链物流环境，才能达到最优的效果。

◇知识窗

冷链物流的适用范围包括：初级农产品，如蔬菜、水果，肉、禽、蛋、水产品，及花卉产品；加工食品，如速冻食品，禽、肉、水产等包装熟食，冰激凌和奶制品，巧克力，快餐原料等；特殊商品，如药品。因此，它比一般常温物流系统的要求更高、更复杂，建设投资也要大很多，是一个庞大的系统工程。由于易腐食品的时效性要求冷链各环节具有更高的组织协调性，所以，食品冷链的运作始终是和能耗成本相关联的，有效控制运作成本与食品冷链的发展密切相关。

我国作为人口第一大国，国内每年消耗的季节性农副产品、奶制品、水产品的量巨大，冷链运输过程中的保鲜常常是个大问题，损耗较高。高损耗率意味着物流成本的上升，有不少消费者抱怨从网上高价购买的新鲜果蔬到家之后有一部分已变质损坏。所以冷链物流的高质量发展已成为必然。

第二节　冷链物流的系统分析

一、物流系统概述

用系统观点来研究物流活动是现代物流科学的核心问题。物流系统的基础研究可以分成三个部分：物流系统的内涵、要素与结构。

（一）物流系统的内涵

物流系统是在一定的空间和时间里，物流活动所需的机械、设备、工具、节点、线路等要素相互联系、相互制约的有机整体。它是由物流各要素组成的，要素之间存在有机联系，并使物流总体功能合理化。何明珂（2004）提出：物流系统是围绕满足特定物流服务需求，由物流服务需求方、物流服务提供方及其相关机构形成的一个包含所需物流运作要素的网络。王之泰（1995）提出：物流系统是由物流各要素所组成的，要素之间存在着有机联系并具有使物流总体功能合理化的综合体。汝宜红（2003）提出：物流系统是指在特定的社会经济大环境里由所需位移的物资和包装设备、搬运装卸设备、运输工具、仓储设施、人员和通信联系等若干相互制约的动态要素所构成的具有特定功能的有机整体。物流系统还是一个人参与决策的人工系统。在这个系统中，人是系统结构的主体，人直接或间接地影响着整个系统的运作。因此，也可以将物流系统看成是为了有效地达到某一目的，将人力、物力、资金和信息等资源作为指令输入使它产生某种结果的功能。

（二）物流系统的要素

何明珂（2004）提出：物流系统的要素可以从三个方面来分类，即流动要素、资源要素和网络要素。流动要素包括流体、载体、流向、流量、流程、流速和流效。资源要素包括运输资源和储存资源。网络要素包括点和线。王之泰（1995）指出：物流系统的要素有四种分类，分别是：物流系统的一般要素，包括劳动者要素、资本要素、物的要素；物流系统的功能要素，包括包装、装卸搬运、运输、储存保管、流通加工、配送、物流情报；物流系统的支持要素（软件要素）包括体制、制度、法律、规章、行政、命令、标准化系统，组织及管理要素；物流系统的物质基础要素（硬件要素）包括物流设施要素、物流装备要素、物流工具要素、信息技术及网络要素。

（三）物流系统的结构

何明珂（2004）提出：物流系统的结构主要从四个方面来分类，分别是：物流系统的流动结构，即其流动七要素的组合；物流系统的功能结构，即物流基本功能结构的组合；物流系统的治理结构，包括多边治理、三边治理、双边治理、单边治理；物流系统的网络结构，包括点状网络、线状网络、圈状网络、树状网络和网状网络。

由此可见，大家对物流是一个系统有基本共识，但对物流系统的概念、要素、结构以至功能都从不同的角度进行分析，可谓仁者见仁，智者见智。

本书介绍的冷链物流系统是以系统论为理论分析的基础，应用物流理论将冷链物流系统分解为要素、结构和功能，并依此对其进行分析。一般认为，冷链物流系统的要素主要包括主体要素、客体要素和设施设备要素。不同要素构成了冷链系统不同的结构，

第二章 冷链物流系统

要素与结构共同决定了系统不同的功能（基本功能和辅助功能）。

下面对冷链系统的相关要素进行分析。

二、冷链物流系统的要素分析

要素分析是系统研究的基础。按照不同的分类标准，冷链物流系统的构成要素有多种。依据生产力三要素理论，系统可以分为劳动者、劳动对象和劳动工具三个基本要素，因此，我们将食品冷链系统分为主体、客体和设施设备三大类进行分析。冷链物流系统的主体要素一般包括原材料供应商、加工制造商、批发与零售商、冷链物流企业、消费者及冷链物流系统的监管部门等主要主体。客体要素根据食品温度要求的不同可以分为四类：冷却商品、冻结商品、冰鲜商品和超低温商品。设施设备要素主要包括冷链运输设备和储存设施等。

（一）主体要素

冷链物流系统的主体要素是指冷链物流系统运作的主体。

1. 原材料供应商

原材料供应商是冷链物流系统的源头，主要作用是提供商品的原材料。原材料地理位置分散、数量弹性大，企业规模有时可能极小，有时又有可能极大。原材料在供应过程中以自然形态为主，一般保持其原有状态，清洗、分级、包装和预加工等处理措施较少采用，即使有也只是为了方便运输、减少损耗而进行的初级包装。对于冷链的原材料供应商而言，企业化的组织形式易于制定标准化的生产流程和操作标准，规模化的生产方式有利于保证冷冻冷藏技术的应用，信息收集的规范化也容易实现商品的追踪溯源。以上这些有利条件均能保证商品品质的一致性。原材料供应商数量众多，差异化程度大。无论是大型企业，还是个体经营者，要成为冷链物流运作主体，都应该具备相应的冷冻冷藏设施设备，对商品进行相应的冷冻冷藏处理。但是由于冷链物流的门槛高，在数量巨大的原材料供应商中，能够成为冷链物流主体的供应商并不多。

2. 加工制造商

很多商品需要加工制造才能使用。在相应的温度和湿度环境中进行加工制造可以保持商品的品质。冷链商品的加工制造是冷链上非常重要的一环。冷链商品在加工制造过程中，其质量安全可能受到影响的因素是多方面的，包括加工与储藏过程中温度控制不当、冷却过程操作不当等。在全社会对冷链越来越关注的情况下，应在冷链中的加工制造企业中推广质量管理策略，并结合全面质量管理理论和加工的特点，通过对整个商品的冷链加工过程进行监测，使冷链商品一直处在规定的温度范围内，增强商品的安全性。由于缺乏成规模的第三方冷链物流企业，为保证冷链商品质量，多数冷链加工制造商自营物流业务。加工制造商的正向物流业务主要包括供应物流、生产物流和销售物流。在冷链系统中，供应物流和销售物流是和其他企业相关联的，多数大型食品加工制造商处于核心位置，供应物流和销售物流业务多数也是自营的。例如，双汇集团的冷链物流业务做得比第三方冷链物流企业还要大。

3. 批发与零售商

批发商连接制造商与零售商，其物流的特点是少品种、大批量、物流简单；零售商连接批发商与最终消费者，其物流的特点是多品种、小批量、物流复杂。随着经济

冷链物流管理

的发展，越来越多的连锁零售商直接与制造商交易，而一些批发商也直接与最终消费者交易，批发与零售业务之间的界限越来越模糊。所以，在对冷链物流系统的主体要素研究中可以不对批发商和零售商进行严格区分，而是将它们作为一个主体来研究。冷链批发零售商是冷链物流过程中的重要一环，是连接加工制造商和消费者的桥梁和纽带。

以食品冷链为例，超市和农贸市场是两种典型的批发零售商形式。在我国多数的城市乡镇中，超市已经成为广大消费者购买食品的主要场所，在人们生活中占据越来越重要的位置。与其他食品销售渠道，尤其是与农贸市场相比，超市是食品销售环节中较为安全的渠道。超市环境干净整洁，有空调、冷藏保鲜柜等大型设施，这些是农贸市场难以做到的。不过也有一部分超市，由于对食品配送过程的温度控制方面并没有明确的要求，致使供应商为了节省成本，在生鲜食品的送货过程中用棉被加冰块的方式代替冷藏车，造成了食品品质下降，以及有害细菌滋生，影响了食品安全。例如，在超市销售的很多冰激凌都是变形的，其实这都是在运输途中融化后，到了超市再冻上的，这种做法严重影响了冰激凌的口味。而一些实力较弱的超市，没有冷链物流的支撑，生鲜食品的补给不及时，出现部分食品缺货，或者不新鲜的食品仍在出售。由于我国的特殊国情，农贸市场在中小城市及不发达地区依然是消费者购买食品的主要场所。而冷链物流的最后一公里问题在农贸市场的食品销售环节最为明显。大部分农贸市场加工手段简陋，进货渠道混乱，卫生条件差，并且很多市场都是露天的。而且农贸市场的物流设施、设备落后，尤其是冷库、冷柜等温控设备缺乏，生鲜食品的质量无法得到保证，造成了很大浪费。另外，农贸市场的众多销售商贩经营规模小，信息化程度低，以致食品缺乏可追溯性。尽管农贸市场在食品销售方面存在的问题很多，但是它依然是现阶段我国生鲜食品销售渠道的重要补充，通过将多种流通渠道连接在一起形成网络，贯通了城乡之间、地区之间，应采取相应措施对其加以规范和治理。大型连锁零售商一般情况下自营食品冷链物流，农贸市场的物流以供应商提供物流服务为主。

4. 冷链物流企业

冷链物流企业作为专业化的第三方物流公司，理论上可以承担冷链上的所有物流活动。冷链物流企业应该通过运用先进的低温冷藏技术和提供专业的冷链物流服务，保证从原材料供应商、加工商、批发零售商一直到最终消费者整个物流流程中，冷链商品始终处于适宜的温度和湿度环境，从而保证冷链商品的品质。由于不同的冷链商品对温度、湿度和储存期都有严格且不同的要求，因此，这就给冷链物流企业带来更多更严格的要求。例如：要在经营过程中投入更多的资金；要承担更大的经营风险和经营成本；要对服务质量要求更严格等。这使得多数第三方物流企业都不敢贸然进入冷链物流行业，也是造成我国冷链物流业发展缓慢的要因。我国很多冷链物流企业都是从传统的冷库经营企业发展而来的，其经营理念与管理体制还没有真正完成从单纯仓储型向配送服务型转变。另外，其冷冻冷藏设施设备陈旧，制冷设备效率低，部分企业冷藏车管理不严格，致使货厢达不到冷藏运输温度的要求，导致冷链商品变质，这些都严重影响了冷链物流的质量，降低了客户对冷链物流企业的信任度。随着冷链物流市场的进一步规范，会有越来越多的企业选择将自己的冷链物流业务外包，冷链市场需求的增加必将促进冷链物流企业的快速发展。

第二章　冷链物流系统

5. 消费者

消费者处于冷链物流系统的末端，是冷链商品最终的接受者。消费者结构、个性偏好的变化，会对冷链物流系统的运作产生决定性的影响。人们生活节奏的加快及对冷链安全的关注推动了冷链物流业的发展。冷链物流系统上的其他主体，要时刻关注消费者的消费倾向，了解消费者的消费习惯，随时根据消费者需求的变化调整自己的营运策略。

6. 冷链物流系统的监管部门

现在，冷链物流已经不仅仅是一种企业和市场行为，是关系到人们身体健康和安全的大事，加强对冷链物流系统的质量监管是全社会共同的责任，这就需要冷链企业、政府及相关职能部门共同努力。政府部门要强化对冷链物流的全程质量管理，不能只对某个节点的温度和卫生等进行监控，要建立对整个冷链物流系统的跟踪监控体系，促进冷链物流运作水平的提高。另外，还需要加大对冷链物流在安全、运输、储存和卫生检疫等方面的执法力度，坚决查处违规企业，杜绝安全隐患。

（二）客体要素

冷链物流系统的客体要素，即冷链物流的服务对象，是需要在一定低温环境下保持的冷链商品。冷链商品是冷链物流系统处理的对象，多数属于一次性消费品，卫生要求高，市场需求弹性小。根据对温度要求的不同，冷链物流系统的客体要素可以分为四类：冷却商品、冻结商品、冰鲜商品和超低温商品。

1）冷却商品：温度要求为 $0 \sim 7℃$。
2）冻结商品：温度要求为 $-18℃$ 以下温度区间。
3）冰鲜商品：温度要求为 $0℃$ 至各自冻结点；
4）超低温商品：温度要求在 $-30℃$ 以下，主要为某些水产品，如金枪鱼等。

（三）设施设备要素

同其他物流活动一样，冷链物流系统功能的实现也需要多种硬件资源的支撑。但食品的特殊性决定了食品冷链物流所需的资源有不同于其他物流活动之处。从设施设备和功能的角度来考虑，食品冷链物流的每个功能都需要很多的物流资源，如运输设备、储存设施、装卸搬运设备、包装设备和物流信息设备等。以食品冷链物流系统为例，其基本设施包括：

1. 冷库

冷库是用于冷冻和冷藏的建筑物，它是通过人工制冷的方法，使库内保持一定的低温。为了减少外界热量的传入，冷库的地坪、墙壁和屋顶都敷设一定厚度的防潮隔气层和隔热层。在冷库工程管理中，应根据冷库的特性实行科学管理，以保证安全生产，达到延长冷库使用寿命、降低生产成本、节约维修费用、提高企业经济效益的目的。图 2-1 为常见冷库的结构示意图。冷库的分类方法很多，按结构形式可以分为土建冷库和组合冷库（活动冷库）；按使用性质分可以分为生产性冷库、分配性冷库和零售性冷库；按冷库冷藏容量可以分为大型冷库（10000t 以上）、中型冷库（1000~10000t）和小型冷库（1000t 以下）等。

2. 冷藏车

冷藏车主要用于冷链货物的运输。冷藏车厢体可根据用户的需要选用铝合金、玻璃

冷链物流管理

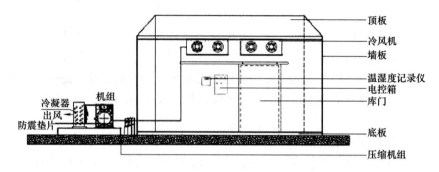

图 2-1 常见冷库的结构示意图

钢板、彩钢板制作，厢门可设计为后双开门或侧开门。冷藏车与一般厢式货车的差别在于冷藏车安装了制冷机组，并且采用优质保温材料制作密封车厢。制冷机组分为独立式和非独立式。非独立式制冷机组利用汽车发动机的动力工作，能使相匹配货厢内最低温度达到 -18℃。独立式制冷机组必须加装独立的蓄电池和柴油发动机。与非独立式制冷机组相比，它的制冷性能要好得多，能使相匹配货厢内最低温度达到 -28℃，而且不会因为汽车本身的故障而影响冷藏效果，但在生产造价上成本也要高些。

三、冷链物流系统的结构分析

冷链物流系统的结构由不同数量与规模的物流要素，即物流主体、物流客体和物流设施设备构成。冷链物流系统的主体在空间上的布局很大程度上影响着物流的路线、方向和流程，而冷链物流系统的结构模式又直接影响着物流运作的成效。合理的冷链物流系统结构，既要求物流设施设备的设置有利于物流快速、高效运作，又要求物流主体、物流客体和物流设施设备互相适应，符合资源优化配置的原则。

冷链物流系统的主体要素包括原材料供应商、加工制造商、批发与零售商、消费者、冷链物流企业及冷链物流系统的监管部门。考虑到冷链物流系统的监管部门不具体从事物流业务，因此在研究结构时没有将监管部门考虑进来。而最终消费者一般不具备冷藏运输设备，所以将消费者放在冷链物流系统外。冷链物流企业在理论上可以从事从原材料供应商到消费者的所有物流活动。我们将典型的冷链物流系统结构按主体类型、主体数量与规模，以及物流企业的作用分为三大类型。

（一）主体类型不同的结构

冷链物流系统结构研究四个主体：原材料供应商、加工制造商、批发与零售商和冷链物流企业。按冷链物流系统主体构成进行分类，其结构可以分为复杂型和直销型。

1. 复杂型

复杂型冷链物流系统结构的主要特点是：中间环节多，冷链物流运作的主体多，规模大小不一。随着市场消费需求的多样化，生产需要的原材料越来越多，加工工艺也更加复杂。原材料可能来自各地的多个供应商，生产的供应物流变得非常复杂。同时消费地和销售点的分散使得冷链物流的运输、配送环节的运作难度加大，整个冷链物流系统的网络结构相对简单型庞大得多。例如，麦当劳的冷链物流结构就属于这种类型。汉堡的原材料有汉堡酱、鸡肉、牛肉、面包、生菜等，来自各地的供应商通过冷链物流系统将原材料送到生产企业进行加工，加工好的食品在第一时间运送到各地的销售点，或者将原材料送到销售点进行现场加工。

2. 直销型

直销型冷链物流系统结构的主要特点是：物流活动的主体少，一般适用于只需简单处理就可以进行销售的商品。这样冷链物流活动便跨越了供应链上的生产商，甚至配送中心等节点，直接将原材料供应商和零售点联系起来。例如，农村种植的蔬菜在收获后，经简单清洗、预冷等处理，用汽车并辅之以简单保鲜措施，迅速运到城市的农贸市场或超市进行销售。靠近城镇地区的蔬菜、水果供应多采用这种冷链物流结构。

(二) 主体数量与规模不同的结构

按主体数量与规模不同进行分类，冷链物流系统的结构可分为对称型、收敛型和发散型三种。

1. 对称型结构

对称型结构是指上游供应商与下游客户的数量与规模基本呈现对等的状态。随着新兴零售业态的出现与崛起，传统销售渠道已经逐渐被大型连锁超市所取代，而且这种趋势越来越明显。同时，由于部分生产企业的规模不断扩大，某些商品趋向于由少数几个大型企业集中供应，这样便形成了对称型冷链物流的基本结构。此类结构的特点是：冷链物流系统所连接的生产和销售两端都是由少数几个大型企业构成的，由于供应商的减少和销售端销量的稳定使得冷链物流系统的运作效率更高，对冷链物流系统的高要求增加了物流服务质量的一致性，使冷链商品的品质更加可靠。例如，我国的鲜奶业冷链物流就属于这种类型。伊利、蒙牛、光明及家乐福、沃尔玛等几个大型连锁超市就是对称型食品冷链物流的主体企业。

2. 收敛型结构

收敛型结构是指上游供应商数量多而规模小，下游客户的数量少而规模大，呈现收敛状态。收敛型结构一般适用于生产地和消费地相距较远，消费需求差异较大的情况。冷链物流系统的前端，供应商多且分布广泛，而下游中间商和销售商相对较少。由于冷链商品的易腐性，生产商不可能直接销售自己的商品给终端消费者，需要通过批发商、零售商和冷链物流企业等中间商所提供的服务。例如，在海产品的冷链物流过程中，一般是批发商到沿海地区收购海产品，或者渔民自己向城市进行集运，并最终送到各个饭店和海鲜连锁店进行销售。整个冷链物流结构呈现收敛状态。

3. 发散型结构

发散型结构与收敛型结构刚好相反，是指上游供应商数量少而规模大，下游客户的数量多而规模小，呈现发散状态。发散型结构一般适用于原材料的供应存在地方特色和地域限制，而商品的消费却分布在各地的情况。我国幅员辽阔，各地的自然条件、社会经济条件和技术条件都各不相同，致使很多商品生产在地理分布上呈现出明显的地域差异。例如，号称我国"三大果园"的辽南丘陵、山东丘陵和珠江三角洲三大水果生产基地的水果品种各有不同，山东寿光是我国重要的蔬菜供应基地，河南、四川是我国重要的肉制品供应基地等。因此与收敛型结构正好相反，发散型结构里供应商数目较少，下游中间商、分销商较多，供应地区和消费地区距离较远。这种结构的冷链系统一般在供应地设立代理商、零售网点，建立销售渠道，借助当地的配送中心，再通过冷链物流

冷链物流管理

远距离输送到各地，最后到达销售网点或消费者手中。整个冷链物流系统呈现由供应基地向消费地辐射的结构。

(三) 物流企业作用不同的结构

1. 冷链物流业务自营型结构

冷链物流业务自营型结构是指冷链上所有的物流业务都是由供应商、加工制造商或批发零售商自己来负责规划与运作的。这种类型的结构没有第三方物流企业参与。

2. 冷链物流企业参与型结构

冷链物流企业参与型结构的一个明显特征是冷链物流的社会化程度较高，系统内的物流活动绝大部分是由专业的第三方冷链物流企业来完成的。我国冷链物流市场规模虽然日趋扩大，但是由于缺乏专业的冷链物流企业，物流活动的市场化程度很低，严重制约了我国冷链物流的发展。很多生产企业和零售商逐渐倾向于将冷链物流业务外包给第三方物流企业，这也是我国冷链物流未来发展的必然趋势。第三方冷链物流企业通过连接加工制造企业和零售商，代替这些企业为客户提供冷链物流服务，这些企业则可以将更多的精力放在生产和销售上来，而冷链物流企业则可以发挥专业优势，引进先进的冷链物流设备和技术，提供更为可靠的冷链物流方案。由于同时为多个企业服务，第三方冷链企业还可以通过共同配送等方式实现规模效益。越来越多的专业化冷链物流企业的出现，将有利于形成一体化的冷链物流运作体系，从而更好地保障食品安全，提高冷链物流的运作效率。冷链物流企业参与型结构的冷链物流系统具有其他结构无法比拟的巨大优势和发展前景，必将成为冷链物流系统的重要选择。

四、冷链物流系统的功能分析

冷链商品从生产到最后进入消费者手中，经历了加工制造、冷冻储藏、运输配送和冷冻销售等很多环节，每一个环节都有影响商品品质的因素，只有每个环节都有足够的品质保证，才能保证冷链商品的真正品质。按照功能在冷链物流系统中的作用，将冷链物流系统的功能分为基本功能和辅助功能。冷链物流系统的基本功能主要包括冷链运输、冷链仓储、冷链配送和冷链物流信息处理。冷链物流系统的辅助功能包括冷链包装、冷链装卸搬运和冷链流通加工。

(一) 冷链物流系统的基本功能

冷链物流系统的基本功能主要包括冷链运输、冷链仓储、冷链配送和冷链物流信息处理。

1. 冷链运输

冷链运输承担着将冷链商品从发货方发送到收货方的职能。由于受地理分布和气候条件等影响，商品的原料产地、加工基地与消费市场常有空间距离，为了满足各地消费需求，必须进行商品的运输。冷链商品在运输之前应进行预冷，并且在运输过程中应对运输设备内的温度进行控制，保持设备内各处温度一致，避免温度的过度波动。冷链运输是冷链物流系统中成本较高的环节，因此也是控制物流成本最为关键的环节之一。在整个运输环节，无论是对于温度的控制还是对于路线的选择都会使得物流成本发生很大的变化。与普通运输相比，还有一个影响冷链运输效果的因素，即对诸如车辆损坏、温控仪器故障等突发事件的应对能力。冷链运输途中，运输设备厢体内部温度应保持在规

第二章 冷链物流系统

定温度下,装卸时短期升温温度不应高于规定温度,并在装卸后尽快降低至规定温度。在运输全过程中应按规定控制和记录运输设备厢体内部温度。装卸时的温度测量,宜针对运输商品的同一相对位置,或者针对同一样品,并且在冷藏环境条件下进行。

2. 冷链仓储

仓储是创造时间效用的主要物流活动。冷链仓储承担着冷链的储存和保管职能。冷链中的仓储包括冷却储藏和冻结储藏,以及果蔬等食品的气调储存,以保证在储存和加工过程中的低温保鲜环境。此环节主要涉及各类冷库、加工间、冷藏柜、冻结柜及冰箱等。但是,某些冷链物流商品的保质期很短,对物流时间要求非常高,这种情况下可以用冷藏车直接连接生产与消费。仓储过程中要注意商品之间的相互作用和影响,要注意不同商品之间是否会发生化学反应,不能将商品随意混装。对于有特殊气味的冷链商品,如水产品、生物活体等,如果混装就会造成串味,损失原有的价值。

3. 冷链配送

冷链配送主要依托冷链配送中心,解决冷链物流中"最后一公里"的问题。冷链配送相对于普通物流配送来说比较特殊,它的整个过程对时间控制、温度保持等条件的要求都非常严格。故冷链配送需要考虑全面,全程必须配备各种专门的冷藏运输工具。冷链配送主要有以下几个特点:①配送成本较高;②时效性要求较高;③配送设备有特殊要求,投入成本较高。冷链配送中心作为连接供应商和客户的纽带,在整个冷链配送系统中占有战略性地位。合理的冷链配送中心选址,不仅能降低物流成本,加快货物流通速度,保证生鲜食品的质量,还能很大程度上增加物流企业的收益。

4. 冷链物流信息处理

在冷链物流活动中,物流信息在主体各层次各环节之间流动,冷链物流信息是物流系统的神经中枢和指挥中心,承担着实现各子系统间的高度衔接和配合的职能,是提高物流系统运行效率的基础。冷链物流信息包括物流设备的信息和物流管理的信息。冷链物流设备的信息主要是指在冷链物流中,条码、RFID(无线射频技术)、GPS(全球卫星定位系统)、GIS(地理信息系统)和温湿度红外遥感控制等信息技术及自动化设备的应用而产生的信息。冷链物流管理信息是指在冷链物流中,MIS(管理信息系统)、DSS(决策支持系统)等信息系统中用到的信息。由于在冷链物流实际运作过程中,时间是关键因素,而且冷链储运对象对温度及湿度的要求较高,因此获取这些信息对于减少运营风险、优化绩效来说就显得至关重要。冷链物流系统运作过程中,各要素及功能并不是相互独立、自成一体的,而是相互影响、相互依赖和相互制约的,甚至在冷链物流活动中还会出现要素之间和功能之间互相嵌套运营的情况,特别是冷链物流信息。它就如同系统的神经网络一般贯穿于整个冷链物流活动的始终,保证各子环节之间的信息高速往来与沟通,促使各环节达到高度协调、高效运作,以构建完整高效的冷链物流系统。

冷链物流系统中的主要信息包括原材料产地、食品的在途状态、质量检测信息、需求信息、温度监控信息、保质期、包装要求和订单信息等。其中,储存环境的实时温度是冷链物流活动中最为重要的信息,是保证商品质量的关键指标。在冷链物流活动的各个环节中,需要对商品所在环境的温度变化情况进行实时监测,利用信息管理系统对异常的温度变化及时做出调整,减少商品温度的波动。冷链物流信息在各主体间及时传递,有助于物流资源的合理调度,提高物流活动的作业效率,实现各主体的协同运作。

冷链物流管理

尤其是在冷链物流中，信息的作用更是不可代替。冷链的自身特点决定了必须严格控制物流时间，因此利用数据采集技术、网络技术等收集各种物流信息，以信息库存代替实物库存，可以减少物流过程中无谓的停滞，从而降低商品的各种损耗和外界环境对商品产生的危害。而对原材料生产到最终消费者购买的全程信息的全面收集，是实现商品安全信息可追溯和冷链物流活动透明化的前提。一旦发现商品质量问题，就能够对问题商品实现准确定位和查找问题源头，及时召回问题商品，降低由此带来的影响。这也是未来冷链物流发展的一个主要趋势。

（二）冷链物流系统的辅助功能

冷链物流系统的辅助功能包括冷链包装、冷链装卸搬运和冷链流通加工。

1. 冷链包装

冷链包装承担着冷链物流过程中对商品进行必要包装的职能。在现代冷链物流活动中，包装是商品从生产到消费领域不可或缺的部分。包装可以保护商品，使商品的外观质量和原有商品品质在物流过程中不受破坏，延长商品的保质期，增加商品品种，方便消费者，方便物流操作，同时可以防止商品的污染，促进物流的合理性和计划性。冷链商品不同于普通商品，安全永远是最重要的。因此，包装材料的选择首先要考虑的因素就是卫生安全。应根据冷链商品的类型、形状及特性等合理选择包装材料和包装技术，确保冷链商品在物流过程中的质量和卫生安全。运输包装材料或容器应完整、清洁、无污染、无异味、无有毒有害物质，不与冷链商品发生化学反应，达到相关卫生法规和标准要求，并且应具有一定的保护性，在装卸、运输和储存过程中能够避免内部食品受到机械或其他损伤。另外，包装材料还应具有一定的阻隔性、封闭性和遮光性等，从而防止有害微生物和外界条件对商品的影响。包装不耐压冷藏食品时，应在包装容器内加支撑物或衬垫物，以减少商品的震动和碰撞。包装易失水冷藏商品时，应在包装容器内加塑料衬。各种包装填充物应符合相关卫生要求。

2. 冷链装卸搬运

冷链装卸搬运承担着冷链在物流节点上装卸搬运的职能。装卸搬运贯穿于冷链物流全过程，无论是冷链商品运输、储存、保管，还是配送、包装或流通加工，都伴随着装卸搬运作业。在整个冷链物流活动中，装卸搬运作业所占的比重很大。所以冷链物流装卸效率的高低、装卸成本的大小，都与整个物流活动关系密切。可以说，装卸搬运合理化也是冷链物流过程合理化的一个重要内容。提高装卸搬运效率，减少装卸搬运次数，对于加快商品的运达速度、减少资金占用、避免货物损失和外界接触对冷链商品质量的影响，以及整个冷链物流的总效益，具有重要作用。对于冷链物流系统而言，为了保证冷链商品的质量不会因温度的变化而变化，装卸搬运工作一般都是在冷藏环境中完成。装载前，应按不同目的地对冷链商品加以筛选和分组，根据后卸商品先装载，先卸商品后装载的顺序进行装载；商品堆积要紧密，与厢壁周围应留有缝隙，货物与后门之间宜保留至少10cm的距离，顶棚和货物之间宜留出至少25cm的距离，用支架、栅栏或其他装置来防止商品移动，保持冷气循环。商品装卸或进出冷库要迅速，在装卸商品过程中应严格控制作业环境温度和时间，保证商品温度不高于规定温度。如果没有密闭装卸口，应保持运输车门随开随关。完成运输作业后，应立即对运输工具进行严格的清洗、消毒和晾干，如此才可进行新的运输作业。

第二章 冷链物流系统

3. 冷链流通加工

我国每年由于农产品初加工和预冷等保鲜措施不足造成的食品在物流过程中的损耗非常严重。因此为了减少损耗、延长食品保质期、提高物流效率,实现物流过程的增值、增效,流通加工在食品物流过程中是必不可少的。生鲜食品的流通加工形式主要包括以下几种:第一,冷冻加工。为解决鲜肉、鲜鱼在物流中保鲜及搬运装卸的问题,延长保存时间,通常采取低温冻结的加工方式。第二,分选加工。农副产品规格、质量离散情况较大,为获得一定标准的食品,采取人工或机械分选的加工方式称为分选加工。这种方式广泛用于果类、瓜类和蔬菜等。第三,分装加工。许多生鲜食品零售数量规模较小,而为保证高效输送出厂,包装则较大,也有一些采用集装方式运达销售地区。为了便于销售,在销售地区按需要进行新的包装,即大包装改小、散装改小包装、运输包装改销售包装等。

◇【同步案例】

2013年12月,顺丰正式成立了食品供应链事业部。2014年9月25日,在顺丰优选试验一年之后,顺丰正式推出"冷链"新品牌,瞄准食品生鲜配送市场,将为生鲜禽品行业客户提供一站式供应链解决方案,包括冷链产品、冷链仓储、冷链干线、冷链宅配、生鲜食品销售和供应链金融等服务。同时,集冷链存储和中转功能的顺丰上海和厦门冷库也正式投入使用。仅2014年,顺丰已经建成启用包括北京、广州、深圳、武汉、成都等地的总计超过10座B2C冷库。2016年4月20日—25日,顺丰接连在烟台、无锡和深圳开了三场发布会,向供应商推介顺丰最新的水果寄递行业客制化解决方案"五攻高强":从"攻异、攻鲜、攻快、攻准、攻优"五个方面确保将供应商的生鲜水果精准地送到客户手中。总的来说,顺丰的目标就是做一个完善的冷链物流平台,以冷仓为核心(目前上海地区的"生鲜一号"),用冷链干线连接,运用城配网解决B2B的配送,以宅配网满足B2C的配送。定位于中高端市场,以中高端食品和高端药品为切入点,未来向中端及超高端发展。顺丰目前主要提供的冷链产品包括以下几种:

一是冷链到家:为客户提供门到门的配送服务。

二是冷链到店:为门店间的低温货物进行集中配载,同时进行点到点、点到多点运输的基于陆运的零担物流服务方式。

三是冷链零担:为了满足客户货物不足整车运输的需求,通过集拼或分拨为客户提供多批次、小批量的零担物流服务。

四是冷链专车:为客户提供线路相对固定的跨区域冷藏车运输。

五是冷链仓储:为客户提供冷库存储、货物包装、分拣配送、信息流转一体化的冷链服务。

截至2016年年底,顺丰冷运在全国拥有47座食品冷库、3座医药冷库、41条大公交干线和491辆自有冷藏车,同时在全国53个大中型城市构建了可以满足客户不同业务形态的冷运服务网络。具体信息如下:

① 航空运输网覆盖52个城市:目前,顺丰冷运北京分公司通过北京航空实现干冰运输的城市已达到52个。

② 大公交冷运干线运输网:截至2016年8月,全国大公交冷运干线网共开通干线41条,其中主干线11条、其他省际和城际干线30条,可实现53个城市之间互寄。

冷链物流管理

③ 专业多温层冷仓：为满足各种温层产品存储以及全区域低温控制集合收、存、检、包、转于一体的需求，顺丰采用国内先进的自动化制冷降温设备（部分仓库）、进口计算机温度监控系统，实行7×24×365全天服务。

④ 智能化冷藏车厢：采用进口制冷机，厢体分为单温厢体、双温厢体、多温厢体，实现多温区温控运输；通过货厢操纵平台控制车厢内的温度与湿度；通过驾驶室控制平台控制货厢内或多个温区的温度；设有后台系统操作，如"主机+温度传感器+GPS定位"，可实现设备与后台控制系统间的单向或双向通信，直接读取制冷机数据，可搭配温湿度，实时监控多至三个不同温区的温度参数，上传频率可设置为1min~24h，采用GPS定位系统，精准锁定目标，可储存长达6个月的历史数据，同时冷藏运输车的车厢结构已获国家GSP医药车辆改造专利。

⑤ EPP循环保温箱：食品跟药品在冷链运输当中是离不开包装的，包装技术对于冷链而言是非常重要的组成部分。那么顺丰的包装技术最大的亮点是什么呢？"顺丰采用的是EPP循环保温箱，EPP是一种达到食品级的保温材料，也就是婴儿奶瓶的奶嘴材料。"周宁辉说。"循环性主要体现在我们的EPP循环保温箱，可以通过顺丰强大的网点优势，当快递员把货物派送到客户手中后，可以再把箱子取回来进行清洗、晾干，这样就可以重复使用了，从而给整个社会的环境带来很大的好处。"周宁辉强调。这样就摆脱了以往采用泡沫箱加冰块单次使用且不环保的做法了。（案例来源：http://www.nhylt.com/industrytrends-2-4-189.html 和 http://www.ebrun.com/20161205/204954.shtml 进行综合资料整理．）

问题：

1. 结合顺丰案例，思考当前生鲜冷链物流行业遇到的最大挑战是什么。

2. 结合"互联网+""大数据""云计算"等现代信息技术，思考如何应用这些技术推动食品生鲜冷链物流的发展。

第三节　冷链物流系统的主要运作模式

一、自营冷链物流

自营冷链物流模式主要包括以生产企业为主导的冷链物流模式（第一方物流）和以零售企业为主导的冷链物流模式（第二方物流）两种，是指企业投资购置冷链设施，使用自己的设施和工具来完成的冷链物流。第一方物流是由卖方生产者或供应方组织的物流，这些组织的核心业务是生产和供应商品。为了自身生产和销售业务需要而进行物流自身网络及设施设备的投资经营与管理。第二方物流是由买方销售者组织的物流。这些组织的核心业务是采购并销售商品，为了销售业务需要投资建设物流网络及设施设备，并进行具体的物流业务运作组织和管理。

二、基于第三方物流企业的冷链物流模式

基于第三方物流企业的冷链物流模式是指生产经营企业为集中精力搞好主业，把原

来属于自己处理的物流活动，以合同方式委托给专业物流服务企业，同时通过信息系统与物流服务企业保持密切联系，以达到对物流全程的管理和控制的一种物流运作与管理方式。第三方冷链物流是物流专业化形式在冷链行业中的应用，是独立于生产商、加工商、批发商和零售商以外，提供专业化物流服务的业务模式。真正意义上的第三方冷链物流企业不仅能够提供冷藏运输、冷藏仓储和冷藏加工等，更重要的是为冷链物流需求方提供高效率和完备的冷链物流解决方案，能实现冷链物流的全程监控，具有整合冷链的能力。

三、与第三方物流企业联盟模式

与第三方物流企业联盟模式是指制造企业与第三方物流企业结成联盟，以合作协议的形式共同完成制造企业的物流活动。在这一模式中，物流活动的基础设施可能全部由第三方服务提供者来提供，也可能是两者共同提供，第三方物流企业的主要任务是完成制造企业的物流系统的规划及制造企业的基本物流活动。制造企业通过信息系统与第三方物流企业保持密切联系，以达到对物流全程的管理与控制的目的。第三方物流企业与生产商结成联盟，前期按条款提供冷链分割的冷链运输环节功能服务，进而输出有针对性改进的物流管理和运作体系。例如，麦当劳餐厅的冷链物流就是以外包方式完全包给第三方物流企业，即夏晖公司。夏晖公司是麦当劳的全球物流服务提供商，为麦当劳提供优质的服务。夏晖公司为了满足麦当劳冷链物流的特殊要求，投资建立多温度食品分发物流中心。该中心分为干库、冷链库和冷冻库，配有冷链冷冻保存设备及冷链运输设施，保质保量地向麦当劳餐厅运送冷链货物。这种物流模式更看重的是企业与第三方物流企业间的战略合作，企业间不仅仅是业务上的供求双方，更重要的是战略联盟中合作伙伴关系，其中任何一方的战略上的变化都会对另一方的战略制定产生影响。因此，双方共存互生的关系也决定了这种企业联盟模式比单纯地将冷链物流业务外包给第三方冷链物流企业更加稳定。

四、供应链物流联盟模式

供应链物流联盟模式是指以制造企业为核心，与供应链上的一个或多个伙伴企业结成物流合作联盟。供应链上所有节点企业可以看作一个整体，它们基于共同的目标，通过一定的制度安排而组成的集成化供应链管理体系。它以计算机网络技术和信息技术为支柱，以区域性物流资源为可选对象，综合各种先进的物流技术和管理技术，将节点企业内部供应链及节点企业之间的供应链有机地集成起来进行管理，以充分利用人员、流程、技术和绩效标准等共享资源，实现协同运作，从而高质量、低成本，快速、高效地提供市场所需的物流产品或服务。供应链物流联盟模式是一个由起领导作用的专业化资本或要素将物流系统所需要的其他专业化资本或要素按一定方式进行构造和整合，形成紧密联系、协同运作的物流系统。在合作协议框架内，各企业通过共享信息、协调行动和互相配合，对供应链的物流运作进行一体化管理，实现供应链物流管理的顺畅化和高效化，降低物流成本或提高物流响应水平。此种模式是目前应用最为广泛的模式，最具代表性的是在大型乳制品、肉制品生产企业及大型连锁超市中的自营冷链的建设。

供应链物流联盟模式无论是在服务内容、运作机制，还是在组织网络上均与传统物

冷链物流管理

流运作有很大不同,主要优势如下:

1)提高企业生产计划的适时性。对于生产企业来说,实施供应链管理可以及时掌握商品的销售信息,可以及时调整生产计划,避免不必要的库存积压。

2)提高流通企业需求预测的准确性。供应链中的流通企业通过供应链物流联盟,可以掌握各个市场终端的库存情况,提前制订产品的配送计划并降低配送成本。此外,企业通过对市场终端反馈信息的加工处理,可以掌握产品的季节性需求规律,调整进货种类,更准确地对需求进行预测。

3)提高零售企业库存、补货的合理性。例如,对于零售连锁企业来说,实施供应链管理可以保证连锁门店内商品库存低于安全库存时能够及时补货,同时保证门店内产品库存降至最低,减少库存积压,避免因商品过期等原因造成的损失。

◇ 关键术语

物流系统(Logistics System)

冷链物流系统(Cold Chain Logistics System)

系统要素(System Elements)

系统结构(System Structure)

功能分析(Functional Analysis)

◇ 思考题

1. 为什么说冷链物流系统是一种大且复杂的系统?
2. 对比分析对称型、收敛型和分散型三种冷链物流系统结构的优缺点。
3. 如何理解冷链物流系统中的时间敏感性?
4. 你认为冷链物流系统的六大主要特性,给冷链物流业的发展带来了哪些挑战?
5. 结合实际企业案例,分析自营型冷链物流和第三方冷链物流两种运作模式的利与弊。
6. 未来供应链环境下的冷链物流联盟运作模式具有哪些机会与挑战?
7. 如何从系统优化的角度对企业的冷链物流系统进行设计与规划?谈下你的设想与展望。

◇ 综合案例

九州通的冷链"药方"

(一)医药冷链物流现状

"虽然医药产业发展迅猛,但总体来说医药冷链市场发展不是很理想。"在2010年第二届IQPC医药冷链峰会上,九州通医药集团技术研发副总经理分析。将近7000亿元的药品市场规模,冷藏药品大概占到10%~20%的份额,由于冷藏药品的单价高,销售额已经达到1000亿元左右。但若从发送货物的件数角度来讲,比重就明显低了。

在从制造生产企业到一级的批发企业、二级的批发企业,再到终端客户的物流链中,冷链管理非常不乐观。尽管新医改政策的逐步推开,医药商业流通领域的集中度也

第二章 冷链物流系统

进一步提高,但我国医药冷链仍面临着滞后的困局。这表现在供应链全过程中,技术设备的落后、运输市场的不规范及断链现象严重等都使整个冷链发展速度缓慢。

无论是和自身需求还是发达国家发展情况比较,我国大多数厂商和配送商都没有成规模的冷链技术设备。九州通集团研发副总陶冶列举了一组数据:"目前冷藏车仅仅占国内货运汽车量的0.3%,而美国大概占0.8%~1%,英国是2.5%~8%,德国是2%~3%。"就医药冷库来说,全国国有冷库容量大概只有700万 m^3 左右,而且都有超过15年的历史。

运输市场不规范也是一大制约。"绝大部分企业都没有能力来进行自己配送,80%~90%都依靠托运,还没有全国性的专业化冷链物流公司。"九州通的管理人员指出。"全国冷库将近1/3都需要进行大型修理,大多数冷藏品经营企业都缺少温度监控系统和质量监控平台,导致断链现象的发生,特别是在交接的过程中,没有温控的交接记录。"医药冷链迟迟未见起色,背后的成本是制约其发展的最大因素。对于高质的药品来说,成品本身有足够的空间,可以通过飞机、公路联运和高级的冷藏技术进行托运。但是对于大量的低质冷藏药品来讲,质量就难以保证。"一般来说,相当一部分物流公司是用带冰块的敞篷卡车来运输,这种方法导致途中的温度难以控制。"九州通的经理说。

而撇开成本,针对冷藏药品,国家的相关政策法规也还没有跟上。据了解,2000版的《药品经营质量管理规范》(又称GSP)上第18条有关仓储条款,提到冷库的温度应该保持在2~10℃,相对湿度应该为45%~75%,而在运输方面却只是提到一定要保证温度和冷藏措施,没有具体的数据规定。虽然在处罚上有一些规定,但不足以形成警戒的效果。2006年,政府出台的一些规定,相对来说提出了一些比较明确的要求,操作性也稍微强一点,在冷库方面对设备要求有很大的改进,如一些自动的监测、调控、电路、备用的发电机组和记录温度的设备等。

"现在该行业还没有一个标准可以遵循,特别是企业和企业之间,怎样交换一些数据还值得探讨,这个问题还是比较严重的。"九州通管理人员道出了相当一部分业内人士的忧心,"总体来说医药冷链市场发展不太理想。"

"医药冷链物流中最主要的问题是整个供应链存在问题。"他最后总结。

(二) 九州通集团的冷链物流系统

九州通是一家以西药、中药、器械为主要经营产品,以医疗机构、批发企业和零售药店为主要客户对象,并为客户提供信息和物流等各项增值服务的大型企业集团。与国药、新上药、华润不同的是,九州通是一家民营企业。在谋求上市以后,九州通已华丽转身,在更大的发展空间中不断寻求扩张。九州通医药集团股份有限公司在全国近万家医药商业企业中位列第三名,尤其值得一提的是其国内领先的冷链配送技术。

作为国内最大的民营医药物流企业,"九州通模式"曾被认为是中国医药商业史上一项重大突破。面对国内医药冷链市场发展不完善的局面,九州通将致力于打造干支结合的物流网络和整散统配的冷链平台,通过全程监控联动上下游企业,控制药品在整个供应链的质量。

医院的院内物流是九州通的特色业务,如九州通曾和北京大学人民医院、云南白药和天津制药等企业有过成功合作,为北京大学人民医院所提供的院内物流管理包括ERP

冷链物流管理

系统和供应商选用平台，另外还为四川遂宁、江苏扬中提供物流信息系统。

信息处理能力作为核心优势，是九州通集团异于其他企业的很大不同点。其中最值得一提的是九州通自主开发的药品冷链系统，被九州通视为国内医药冷链市场的突破。

九州通目前冷库的面积在 $8000m^3$ 左右，大概存储 4 万件药品，每年要处理的冷藏药品约 25 万件。九州通的物流效率是每小时每个库的出货率达到 5000 订单行，出错率仅为万分之一，并承诺物流中心 200km 之内的区域，12h 之内送到。仓库采取可视化冷库作业，设计多温区，保证短时间 2~8℃ 温度区域内，药品不变质，工作人员也能适应环境；与客户交接时，会将全程温度记录交给客户，最终客户也能通过专用平台查询在九州通工作时间段内的相关数据。目前，九州通的设备控制系统对所有的设备都能集成，通过这些技术，可更清楚怎么去控制立体库，怎么去控制分拣设备和对车辆运输进行路径优化。

九州通自主设计了仓储管理（WMS）、运输管理（TMS）等系统，系统运用 RFID 技术，对入库、仓储和配送等方面，都能进行全程跟踪，保证不断链。入库环节，九州通采取"三专方案"，即专用的冷链收货月台、专职的收货人员和专门的低温入库通道。在和客户交接的时候，九州通利用红外温控仪来实行当场的测温，与配送现场进行温度的交接，并把全过程记录也交给客户，客户能掌握产品在全过程所处环境的温度变化。"不过，我们也只能在收货到下游客户之间做到冷链的控制，短期内要想从生产厂商到最终客户整个供应链达到很好的控制是很有难度的，"九州通物流人员直言，"最后还是考虑到成本的问题。"

目前，九州通拥有下属企业 70 余家，经营品种 14000 多个，上游厂家 4200 多家，下游客户 69800 多家。这对于九州通的物流效率和成本来讲是一个挑战，不过，依靠先进的技术，九州通把物流成本控制在 1.5% 以下，这包括仓储和运输的成本，同时还能保证万分之一以下的差错率。2016 年，九州通的营收额超过 650 亿元。（案例来源：http://www.xzbu.com/3/view-1391162.htm，内容有删减.）

问题：

1. 结合九州通案例，分析成本因素对医药冷链物流系统设计会产生哪些影响。
2. 你认为九州通冷链物流成功的关键是什么？
3. 进一步查阅九州通集团和第三方冷链物流企业资料，和第三方专业的医药冷链物流企业相比，九州通冷链物流系统具有哪些特色与优势？

第三章 冷链标准与法规

◇学习目标

能理解冷链物流标准制度和推行监管面临的困难并提出可采取的措施；能灵活运用所学知识分析案例；能具备运用所学知识和原理来分析和解决实际问题的基本技能。

◆引例

> 近年来，福建厦门市外贸进出口总值年均增长约22.7%。作为东南国际航运中心、大陆对台贸易中心，厦门市的主要优势和特色集中体现在与台湾的经济合作和贸易往来上，已经成为对台经贸的重要口岸。随之而来的是冷链物流需求逐年增大，冷链产品需求量也日益增加。"但是面对市场上各种关于肉食、水产品、蔬菜流通的标准，还有冷冻食品标准、易腐食品标准等，国家标准、行业标准再加上地方标准，各有各的标准，真让人疲于应对。"一家厦门市的物流企业负责人如是说。
>
> 目前冷链产业在国内尚处于起步阶段，由于缺乏统一的行业规范，第三方冷链物流企业为追求各自的短期利益，相互压价竞争的现象非常普遍，导致冷链产品物流管理失控，不利于整个冷链产业的发展。究其原因除了冷链物流装备不足、管理机制欠缺等因素外，标准缺失、标准滞后、标准技术指标不协调、两岸标准不统一等问题才是关键所在。
>
> 随着《海峡两岸经济合作框架协议》（ECFA）的生效，两岸包括鲜活农产品及其他冷链产品在内的经贸往来越来越多。2011年，厦门市被商务部和国台办确定为两岸食品物流产业合作试点城市，两岸冷链物流产业合作迎来了难得的发展机遇。为构建区域性先进的城市城际冷链物流配送中心和航空冷链物流中转中心，厦门市将大力推进闽台冷链物流产业合作，建立冷链物流公共信息平台与冷链应用服务网络平台，致力将福建打造成两岸生鲜食品和精准物流对接的主要通道。建立起标准、监管、技术等一整套框架体系已成为厦门市冷链物流产业发展的当务之急。
>
> 为了更加科学地推动两岸食品冷链物流产业的发展，《厦门市人民政府办公厅关于推进两岸冷链物流产业合作试点工作的实施意见》中明确指出，要通过引进台湾冷链物流产业先进技术和运营管理模式，以建立完善食品冷链物流标准体系为目标，以推进食品冷链物流标准和两岸共通标准的研制和实施为主线，进一步夯实两岸食品冷链物流标准化工作基础，提升两岸食品冷链物流产业的竞争力。落户在厦门市的两岸食品冷链物流标准化工作组，将着重制定实用、可执行的节能高效关键硬件标准和冷链食品储、运、销的作业规范流程，同时，重视运营和管理，注重专业第三方冷链物流企业的培育。这是厦门市质监局落实"质量强市"战略的又一项

冷链物流管理

重要举措,大刀阔斧的行业整顿标志着两岸冷链物流产业合作进入了深化发展阶段。

根据食品冷链物流标准化工作的要求,厦门市质监局成立两岸食品冷链物流联合工作小组,加强两岸在标准化工作的协调和组织工作。主要进行两岸共通标准的研究,从台湾销往大陆较多的果蔬入手,探索建立两岸食品冷链物流产业共通标准,像《莲雾冷藏保鲜技术规范》等,从而实现两岸食品冷链物流标准的互认互通。在与国际标准和国外先进标准进行充分比对分析的基础上,进行适当的修订和完善,使各种相关的技术标准协调一致,优先制定一批食品冷链物流实际工作中急需的标准,如《冷链食品销售温度控制通则》《冻干设备技术规范》等,结合做好在计量标准、技术标准等方面的基础工作,促进食品冷链物流专业技术和管理水平的提高。

同时,还要构建全方位的标准信息公共服务平台,全面满足两岸食品冷链物流企业和政府对标准信息服务的需求,开展具有国际竞争力和共同需要的项目研究,争取形成常态化合作机制,积极拓展合作空间。目前,厦门的广大消费者已经逐渐认可了冷链体系,形成了对冷链物流的需求。受市场的推动,为了充分保障冷链过程不断链,帮助树立新的成本观念,厦门市质监局还定期为食品冷链相关企业培训标准化知识,如《冷链物流分类与基本要求》和《食品冷链物流追溯管理要求》等,推动标准实施,从而拉动整个冷链产业向规范化、品牌化发展。

以试点为契机,市场的驱动及一系列政策措施的落实,促进了厦门市冷链物流行业管理的日益规范化。该市先后与台湾取得在冷链物流园区规划、先进冷库设计、信息化系统建置、运营模式创新和标准规范制定等方面的合作,签署了7个落地项目,引入台湾资金约1.3亿元。此外,万翔冷链物流中心和源香食品物流园等一批厦门大型重点冷链物流项目的实施和建成投产,将有望成为福建地区乃至中国冷链发展的新标杆。(案例来源:http://www.coldchain-asia.com/CN/Co/? CID = 12&AID = 99.)

第一节　冷链标准化体系

生鲜农产品本身具有易腐性、过程时效性和不可逆转性,其物流设施设备有特殊性,消费群体存在多元、多变、分散性,物流运作复杂,此外,与之相关的冷链物流企业存在着冷链技术水平、管理水平参差不齐等问题,使生鲜农产品的质量安全得不到有效保障。因此,制定冷链物流技术规范标准,对于促进冷链物流行业健康发展具有重要的意义和作用。

我国的冷链物流标准可以分为两种:一种是强制性标准,它主要是由商务部、农业部和食品药品监督管理局等政府部门制定的,属于必须执行的技术法规类别;另一种是推荐性标准,它主要由非政府组织,如行业协会、中介组织和标准委员会等制定。

第三章 冷链标准与法规

一、冷链标准化的概念

根据现阶段全国物流标准化技术委员会冷链物流分技术委员会（以下简称冷标委）的研究成果，整个冷链物流标准分为四个部分：服务标准、管理标准、技术标准和信息标准。其中，服务标准是核心，是其他标准发展的根据。因为物流的本质是一种服务，其他标准都应该围绕物流服务展开，只有在确保服务质量的前提下，才可能追求降低成本和提高效率。首先要有冷链物流服务标准，然后才有冷链物流的装备、人才、单证和操作等相应的标准。

(一) 冷链物流服务标准

冷链物流服务标准分为两大类：一类是以单一温度为控制对象的，目前，有冷冻和冷藏两个标准正在制定中。另一类是以商品为控制对象的，如瓜果、水产品和冷冻肉等。这一类服务标准是以产品来命名的，因为不同产品在不同的环节有不同的温度要求。这类服务标准主要说明不同产品在运输阶段和仓储阶段的温度控制范围（即允许偏离的温度范围），以及控制、测量、配送和装卸的各项措施和技术要求。冷链物流服务标准有三个要素：

1) 明确温度控制点。例如，冷标委规定了冷冻以 $-22℃$ 为控制点，冷藏以 $8℃$ 为控制点。

2) 规定物流过程中出现的温度误差。因为整个物流操作过程不可能始终保持恒温，在装卸和开门的时候都会出现一些偏差。只有规定好适宜的温差范围，才不会影响到产品的品质和服务质量。

3) 规定温度的测量和记录方法，包括规定测量温度的位置（表面温度还是中心温度）、测量时间间隔、测量工具和记录方法等。

(二) 冷链物流管理标准

冷链物流管理标准分为安全标准（涉及人、设备设施和作业各方面的规定）、环保标准（涉及设备设施和作业环节的规定）和统计标准（涉及人员和业务统计口径的规定）。

(三) 冷链物流技术标准

冷链物流技术标准可分为设备与设施标准和冷链物流技术方法标准。设备与设施标准是从设备、设施配备的角度对从事冷链物流各主体提出相应的要求，而冷链物流技术方法标准则是规范冷链物流主要作业环节的流程、手段。

(四) 冷链物流信息标准

冷链物流信息系统一般有两个主要目的：首先是实现信息的可追溯性，提高物流效率；其次，通过引进先进的信息技术，如 EDI、GPS、POS 等，实现对冷藏或冷冻车运输的全面动态监控。例如，日本利用信息技术对水果和蔬菜的冷链物流供应链管理系统建立了电子虚拟系统，用于农业生产、储存、运输和销售动态监测的全过程，同时实现全国范围内实时的物流信息追踪。美国非常重视加强农业信息化建设，政府拨款建造了农业计算机网络系统，不仅覆盖了国内 46 个州，也涵盖了周边的加拿大等八国，大量的农业企业可以通过此网络系统和美国各大学、农业厅，甚至是美国农业部进行沟通。然而我国有关此项的标准仍与冷链技术标准进行结合，相关法规的制定仍有待加强。

冷链物流管理

◇【同步案例 3-1】

2016 年 3 月，山东警方破获案值 5.7 亿元的非法疫苗案，疫苗未经严格冷链存储运输销往 24 个省市，其中涉及 25 种儿童、成人用二类疫苗。

此次山东疫苗事件中，未经冷藏的疫苗通过非法渠道流向 24 个省市，反映出疫苗在运输和配送环节的监管缺失。目前，国家食品药品监督管理总局主管药品的生产和流通企业，而疾控中心、各个医院则由卫生行政部门管理，这种分段监管的现状本身就存在监管的漏洞。再加上现有法律法规对擅自"断链"、降低标准运行"冷链"的处罚力度太轻，不足以震慑相关违法行为。面对较高的利润与较低的违法成本，一些企业铤而走险。另外，GSP（《药品经营质量管理规范》）和 GMP（《药品生产质量管理规范》）的冷链标准不统一，GSP 中有对冷链要求的明确规定，但各省市解读不一样，企业自律性差，并没有完全按照国家的法规来执行，医院和疾控中心也同样面临这些问题，这在很大程度上造成医药物流企业发展举步维艰。（案例来源：医药供应链联盟（官微），当前我国药品冷链物流的困局．）

问题：

1. 医药冷链当中对于标准的要求为何需严格执行？
2. 推行 GSP 认证对医药冷链有何帮助？

二、以供应链运营参考（SCOR）为基础的冷链物流指标体系

SCOR（Supply-Chain Operations Reference-model）模型于 1996 年由管理咨询公司 PRTM 开发，现在是 APICS 的一部分，并由供应链委员会（SCC）批准，作为供应链管理的跨行业实际标准战略、绩效管理和流程改进诊断工具。它描述了满足客户需求的业务活动，包括计划、来源、制造、交付和退货等活动。使用该模型可分析公司流程和目标的现状，量化运营绩效，以及将公司业绩与基准数据进行比较。SCOR 基于五个管理流程：计划、来源、制造、交付和退货。其供应链模型架构如图 3-1 所示。

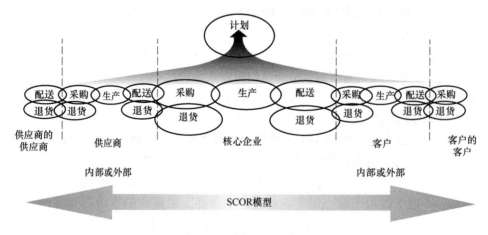

图 3-1 基本的 SCOR 模型

（1）计划　平衡总需求和供应的过程，以制订最符合采购、生产和交付要求的行动方案。

第三章 冷链标准与法规

（2）来源　采购货物和服务以满足计划或实际需求的过程。

（3）制造　将产品转化为完成状态以满足计划或实际需求的过程。

（4）交付　提供成品和服务以满足计划或实际需求的流程，通常包括订单管理、运输管理和分销管理。

（5）退货　由于任何原因返回或接收返回的产品的相关流程。这些流程延伸到后期的客户支持。

而 SCOR 针对这五个流程，提供三级流程细节。每个细节级别都有助于企业确定范围（一级）、供应链配置或类型（二级）、流程元素的详细信息（包括绩效属性，三级）。在三级以下，企业分解流程元素，开始实施具体的供应链管理实践。基于这五个流程，可以扩展出从事冷链相关流程的流程参考模型（C-SCOR），如表 3-1 所示。首先是处于第一级的基本管理流程：规范了冷链相关的需求/供给的规划与管理（Plan），冷冻/冷藏产品的进料与储存（Source），冷冻/冷藏产品的生产加工（Make），冷冻/冷藏产品的订单、仓储、运送与销售（Delivery），以及原物料退货与成品退货（Return）等作业。

表 3-1　C-SCOR 层级的五大基本管理流程

计划	冷链相关的需求/供给的规划与管理 ● 对整个冷链进行供需平衡、计划建立与协调 ● 商业规划管理、冷链绩效、资料搜集、库存、资产（包括采购、加工、储存、冷链运输、冷链设备等）、冷链运输、计划规格、管理需求 ● 使冷链计划与整体财务计划一致
采购	冷冻/冷藏产品的进料与储存 ● 冷链配送排程、收料、检验、入库与确认付款 ● 确立与选择未预先决定的物料供给来源 ● 物料适宜储存温度及储存期限的确认 ● 物料进入冷库前的预处理 ● 冷库设计规范
生产	冷冻/冷藏产品的生产加工 ● 生产排程、进料检验、上线生产、测试、低温储存与等待出货 ● 管理规则、绩效资料、在制品、设备设施、运送、生产流程与生产管理要求 ● 原材料、生产加工过程、包装及储存各阶段的温度控制 ● 加工设备质量要求
配送	冷冻/冷藏产品的订单、仓储、运送与销售 ● 由顾客下单至出货与选择运输者的订单管理流程 ● 产品包装、配载与运输的冷链仓配流程 ● 顾客端的验收 ● 冷链配送管理规则、绩效资料、成品库存保存、冷链运送、产品在温度影响下的生命周期与进出口要求 ● 冷藏车与冷藏集装箱规格的规范要求 ● 配送路线、配送方式的选择，产品质量的实时监测

冷链物流管理

（续）

	原料退货与成品退货
 退货	• 瑕疵品退货程序：由进料退货（定义产品的状况、退货期限核准，排定退货产品送出与瑕疵品退货）至配送退货（核准退货产品、排定退货产品接收、退货产品品质变化情况的确认与可利用筛选） • 维护、修理及全面检修产品退货程序：由进料退货（定义产品状况、理清产品、要求产品退货之核准、排定退货产品送出与产品退货）至配送退货（核定退货产品、排定退货产品接收、退货产品品质变化情况的确认与可利用筛选） • 超量产品退货程序：由进料退货（定义产品状况、理清产品、要求产品退货之核准、排定退货产品送出与产品退货）至配送退货（核定退货产品、排定退货产品接收、退货产品品质变化情况的确认与可利用筛选） • 退货管理规则、绩效资料搜集、退货品库存、冷链运送、线路规格、管理需求与应允 • 冷藏集装箱的返回

在确立整个冷链物流第一级的作业流程范围后，接着针对第二级的三个子流程进行定义，如图3-2所示。

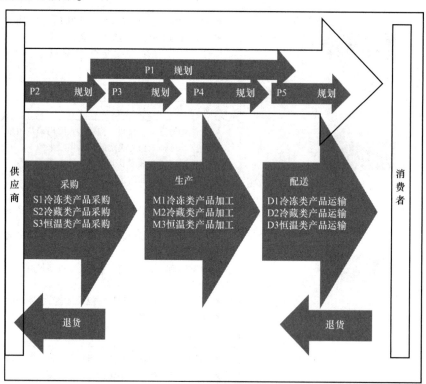

图 3-2　C-SCOR 层级二架构图

这些子流程有一个特殊的标签——一个字母（M）和一个数字（1、2 或 3）。这是 SCOR 模型的语法。字母代表过程，数字标识"场景"或"配置"。如 M1 代表"建立库存"场景，产品或服务是根据预测产生的；M2 代表"接单生产"配置，产品或服务

第三章 冷链标准与法规

按照实时、真实的客户订单生产；M3 代表"设计生产"。在这种情况下，我们制定了冷链供应链第二级的流程。可将产品分成三种类型，分别为冷冻类产品、冷藏类产品和恒温类产品，并针对这三种类型的采购、生产加工和物流运输进行定义。最后，第三级流程（也称为配置中的业务活动）属于第二级流程的详细流程。一个基本的第三级组件流程如图3-3所示。

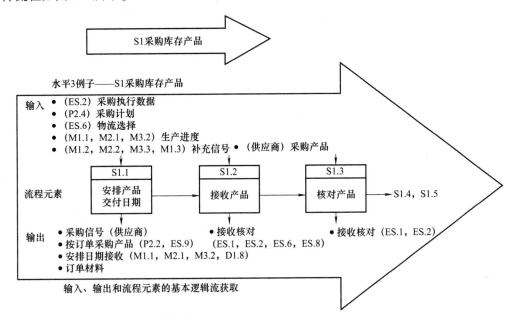

图 3-3　基本的第三级组件流程

最后，当建构、导入整个供应链流程规范时，应需要相关性能测量指标来评估整个流程的优劣。绩效属性是供应链的特征，就如描述一块木材好坏一样，供应链也需要描述标准特性。没有这些特征，企业要对其他供应链进行分析和评估并与之进行比较是非常困难的。

SCOR 模型包含了衡量供应链业务绩效的 150 多个关键指标。这些绩效指标源自 SCC 成员的经验。与过程建模系统一样，SCOR 绩效指标也有层次。它有三级指标：第一级指标是最终目标，通常这些指标被顶层决策者用来衡量公司整体供应链的绩效。第二级指标则对应 SCOR 模型中的主要流程，每个流程都有对应指标。第三级指标不一定与 SCOR 的进程（计划、采购、生产、配送和退货）有关，此时各企业可针对自己所建构的流程提出相对应的指标。本书也整理出评价冷链物流体系优劣的绩效指标，见表3-2。

表 3-2　冷链物流绩效评价指标体系

序号	绩效属性	一级指标	二级指标	计算方法	指标导向
1	可靠性	完美订单履行	订单完成率	实际完成的订单数量/应完成订单数量	客户导向
2			数量准确率	数量准确的订单数量/总订单数量	
3			及时交货率	及时交货的订单数量/总订单数量	
4			质量完好率	质量完好的订单数量/总订单数量	
5			客户满意率	客户满意的订单数量/总订单数量	

(续)

序号	绩效属性	一级指标	二级指标	计算方法	指标导向
6	响应性	订单履行周期	冷链采购周期	从发出采购订单到收货所用天数	客户导向
7			冷链加工周期	从收到原材料到产成品所用天数	
8			冷链储藏周期	物料成品在冷库中储存的天数	
9			冷链配送周期	物料在运输配送途中的天数	
10			冷链销售周期	物料在销售终端到卖出所用天数	
11	敏捷性	提前期	生产提前期	从接收订单到完成生产所需时间	
12			等待时间比	等待生产所用时间/实际生产时间	
13	成本	物流成本	物流成本收入比	年物流总成本/年销售收入总额	企业内部导向
14		设备成本	设备成本收入比	设备年折旧额/年销售收入总额	
15	资产管理	周转周期	现金周转周期	原料或成品转化为销售收入所用的时间	
16			库存周转周期	产品从入库到安全出库所用的时间	
17		设备利用	设备满负荷率	设备使用负荷/设备最大负荷	
18	监管与自查	产品检测率	品种检测率	检测的品种数量/总品种数量	政府导向 企业导向
19			批次检测率	检测的生产批次/生产总批次	
20			检测合格率	检测合格的数量/总检测数量	
21	供应链协作	信息共享	信息共享率	信息共享的物流环节/总物流环节	供应链导向
22		流程优化	流程冗余率	重叠冗余的流程数量/总流程数量	
23	产品特性	温度保障	温度达标率	温度达到要求的时间/冷链全程时间	产品导向
24			冷链覆盖率	冷链覆盖到的物流环节/总物流环节	
25		质量保障	产品损失率	物流过程损失量/物料流通总量	
26			产品可追溯率	可追溯到的物流环节/总物流环节	

第二节 冷链物流相关法规

一、国际法规

（一）欧洲冷链物流标准化的情况

欧洲于 2000 年 1 月 12 日推出《食品安全白皮书》作为其食品安全政策的基础，详细规范如图 3-4 所示。

图 3-4 欧洲冷链相关法规的关联图

第三章 冷链标准与法规

它对从农田到餐桌的食品安全管理都有详细的指导原则。另外，欧盟法规（EC）No 178/2002 也列出了食品立法的一般原则，是所有食品安全规范的总指导原则、方针和目标。欧洲的食品安全规范可分为几个部分，第一是针对食品加工流程提出了不同阶段、不同环节的卫生要求，如 EC 8521/2004 食品卫生、EC 853/2004 动物性食品专门卫生要求等。第二是食品最终产品，以及特殊生产流程要求，如微生物限量标准准则 EC No 2073/2005、微生物采样 EC No 8821/2004 及污染物管理 EC No 1881/2006，是针对食品微生物采样、微生物标准量、污染物管理流程进行的详细规定。第三是针对食品中相关的添加剂，通过列表的方式来规范相关流程的管理办法及规范添加剂含量。最后，是针对食品中农药残留的管理，欧盟也制定了最大残留量，如农产品残留管理 EC No 396/2005 及动植物残留管理 EC No 37/2010 等。

总的来说，欧洲的食品安全标准是以各项法规形式呈现的，而且内容包含大多数的食品生产流程，严谨且条理清晰。

◇【同步案例 3-2】

欧盟食品安全法规发展

《食品安全白皮书》（European Commission White Paper on Food Safety）是整合 1997 年实施的《欧盟食品法规一般原则绿皮书》后于 2000 年正式对外发布的法规，可以视为欧盟食品相关法律的根本。从 2000 年开始实施《食品安全白皮书》，到 2002 年制定、2005 年 1 月 1 日生效的《欧盟一般食品法》[Regulation (EC) No 178/2002] 与 2004 年制定的《食品卫生法》[Regulation (EC) No 852/2004 of the European Parliament and of the Council of 29 April 2004 on the Hygiene of Foodstuffs]，2006 年 1 月 1 日开始实施的《欧盟食品及饲料安全管理法规》[Regulation (EC) No 183/2005 of the European Parliament and of the Council of 12 January 2005 Laying Down Requirements for Feed Hygiene]，法规内容就如同心圆般持续向外扩大。《动物性食品卫生法》[Regulation (EC) No 853/2004 of the European Parliament and of the Council of 29 April 2004 Laying Down Specific Hygiene Rules for Food of Animal Origin] 对于食品卫生法又进行了补充规定。此类派生法规与科学技术紧密相关，科学检验仪器越进步，法规则越来越细微深入。

问题：
1. 欧盟食品安全的基础是依据何种概念规划的？
2. 法规规范的发展为何与科技发展息息相关？

（二）日本冷链物流标准化的情况

日本作为食品进口大国，一直很重视食品安全监管法律制度的建设。2003 年，日本再次对食品安全管理体制进行改革，大幅修改《食品卫生法》，并于 2003 年 7 月 1 日起施行了《食品安全基本法》（2003 年第 48 号）。

根据该法的规定，日本内阁府设立了食品安全委员会，贯彻有效的食品安全检测制度，从而结束了日本厚生劳动省和农林水产省在食品安全管理上各自为政的局面，实现了食品安全一元化的领导体制。2011 年 3 月 11 日，日本大地震导致福岛核电厂发生泄漏事故后，日本食品安全委员会迅速做出反应，针对福岛及周边地区的蔬菜、鲜奶及鱼、贝类等产品展开健康影响评估。日本的食品安全法律体系可分为三个层次，如

冷链物流管理

图 3-5 所示。

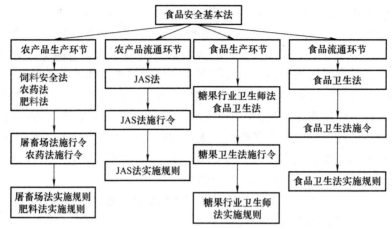

图 3-5 日本冷链法规架构

首先是拥有最高法律效力的《食品卫生法》《JAS 法》《农药取缔法》等一系列针对食品链各环节的法律。接着是食品安全委员会令、JAS 法施行令等政策，它们是根据法律制定的，并由内阁批准通过。最后为《食品卫生法实施规则》《关于乳和乳制品的成分标准省令》等规定，是根据法律和政令，由日本各省制定的法律性文件。

目前，日本已经形成了高效、科学、灵活的食品安全监督管理体制。其主要包含 ISO22000 食品安全管理体系、HACCP、食品安全管理方法、优良农产品认证制度及食品标签管理等。

（三）美国冷链物流标准化的情况

美国农业部食品安全与检验局（USDA-FSIS）已有超过百年的历史，并且美国国会分别于 1906 年、1957 年及 1970 年期间通过制订了《联邦肉品检查法案》（Federal Meat Inspection Act，FMIA）、《禽肉产品检查法案》（Poultry Products Inspection Act，PPIA）及《蛋品检查法案》（Egg Products Inspection Act，EPIA）等，因此美国对于农产品的相关卫生安全管理制度及法规较为成熟及完备。

而美国冷链物流法规是和相关食品安全标准相辅相成、密切结合的。因此食品安全标准的部分会写入法规中成为规范，具法律效力。例如，FDA 发布的 HACCP 质量标准、包装标准，除此之外还有相关的食品安全机构发布的食品安全指南等。以下就针对农产品加工过程的相关法规进行介绍。

1. 危害分析和关键控制点（HACCP）

HACCP（Hazard Analysis and Critical Control Point）是目前世界上应用最广泛的解决食品安全问题的管理体系，由食品危害分析和关键控制点两部分组成。HACCP 体系是一种建立在良好操作规范（GMP）和卫生标准操作规程（SSOP）基础之上的控制危害的预防性体系，它主要针对原料、生产工序和影响产品安全的人为因素进行分析，确定加工过程中的关键环节，建立、完善监控程序和监控标准，采取规范的纠正措施。其目的是将可能发生的食品安全危害消除在生产过程中，而不是像以往那样，靠事后检验来确保食品的安全。

HACCP 的概念于 1971 年在美国国家食品保护会议上首次提出，1973 年美国食品药品监督管理局（Food and Drug Administration，FDA）首次将 HACCP 食品加工控制概念应用于罐头食品加工中，以防止腊肠毒菌感染。近年来，随着全世界人们对食品安全卫生的日益关注，食品工业和其消费者已经成为企业申请 HACCP 体系认证的主要推动力。世界范围内食物中毒事件的显著增加激发了经济秩序和食品卫生意识的提高，在美国、欧洲、英国、澳大利亚和加拿大等国家，越来越多的法规和消费者要求将 HACCP 体系的要求变为市场的准入要求。

一些组织，如美国国家科学院、国家微生物食品标准顾问委员会及 WHO/FAO 营养法委员会等，一致认为 HACCP 是保障食品安全最有效的管理体系。

HACCP 的操作步骤有四大项：

第一，进行危害分析（HA）明确预防措施，鉴别有害物质或引起产品腐败的致病菌，掌握产生危害的机理，根据危害特征将食品分类，确定风险程度，制定出在食品生产和批发过程中减少危害的相关措施。危害是相对的，对不同的消费群体和不同的企业来说，其危害标准不同。在 HACCP 控制体系中，必须对危害有明确、统一的识别和规定，才能有效地识别和鉴定危害的来源，否则无法取得一致的危害分析结果。

第二，确定关键控制点（CCP）。根据所控制危害的风险与严重性，分析影响食品质量的关键因素，从而确定质量控制的关键点。

第三，制定每个关键控制点的临界指标。确定了关键控制点后，从被加工产品的内在因素跟外在加工工序等方面，制定生产工序上一个或多个化学、物理、生物属性的安全限定指标。关键点的控制在于确定安全与不安全产品，只要所有控制点在各自研究范围内，产品就是安全的。

第四，确立监测方法并保存文件，建立监测 CCP 的程序，可以测试或观察进行监测。同时还需建立所有程序的资料记录，并保存文件，以记录、追踪。

使用 HACCP 的益处可分为七点：①提高食品的安全性；②增强组织的食品风险意识；③强化食品及原料的可追溯性；④增强顾客信心；⑤使食品符合检验标准；⑥符合法律法规要求；⑦降低成本。

从上述内容可以得知，HACCP 强调事前预防胜于事后检验，因此无须以庞大的产品检验系统来确保质量安全。此外，执行 HACCP 制度需先架构一套标准作业系统，并做适时维持与修正。而完整有效的追踪系统，可自原料供应至产品销售，迅速追踪每一项产品的各点制程状况及源头。加上制程中可记录所有管制信息，因此可建立产品安全支持系统。HACCP 系统可大幅提升产品安全性，降低企业风险。此外，获得 HACCP 认证不但能提升公司的形象及产品质量，而且在制度管理、风险评估及流程改善方面对企业也有极大的助益。此外，推动 HACCP 更可节省成本，并建立重点管制事项，确保产品符合顾客需求，提高销售力，进而达到企业持续经营的目的。HACCP 的管理制度被许多国家应用于有关食物原料与加工产品进出口的规范，因此，HACCP 已成为部分国际食品原料或成品贸易的一种非关税贸易障碍。在我国加入 WTO 之后，面对食品进出口贸易自由化的强大压力，导入 HACCP 系统已成为提升我国食品各产业竞争力、维持或开拓国外市场的重要课题。

导入 HACCP 有以下实施要点：

(1) 设施的整备和卫生管理　生产过程中，设施设备的卫生状态必须良好。为此，

冷链物流管理

设施内外的清扫和检查等是必要的。同时，容易被忽视的照明设备、排气扇和纱窗等，也必须定期进行检查及清洁以确保它们状态良好。

（2）操作者的卫生教育　企业推动 HACCP 等相关卫生管理体系时，必须让操作者理解及实践，否则什么也做不成。为了使这卫生管理系统顺利运行，食品生产操作者需要参加卫生教育和训练。此外，一般的卫生知识（食物中毒的知识等）也不能缺少。

（3）设施、机器器具的保养检查　机器器具类必需定期检查，保持良好状态。尤其是应保持直接接触食品的机械、容器器具类的卫生。

（4）昆虫的驱除　在食品生产前，必须检查是否有昆虫等异物进入到设备里、防虫设备是否有破损等情况。若发现昆虫，必须有效地开展驱除工作。

（5）用水的卫生管理　维持水中有适当的游离氯浓度，另外，在使用水井或水槽的场合，必须定期检查，并实施清扫动作。

（6）排水及废弃物的卫生管理　在生产过程中要确认是否能顺畅地将水排出，以及排水方向是否正确。废弃物必须要收纳到规定的废弃物容器中。

（7）操作者的卫生管理　操作者要经常进行健康管理，即定期进行健康检查及记录每天的健康状态。在工作过程中应穿卫生性的作业服，进入生产工作站时应对手部进行清洁。

（8）生产对象的卫生管理　从原料的供应商的卫生管理开始，验收、制造和保管等流程要保持卫生，需检验供应商所提供原料的微生物、化学及物理的危害程度。

（9）产品的回收程序　企业应制定不良产品发货后的回收程序。同时，也需要向公布和监督机关申报。

（10）产品试验检查设备等的管理　为了保证试验检查的可信赖性，需要每天检查和定期校准等。

2. 良好生产规范（GMP）

GMP 是英文 Good Manufacturing Practice 的缩写，中文良好生产规范、良好作业规范或优良制造标准，是一种特别注重产品质量与卫生安全的自主性管理制度。简要地说，GMP 要求生产企业应具有良好的生产设备、合理的生产过程、完善的质量管理和严格的检测系统，确保最终产品的质量（包括食品安全卫生）符合法规要求。

GMP 是由世界卫生组织于 1975 年 11 月正式公布的。国际上药品的概念包括兽药，只有中国和澳大利亚等少数几个国家将人用药 GMP 和兽药 GMP 分开。而中国卫生部于 1995 年 7 月 11 日下达《关于开展药品 GMP 认证工作的通知》。药品 GMP 认证是国家依法对药品生产企业（车间）和药品品种实施 GMP 监督检查并给予认可的一种制度，是国际药品贸易和药品监督管理的重要内容，也是确保药品质量稳定性、安全性和有效性的一种科学、先进的管理手段。1998 年，国家药品监督管理局成立后，建立了国家药品监督管理局药品认证管理中心。

GMP 虽然主要是针对生产而制定的，但它对流通环节也有重要参考价值。所有流程需遵循 GMP 以下基本原则：

1）制造设施必须保持清洁卫生。

2）控制环境条件，以防止可能导致产品对人类消费不安全的掺杂物的食品或药物产品的交叉污染。

第三章 冷链标准与法规

3）制造过程被明确定义和控制。验证所有关键过程，以确保一致性和符合规范。

4）对制造过程进行控制，出现影响药物质量的变化时进行验证。

5）说明和程序以清晰明确的语言编写（良好的文件规范）。

6）操作人员接受培训，以执行和记录程序。防止未标记的主要过敏源的交叉污染。

7）在制造过程中手动或通过仪器来做记录，以表明实际是按规定程序和步骤操作的，食品或药物的数量和质量符合预期。偏差应被调查和记录。

8）能够追溯批次的完整制造（包括分销）历史记录，并以可理解和可访问的形式保存。

9）能做到从销售或供应中回收任何批次的产品。

10）对投诉情况进行检查，对质量缺陷的原因进行调查，对缺陷产品采取适当措施，防止复发。

GMP不是关于如何制造产品的说明。它们是制造过程中必须遵守的一系列原则。当一家公司正在建立其质量计划和制造流程时，可能会有许多方法可以满足GMP的要求。确定最有效和最有效率的质量管理流程是公司的责任，也是最重要的部分。

而为了让企业达到GMP所规定的要求，保证所加工的食品符合卫生要求，出现了卫生标准作业程序（Sanitation Standard Operating Procedures，SSOP）。它是用来规范、指导食品生产加工过程中应如何实施清洗、消毒和卫生保持的作业指导文件。而美国禽畜肉检查法规规定，在建立HACCP之前，应先完成SSOP，其流程如下：

1）书面的SSOP应包含例行的维持环境卫生作业的程序（为了生产安全、好质量的产品）。

2）涵盖每天作业前、作业中和作业后的卫生程序。

3）指派专人监督卫生标准作业程序的进行，评估SSOP是否有效，并在需要的时候采取适当的矫正措施。

4）确保记录卫生标准作业程序书中所规定的需记录事项，以证明SSOP程序的完成，还要记录任何产品污染及质量破坏的矫正措施。记录至少要保持六个月。

5）前述资料文件应提供给FSIS人员做确认和督导之用。

6）若任何设备、器具、房间或区域未能符合SSOP或不卫生，将会被贴上"不合格"的标识，在其重新受检且通过检查前不得使用。

7）若发现SSOP不完整或缺乏记录，FSIS将采取更多的检查行动，以判定是否发生产品污染或质量低劣情况。若有，FSIS将采取适当的行动以防止这些产品进入市场，甚至必要时回收已进入市场的产品。

◇【同步案例3-3】

广东省农产品冷链物流标准化体系的建立

完善冷链物流体系是为了保证公众的食品安全。近年来，食品安全问题一直被公众和社会所诟病，成为我国社会发展的障碍与顽疾。广东省结合省内实际情况，在2014年制定并颁布了《食品冷链物流技术与管理规划》。这一规范完善并补充了广东省的农产品冷链物流指导规则与相关行业标准，如原料基地的生产标准规范、储藏与预冷标准、运输标准、标签合格标准、检验方法标准、环境服务标准和销售标准等；制定相关

冷链物流管理

的 GVP 兽医规范、GMP 生产规范、GAP 农业规范与 HACCP 危害关键控制点分析原则等。上述规范丰富了省内的农产品质量监管机制，使冷链各个环节的运行状况环环相扣，保证整体环节的服务质量。为提高公认标准，广东省还推行农产品专业认证与市场准入制度，这些都为广东省内农产品的冷链物流流通质量建立了坚实的安全后盾。

问题：
1. 农产品冷链发展过程当中，为何相关标准化的建立如此重要？
2. 对于农产品流通而言，标准化提供了何种协助？

以上介绍了几个先进国家冷链相关法规的做法，除了用国家法律制度来规范从业者外，也出台了财政扶持政策，吸引从业者投入相关设施及改善生产设备。表 3-3 也整理出几个先进国家不同的做法。

表 3-3 国外冷链物流标准化体系建设的政策法律环境

出发角度	国家	具体措施
国家法律制度	加拿大	建立食品安全监管机构（CFIA），该机构制定了食品安全监督计划（FSEP）——食品安全监督方案，管理农业并进行总体规划；对肉类生产企业采用危害分析和关键控制点管理体系（HACCP），来监视和控制生产操作过程；制定了《防虫产品法》，用以规定原材料农药的使用
	日本	颁布《中央批发市场法》，并把批发市场纳入法制轨道；建立冷链物流可追溯体系；通过加强对生产过程的管理，结合化学分析和快速检测手段，确保食品安全
	法国	制定《农药残留补偿法》，若农户是因为蔬菜、水果中农药残留超标而导致的损失，那么农户可以获得补偿
财政扶持政策	加拿大	对国家铁路公司进行补偿并给予优惠政策，促使其发展冷链物流；港口和内河运输的管理权下放，企业自主运作，促进竞争，促进冷链物流的快速发展
	韩国	政府设立专项基金，以资助专业性物流公司、物流技术公司，对开发新型物流技术的企业或个人减征所得税

（四）ISO 的相关标准

随着消费者对安全食品的需求日益增长，许多企业都在实施基于危害分析和关键控制点（HACCP）的食品质量和安全管理体系。2001 年，国际标准化组织（ISO）开始着手建立一个可审核的标准，加深了 HACCP 在食品安全管理体系中的作用，因而产生了 ISO 22000。它是 ISO 9000 的一般衍生产品，为需要符合甚至超过世界范围内食品安全规则的公司定义出食品安全管理要求，其包括了所有消费者和市场的需求。它加快并简化了程序，而无须折中其他质量和食品安全管理体系。其作用是防止食品生产过程（包括制造、储运和销售）中有害物质的产生。

ISO22000 涉及以下要素：
1) 交互式沟通。
2) 系统管理。
3) 先决条件。
4) HACCP 原则。

ISO 22000 可以独立于其他管理体系标准应用，也可以与现有管理体系要求相结合。ISO 22000 整合了危害分析和关键控制点（HACCP）系统的原则及食品法典委员会制定的应用步骤。

第三章 冷链标准与法规

ISO 正在开发与 ISO 22000 相关的附加标准。这些标准将被称为 ISO 22000 标准系列。目前，以下标准将构成 ISO 22000 系列标准：

（1）ISO 22000　食品安全管理体系——对食品链中所有组织的要求。

（2）ISO 22001　食品和饮料行业 ISO 9001:2000 应用指南（取代：ISO 15161:2001）。

（3）ISO/TS 22002　食品安全先决条例第一部分：食品制造。

（4）ISO/TS 22003　为食品安全管理体系提供审核和认证的机构的食品安全管理体系。

（5）ISO/TS 22004　食品安全管理体系—— ISO 22000:2005 应用指南。

（6）ISO 22005　饲料和食品链中的可追溯性——系统设计和实施的一般原则和基本要求。

（7）ISO 22006　质量管理体系——ISO 9002:2000 对作物生产的应用指导。

（8）食品安全系统认证（FSSC）计划 FS22000。FS22000 是全球食品安全倡议（GFSI）批准的计划。

对企业而言，推动 ISO22000 也能产生良好作用，可归纳如下：

1）强化沟通。

2）资源利用最优化。

3）改善文件资源管理。

4）加强计划性，减少事后的检验。

5）更加有效和动态地进行食品安全风险控制。

6）所有的控制措施都将进行风险分析。

7）对必备方案进行系统化管理。

8）由于关注最终结果，该标准适用范围广泛。

9）可以作为决策的有效依据。

10）聚焦于对必要的问题的控制。

11）通过减少冗余的系统审计，从而节约资源。

二、国内法规

根据中国物流与采购联合会 2016 年所发表的物流化目录手册，与冷链物流服务相关的法规已超过 200 多项，显示出我国近年致力于冷链相关供应链上、下游规范不遗余力，同时也修正了现行的法规，将国内法规与其他国际法则接轨，在食品出口时，更能获得其他国家的认同。以下分别介绍。

1. 冷链物流基础标准

此部分规定了冷链物流的相关术语和定义、冷链物流的分类和冷链物流的基本要求等，见表 3-4。

表 3-4　冷链物流基础标准

标准编号	标准名称	类别	发布日期	实施日期	规定范围
GB/T 14440—1993	低温作业分级	管理	1993 年 6 月 10 日	1994 年 1 月 1 日	本标准规定了低温作业环境冷强度的大小及其对人体机能影响程度的级别。本标准适用于对低温作业实施劳动保护分级管理

冷链物流管理

(续)

标准编号	标准名称	类别	发布日期	实施日期	规定范围
GB/T 18517—2012	制冷术语	基础	2012年11月5日	2013年3月1日	本标准界定了制冷术语。本标准适用于制冷专业的产品制造、工程设计、施工、维护管理及科研、教育等领域
GB/T 28577—2012	冷链物流分类与基本要求	基础	2012年6月29日	2012年10月1日	本标准规定了冷链物流的分类和冷链物流的基本要求，适用于冷链物流管理

2. 农副产品、食品冷链物流设施设备标准

此部分标准涉及冷库规格、冷冻冷藏设备及包装规范等，内容以规范技术和应如何管理相关设施来达到符合冷链作业流程为主，见表3-5。

表3-5 农副产品、冷链物流设施设备标准

类型	标准编号	标准名称	类别	发布日期	实施日期	规定范围
冷库	GB 28009—2011	冷库安全规程	管理	2011年12月30日	2012年12月1日	本标准规定了冷库设计、施工、运行管理及制冷系统长时间停机时的安全要求。适用于以氨、卤代烃等为制冷剂的直接制冷系统及间接制冷系统的冷库。其他类型的冷库和制冷系统可参照执行。不适用于作为产品出售的室内装配式冷库
冷库	GB 50072—2010	冷库设计规范	技术	2010年1月18日	2010年7月1日	本标准适用于采用氨、氢氟烃及其混合物为制冷剂的蒸汽压缩式制冷系统，以钢筋混凝土或砌体结构为主体结构的新建、改建、扩建的冷库，不适用于山洞冷库、装配式冷库和气调库
冷冻冷藏设备	GB/T 20154—2014	低温保存箱	技术	2014年12月5日	2015年12月1日	本标准规定了低温保存箱的术语与定义、分类与命名、要求、试验方法、检验规则、标志、包装、运输、储存。本标准适用于封闭式电动机驱动压缩式低温保存箱
冷冻冷藏设备	SN/T 1995—2007	进出口食品冷藏、冷冻集装箱卫生规范	管理	2007年12月24日	2008年7月1日	本标准规定了进出口食品冷藏、冷冻集装箱卫生规范。本标准适用于进出口食品冷藏、冷冻集装箱检验
包装	GB/T 31122—2014	液体食品包装用纸板	产品	2014年9月3日	2015年2月1日	本标准规定了液体食品包装用纸板的产品分类、技术要求、试验方法、检验规则及标志、包装、运输、储存。本标准适用于制作液体食品包装用纸板

3. 农副产品、食品冷链物流技术、作业与管理标准

表3-6则是与物流流程相关的规范，同时按照产品类型进行分类，如按果蔬、水产品、肉类的储存方式和运输方式进行定义，通过法规规范来确保食物不会受损。

表3-6 农副产品、食品冷链物流技术、作业与管理标准举例

标准编号	标准名称	类别	发布日期	实施日期	规定范围
GB/T 24616—2009	冷藏食品物流包装、标志、运输和储存	作业	2009年11月15日	2010年3月1日	本标准规定了冷藏食品物流过程中的包装、标志、运输和储存要求;适用于物流过程中的各类冷藏食品
GB/T 31086—2014	物流企业冷链服务要求与能力评估指标	管理	2014年12月22日	2015年7月1日	本标准规定了物流企业从事农产品、食品冷链服务所应满足的基本要求,以及物流企业冷链服务类型、能力级别划分及评估指标;适用于物流企业的农产品、食品冷链服务及管理
GB/T 26544—2011	水产品航空运输包装通用要求	管理	2011年6月16日	2012年1月1日	本标准规定了航空运输水产品包装的基本要求、包装材料、包装容器和包装方法;适用于水产品航空运输包装,不适用于有特殊要求的水产品包装
GB 20799—2016	肉和肉制品经营卫生规范	管理	2016年12月23日	2017年12月23日	本标准规定了鲜、冻肉运输相关的术语和定义、运输工具、包装、标志、运输控制、装卸、管理、文件和记录的要求;适用于鲜、冻肉的运输管理

◇知识窗

EDI:全称 Electronic Data Interchange,译名为电子数据交换,是由国际标准化组织(ISO)推出使用的国际标准,是指将商务信息按照一个公认的标准,形成结构化的事务处理或消息报文格式,从计算机到计算机的电子传输方法,也是计算机可识别的商业语言。例如,国际贸易中的采购订单、装箱单和提货单等数据的交换可以通过 EDI 高效实现。

POS:全称 Point of Sale,译名为销售终端,是一种多功能终端,把它安装在信用卡的特约商户和受理网点,并接入计算机网络,就能实现电子资金自动转账。它具有支持消费、预授权、余额查询和转账等功能,使用起来安全、快捷、可靠。

GB/T:推荐性国家标准,"T"在此读"推"。推荐性国家标准是指生产、交换和使用等方面市场主体自愿采用的国家标准。

换气率:单位时间(小时)内进入试验舱的清洁空气量(m^3/h)与试验舱容积(m^3)的比率。

第三节 冷链物流认证

一、认证说明与规范

如今,食品安全的概念深入各行各业,不是仅仅针对产品,同时也适用于人员和流程。食品安全体系能帮助确定什么是企业最需要的,并给企业带来有形的利益。我国冷链质量安全认证体系的指导原则可分为四大部分。第一,一致性原则,即与现有的相关

冷链物流管理

质量安全认证和冷链温度控制标准相一致，如与有机食品认证、无公害食品认证和绿色食品认证相一致，针对产品本身质量的认证应采用以上认证的标准。针对冷链过程的保证，目前我国尚未出台冷链过程温度控制国家标准或相关认证，因此冷链质量安全认证需要针对冷链运输、仓储和冷加工等环节做出相关的规定，一旦国家出台了冷链物流温度控制标准，则应与该标准保持一致。第二，国际化原则，即与目前的国际标准相一致，体现国际化特色。国际上对冷链物流的温度控制非常重视，许多国家认为如果温度控制不能实现，那么冷链产品的质量就无法保证。对于不同的产品，不同国家对于冷链的控制标准也不一样。从我国的冷链质量认证角度看，应根据实际情况进行选择和认证，保证冷链产品顺利进入国际市场。第三，客观性原则，即符合我国目前冷链物流产业发展的实际情况。纵观世界主要冷链产品的生产，不同国家和地区有着各自的特色，特别是农产品，由于种植区域不同，导致同种产品的质量也有所不同。例如，美洲地区出产的西红柿与我国出产的西红柿即使品种相同，其抗寒能力和保鲜期等也不尽相同。因此在制定相关的认证标准的时候，要充分考虑到我国产品的客观情况，制定符合我国产品实际情况的认证标准。第四，规范性原则，即认证过程应规范、合理，杜绝灰色地带的出现。对于冷链物流的认证应有一套严格的认证程序，对于冷链产品内在品质和冷链过程的认证可以同时进行，也可以分开进行。例如，农产品在采收后，未进入冷链之前，其产品质量安全应先进行认证，如果经过认证的农产品在进入冷链之后发生了质量安全问题，那么可以肯定是冷链过程出现了问题，这对于恰当地区分责任是很有帮助的。认证的全过程应具体分解为几个不同的环节，并分别由不同的机构和不同的人员负责认证工作，从而杜绝灰色地带的出现，保证认证的规范性。

二、认证架构说明

以主要冷链产品——农产品为例，我国冷链农产品质量安全认证体系如图3-6所示，分为农产品质量安全认证及农产品冷链安全认证两大部分。

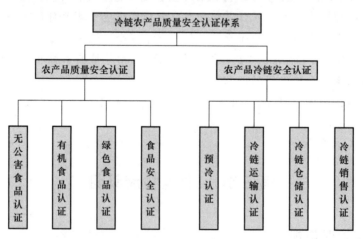

图3-6　我国冷链农产品质量安全认证体系

第一部分是针对农产品内在质量安全的认证，也就是一般性的认证。对于农产品质量安全的认证，目前在我国主要是有机食品认证、无公害食品认证和绿色食品认证。对于冷链农产品质量安全认证来说,这些标准应该成为其认证标准的一个方面,也就是说,取得"三品"认证是取得冷链农产品质量安全认证的一个条件。现实中,有大量的农产品没有通过无公害、有机食品和绿色食品的认证,但是其品质也是良好的,因此,冷链农产品认证体系中还应包括食用安全认证。只有农产品的内在品质良好,经过恰当的冷链物流过程,才能保持良好的品质。如果农产品本身的品质就存在问题,那么即便冷链过程完美无缺,农产品本身的品质缺陷依旧存在。

第二部分是针对农产品冷链物流过程的认证,也就是冷链质量认证。除了对农产品品质本身进行质量安全认证之外,还需要对农产品冷链运输、冷链仓储和冷加工等过程进行过程控制认证。这是为了保证具有良好品质的农产品在整个冷链物流过程中充分保持了其良好品质,并最终进入销售环节。冷链农产品在经过一系列的运转之后到达销售地点并相对静止,等待消费者的挑选。严格来讲,销售地点的冷链控制属于冷链控制过程的一个环节,因此在进行质量安全认证的时候需要按照具体的环节进行分别的控制,也就是要求冷链的不同环节分别提供冷链温度控制报告、冷链环境监测报告等,综合判断后确定针对某一具体商品是否可以进行冷链农产品质量安全认证。这一部分的认证分为四个组成部分,分别为农产品预冷认证、农产品冷链运输认证、农产品冷链仓储认证和农产品冷链销售认证。每一个分认证相对独立,但又缺一不可,任何一个分认证都对最后农产品是否可以取得冷链农产品认证标志起着关键作用。针对农产品冷链物流过程的认证目前还没有相关的国家机构开展,同时也缺乏相关的国家标准对农产品冷链物流过程进行控制,需要参考其他先进国家经验进行相关流程的建构。

三、认证流程的建立

基于冷链物流对食品安全的重要性,以及国内物流从业者的需求,政府应与学校、研究机构及物流协会共同制定冷链物流标准,同时建立合适的厂商评鉴机制,让国内物流业具有可依循之规范,并借由认证评鉴的推动使其达成高质量提升的目标。

1. 评估过程和项目

评估过程如图3-7所示,首先确立冷链服务基本规范,接着在初评项目中考量厂商说明书来制定初评评分表。通过初评后,设定复评标准,在现场复评时按书面初评资料考量,最后得出复评分数。冷链的评估项目以冷链服务基本内容为基准,可分为九大项,分别为组织成员、主要设施、辅助设备、管理流程、温湿度管理、信息利用、预防与应变规划、顾客服务、人员素质与培训等项目。其详细规范重点如下:

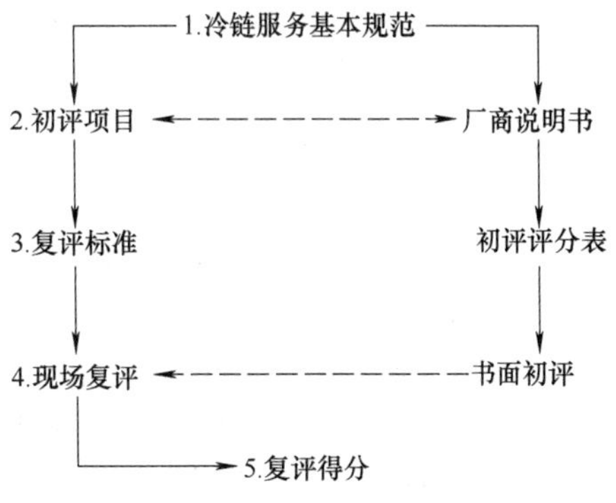

(1)组织成员 参与认证的适用对象(包含其供应链成员)。

(2)主要设施 冷库构造和设计、冷藏(冻)车厢规格、定期检查与保管。

图3-7 冷链的评估过程

(3)辅助设备 设备温湿度记录传输设备;储运设备、隔热装置、保温箱、照明、定期检查与保养。

冷链物流管理

(4) 管理流程 相关文件，如冷链服务作业程序、关键管制点规范与稽查办法、预冷作业、理货与装卸货作业、储存或载运作业、交接温度记录等，应留存。

(5) 温湿度管理 企业设备应能达到适合的温度标准，并能稳定维持，温湿度数据应保存。

(6) 信息利用 这包括仓库管理及运输管理等环节信息化的程度，货品追溯追踪能力，决策支援的实际应用等。

(7) 预防与应变 企业遭遇例外状况时，是否有应变设备和应变计划，是否有自动监控与警示，是否有安全管理规定与安全装置等。

(8) 顾客服务 应设立对应负责单位，客户资料应保存。

(9) 人员素质与培训 应做好相关人员卫生安全培训计划与记录，以及人员健康检查等记录。

2. 认证的对象

认证的对象依公司规模和业态，可分为中小型运输企业、大型运输企业、中小型仓储和大型仓储等，每个申请者在申请认证时，应考量自身企业的规模和业态，其必备条件可分为：

(1) 运输类认证 运输类认证企业应具备以下条件：

1) 申请运输类冷链认证的企业应拥有运输工具与设备。

2) 车厢制冷可达到适合货品运输的温度。

3) 全部运输设备装有温度感测设备。

4) 提供查询货物运输状态等信息的咨询服务。

5) 有受过冷链培训的管理人员。

(2) 仓储类认证 仓储类认证企业应具备以下条件：

1) 申请仓储类冷链认证的企业应拥有仓储设施与设备。

2) 可达到适合货品储存的温湿度。

3) 配有完善的温度感测设备。

4) 提供查询货物储放状态等信息的咨询服务。

5) 有受过冷链培训的管理人员。

每个申请者皆需经过资格审查、书面初评和现场复评等评价流程。申请认证时应提供以下书面材料：

1) 运营简介：企业概况、冷链产品与服务、客户关系。

2) 主要设施：自我管理的车队或仓库规模、制冷系统、保温材料等。

3) 辅助设备：预冷与装卸区、气密装置、装运与储存设备。

4) 管理流程：标准作业程序、关键控制点、增值服务等。

5) 温湿度监控与管理：设备规格与位置、记录与传输频率、记录保存等。

6) 咨询应用：车队管理、进出货管理等应用与决策支持。

7) 预防与应变：天灾、设备故障、人为疏忽而引起的事故的防范与应变措施、维修记录、检查记录和节能计划等。

8) 客服绩效：历年顾客满意度或投诉率等。

9) 人员培训：计划与成果、冷链训练与证照、健康检查等。

第三章 冷链标准与法规

对不同类型的物流企业，其认证项目也会不同。例如，运输企业的评估项目及内容见表3-7。

表3-7 运输企业认证评估项目及内容

构面	评估项目	评估内容
硬件	车辆规格与保养	使用年数、车辆材质、保温材质、车厢密封、对流与隔热、检修记录、**多温层运用**
	车辆温控设备	制冷机组、监控设计、定期检查校正记录
软件	温湿度记录与管理	温湿度稳定度、温度记录与传输频率、温度数据保存
	信息利用	有效使用运输管理系统，使用软件提升效能或支持决策、信息系统管理人员的资历与培训情况
管理流程	作业流程	冷链流程关键点控制、车厢预冷、装载作业、车厢清洁卫生、卸货与交货、**提供增值服务或优化冷链流程**
	预防与应变	车辆或冷冻系统故障应变方案、制冷系统维护记录、冷媒种类与使用规范，有节能或环保计划与实施记录
	克服绩效（投诉率或客户满意度）	以最近完整三年的绩效平均值为准，记录保存良好
人力资源	人员品质与培训	具有合格的冷链培训人员或冷链专业证照，企业有培训计划及定期培训记录，作业人员均持有健康证明

注：表中粗体为加分项目。

而仓储企业的评估方式则是评估冷库规格与平面布置是否恰当，需由申请业者于复评前提供冷库规格与平面布置图，现场勘验时抽样选择地点检验。评估项目及内容见表3-8。

表3-8 仓储企业认证评估项目及内容

构面	评估项目	评估内容
硬件	冷库设计	冷库结构检修、隔热材质、制冷系统、温控的装卸货作业区
	仓储设备	低温专用货架与栈板、进出口的预冷与隔热装置、照明设施、RFID或无线感测设备
	温湿度检测设备	冷库内、外测量的点数与位置，设备有定期检查校正记录，**出入库人员配有测温的移动装备**
软件	温湿度与影像记录	冷库内温度的稳定性，温湿度记录保存，监控影像资料的保存
	信息利用	使用仓库管理系统或资讯软件、运用软件提升效能或决策支援、**操作人员的素质与培训情况**
管理流程	作业流程	冷链流程关键点控制规范、预冷作业、出入库管理、储放管理、清洁卫生、**提供增值服务或优化冷链流程**
	预防与应变	完整的紧急情况处理与通报措施、机电设备定期维护、供电与温度异常的预警系统、防撞与防反锁的安全装置、**环保节能计划与实施记录**
	客户绩效（投诉率或顾客满意度）	以最近完整三年的绩效平均值为准
人力资源	人员素质与培训	具有合格冷链培训人员或冷链专业证照，企业有培训计划及定期培训记录，作业人员均持有健康证明

注：表中粗体为加分项目。

冷链物流管理

综上所述，冷链农产品质量安全认证事关农产品冷链物流产业的发展，需要各级政府和相关机构的大力支持。在冷链农产品质量安全认证的推行过程中，需要注意以下几个问题：

第一，需要建立冷链农产品质量安全认证机构，该机构作为一个独立的认证机构，有着第三方认证的权威性，同时，该机构负责对认证厂商提交的相关文件进行验证，并最终给予农产品冷链安全认证。为了降低认证成本，该认证机构可以承认"三品"认证的权威性，并不再进行产品质量认证。鉴于冷链农产品质量安全的重要性，应考虑由中央政府牵头成立国家级的认证机构，并在各省市成立相关的认证中心，进行认证工作。

第二，应尽量减少企业为冷链农产品质量安全认证所提交的文件数量，增加网上提交数据的渠道，通过建立农产品冷链信息中心，将所有与认证农产品相关的冷链数据随机调取出来，降低农产品的认证成本。

第三，冷链农产品质量安全认证应在商品进入超市销售后进行。原因在于，对冷链的过程控制是不断发生的，只有到了最后的销售环节，通过对销售环境的最后认证后，才能确认冷链农产品的质量安全，因此相关的认证机构应在农产品到达超市仓库后、销售开始前进行认证工作。由农产品的批发商网上提供相关证明文件，认证系统根据相关要求进行确认即可，整个过程不能超过一天，否则将增加额外的成本，影响冷链农产品的销售。

◇ **知识窗**

JAS：Japanese Agriculture Standard（JAS），译为日本有机农业标准。JAS 是日本农林水产省对食品农产品最高级别的认证，即农产品有机认证。

◇ **关键术语**

物流标准（Logistic Standard）
供应链作业参考模型（Supply Chain Operation Reference Model）
冷链物流绩效指标（Cold Chain Logistic Performance Indicator）
物流法规（Logistic Regulation）
危害分析和关键控制点（Hazard Analysis and Critical Control Points）
良好操作规范（Good Manufacturing Practice）
认证体系（Certification System）
认证评估（Certification Evaluation）

◇ **思考题**

1. 体现集装化物流的技术指标是（　　）。
   A. 物料基础模数　　　　　　B. 包装模数
   C. 运输包装系列尺寸　　　　D. 运输设施与设备标准化
2. 实行物流标准不可能克服物流系统存在的（　　）。
   A. 环节离散　　B. 信息孤立　　C. 衔接困难　　D. 支持要素缺陷

第三章 冷链标准与法规

3. 托盘标准化、集装箱标准化等属于物流（　　）。
   A. 设施标准化　　B. 作业标准化　　C. 信息标准化　　D. 管理标准化
4. 包装标准化、装卸搬运标准化、运输标准化和储存标准化等属于物流（　　）。
   A. 设施标准化　　B. 作业标准化　　C. 信息标准化　　D. 管理标准化
5. 从世界范围来看，物流体系标准化的重点在于通过制定标准（　　）来实现全物流系统的贯通，取得提高物流效率的初步成果。
   A. 规格包装　　B. 规格尺寸　　C. 规格设备　　D. 规格设施
6. 物流标准化涉及的内容不包括（　　）。
   A. 运输标准化　　　　　　　　B. 储存标准化
   C. 工具标准化　　　　　　　　D. 物流信息标准化
7. 物流标准化涉及（　　）内容。
   A. 物流设施标准化　　　　　　B. 物流作业标准化
   C. 物流信息标准化　　　　　　D. 物流制度标准化

◇ 综合案例

新版《中华人民共和国食品安全法》（以下简称《食品安全法》）于2015年10月1日起施行。新版《食品安全法》中对冷链的多方面要求和规定，也许会给未来冷冻和生鲜市场带来十分显著的有利影响，同时，也为冷链运输车的发展带来良好的契机。

食品安全关乎公众身体健康和生命安全。这部升级版的法律对食品生产、销售和餐饮服务等各环节实施更加严格的全过程管理，并建立更加严格的监管处罚制度。

冻品安全关键在冷链不能"断"

冷链物流由多个环节组成，从食品原料的种植和采购、加工、流通和配送，直至零售和消费的全过程，是一项复杂的低温系统工程，确保各环节的质量安全问题是冷链物流的核心。要保证冷冻食品的质量和安全，最关键的是"冷链"不能断裂，也就是说在食物的制造、储藏、运输配送、零售过程中，应始终处于受控的低温状态。而冷藏车的数量不足和运行不标准，正在成为冷链食品的重要安全隐患。由于诸多原因，最近这几年，我国冷藏保温车年产销一直维持在4000~5000辆，远远不能满足冷冻食品市场的实际需求。

精细化管理保证恒温品质

为何很多冷冻食品存在"饺子一下锅就散，鱼一下锅就碎"等质量问题？问题就出在易腐食品在运输环节的温度波动。造成这一现状的原因，除了冷链食品在运输环节的不规范，以及超市和商场存储不当等因素导致冷链食品"掉链子"外，一个最重要的原因就是目前我国冷链物流标准混乱。一方面，目前我国冷链物流标准在国家标准、行业标准和地方标准上相互交叉；另一方面，大部分冷链物流的标准多为推荐性标准，不具有强制性。

新版《食品安全法》的实施将使整个冷链过程从仓储、运输到配送，再到终端消费，都约束在规定的温度范围之内。它涉及人员的配备、装货的效率及时间的配合等。例如，可以精细到每台车都必须配备两个驾驶员，以防止疲劳驾驶，每4h更换一次驾驶员；要放两个温控仪，中间放一个，后面放一个；每辆车上都配备红外检测仪，就是

冷链物流管理

为了装货之前测量温度,因为一个产品的出库温度对于整个冷链运输是非常重要的,首先从起点就把温度控制好,然后中途每4h做一次温度记录。保证食品质量的,不仅仅是低温,更重要的是恒温。恒定的温度需要严格的标准来实现。具有强制性的法规标准在冷链物流行业将形成约束力,并对冷链物流行业行为规范起指导作用。

问题:

1. 对于提升我国食品安全与质量,除了《食品安全法》的实施外,政府还做了哪些措施?
2. 试述为何目前国内冷藏保温车的数量远低于需求,该如何提升相关环节?
3. 冷链物流法规应如何有效执行与推广?

第四章 冷库管理

◇ **学习目标**

通过本章的学习，掌握并可灵活运用冷库日常管理的相关知识；理解并掌握运用冷库卫生管理的一些方法；了解冷库节能管理的相关方法；了解冷库制冷系统管理的相关知识；掌握并可灵活运用气调库的相关知识。

◆ **引例**

探秘苏宁冷链仓里的"金钟罩铁布衫"

苏宁南京冷链仓标准化分区模式包含冷藏、冷冻及恒温三大温区，满足不同生鲜产品的储藏需求。新鲜蔬果、禽蛋肉类在8℃的恒温区存放，海鲜水产、低温奶制品集中在冷藏区，速冻食品则在-18℃的冷冻区。为了保障商品品质，苏宁冷链仓仓内商品管理也有严格的要求。工作人员每天定时查看仓库温度、抽查在库商品状态、核对商品有效期等。苏宁冷链对于商品有效期有严格规定，以3个月保质期的进口北极甜虾为例，收货时剩余保质期必须大于45天，少于1个月则视为库存风险产品，会及时跟踪处理。

当一名南京的用户在苏宁易购上购买了冷冻的生鲜食品以后，仓库会在第一时间接收到订单。根据订单指令，冷链仓的拣选人员进行拣选，再由包装人员根据商品品类、体积大小进行冷媒配比、包装发货。包装人员介绍，每个温区的商品会分开包装，像肉馅、猪肚这样的速冻食品，相应数量的冷冻冰袋会随着商品一同放入保温箱。而这种冰袋则可以在24h内保障商品安全，为生鲜穿上"金钟罩铁布衫"。

对于生鲜商品，物流过程中停留时间的增加则意味着商品鲜度的下降。从商品采购、运输、入库、质检到日常寻库管理，生鲜商品在这里被层层把关，真正保障用户实现"领鲜生活"。

另外，为了保证生鲜商品在物流过程中停留的时间最短，苏宁物流力求科学规划仓库布局，合理设计商品从入库到出库的流程动线，使物流履行效率达到最佳，以最快的速度将各类生鲜送到用户手中。

问题：
1. 生鲜冷链物流当中，最为关键的因素有哪些？
2. 对于冷链仓而言，需要具备何种能力才能符合流通生鲜冷链的要求？

第一节　冷库的日常管理

一、冷库商品质量保障管理

提高和改进冷加工工艺，保证合理的冷藏温度，是确保商品质量的重要环节。否则，商品在冷藏间易发生保管不善，腐烂、干枯（干耗）、脂肪氧化、脱色、变色、变味等现象。因此，需要高效的冷加工工艺和合理的储藏温度、湿度和风速等环境条件的保障。易腐食品的推荐冷藏条件见表 4-1。

表 4-1　易腐食品的推荐冷藏条件

类别品名	温度/℃	相对湿度（%）	预计冷藏期限	备　注
1. 冷冻肉、禽、蛋类					
冻猪肉	-12	95~100	3~5 个月	肥度大的猪肉冷藏期限还应缩短
冻猪肉	-18	95~100	8~10 个月	
冻猪肉	-20	95~100	10~12 个月	
冻猪分割肉（包装）	-18	95~100	10~12 个月	
冻牛肉	-12	95~100	6~10 个月	
冻牛肉	-18	95~100	10~12 个月	
冻牛肉	-20	95~100	12~14 个月	
冻羊肉	-12	95~100	3~6 个月	
冻羊肉	-18	95~100	8~10 个月	
冻羊肉	-20	95~100	10~12 个月	
冻肉馅（包装，未加盐）	-18	95~100	6~8 个月	
冻副产品（包装）	-18	95~100	5~8 个月	
冻猪油（不包装）	-18	95~100	4~5 个月	
冻猪油（包装）	-18	95~100	9~12 个月	
冻家禽（不包冰衣）	-12	95~100	3~4 个月	
冻家禽（包冰衣）	-18	95~100	6~10 个月	
冻家兔	-18	95~100	5~8 个月	
2. 冷冻水产类					
肥鱼：鳗、沙丁鱼等	-25~-18	95~100	6~10 个月	
中等肥鱼：鳖、鳕鱼等	-25~-18	95~100	8~12 个月	
瘦鱼：比目鱼、黄花鱼等	-25~-18	95~100	10~14 个月	
虾类	-25~-18	95~100	6~10 个月	
蛏、贝、蛤	-25~-18	95~100	6~10 个月	
3. 冷冻水果、蔬菜类					
杏（加糖）	-18	95~100	12 个月	
酸浆果（加糖）	-18	95~100	12 个月	
甜浆果（加糖）	-18	95~100	8~10 个月	
桃（加糖）	-18	95~100	8~10 个月	
桃（加糖和维生素 C）	-18	95~100	12 个月	

第四章 冷库管理

(续)

类别品名	温度/℃	相对湿度（%）	预计冷藏期限	备 注
覆盆子（加糖）	-18	95~100	18个月	
杨梅（加糖）	-18	95~100	12个月	
其他冻果	-18	95~100	12个月	
冷冻蔬菜包括：青豌豆、青扁豆、花椰豆、胡萝卜、菠菜等	-18	95~100	12个月	
蘑菇	-18	95~100	8~10个月	
黄瓜片	-18	95~100	5个月	
4. 冷冻熟制品和其他类				
灌肠	-18	95~100	8~4个月	
熏肉	-18	95~100	5~7个月	
油煎鸡（包装）	-18	95~100	3~4个月	
炸肉末饼（包装）				
猪肉饼	-18	95~100	6~8个月	
牛肉饼	-18	95~100	8~10个月	
羊肉饼	-18	95~100	12个月	
冰激凌	-23~-18	85	2~6个月	
5. 冷却肉、禽、蛋类				
猪肉	-1.5~0	85~90	1~2周	
牛肉	-1.5~0	90	2~3周	
羊肉	-1~0	85~90	1~2周	
猪肉	-1~0	80~90	4~6天	
腊肉	-3~-1	80~90	1个月	
副产品	-1~0	75~80	2~3天	
家禽	0~1	85~90	1周	
家兔	0~1	85~90	3~5天	
鲜蛋	0	85~90	4~6个月	
6. 冷却水果、蔬菜类				
苹果	-1~1	85~90	3~8个月	有些品种也可在2~4℃下冷藏
杏	-1~0	90	2~4周	
香蕉（青的）	11.5~14.5	90	10~20天	
香蕉（熟的）	14~16	90	5~10天	
覆盆子	-1~0	85~90	2~3周	
椰子	0	80~85	1~2个月	
葡萄	-1~0	80~90	1~2个月	
荔枝	0	90	5~6周	
杧果	10	90	2~5周	
甜瓜	4~10	85~90	1周	
核桃	7	70	12个月	
西瓜	2~4	75~85	2~3周	

冷链物流管理

在正常的生产情况下，冻结物冷藏库的温度应控制在设计温度 ±1℃ 的范围内。冷却物冷藏库的温度应控制在设计温度 ±0.5℃ 的范围内。货物在出库过程中，冻结物冷藏库的温升不得超过 4℃，冷却物冷藏库的温升不得超过 3℃。进入冻结物冷藏库的冻结货物温度应不高于冷藏库温度 3℃。例如，冷藏库温度为 -18℃，则货物温度应在 -15℃ 以下。

商品在储藏过程中注意以下几点：应按照品种、等级和用途情况，分批分垛位储藏，并按垛位编号，填制卡片悬挂于货位的明显地方。应设有商品保管账目，正确记载库存货物的品种、数量、等级、质量、包装及进出库的动态变化。并定期核对账目，实现"出库一批清理一批"，保证账货相符。应正确掌握商品储藏安全期限，坚持"先进先出"原则。并定期或不定期地进行商品质量检查，一旦发现商品存在霉烂、变质等现象，应立即处理。

部分商品（如家禽、鱼类和副产品）在冷藏时，要求商品表面包裹冰衣。长期冷藏的商品，可在垛位表面喷水进行养护，但要防止水喷在地坪、墙面和冷却设备上。冻肉在码垛之后，选用防水布或席子覆盖，尤其是走廊边或靠近冷藏门的商品，要求喷水结成 3mm 厚度的冰衣。热流较大时，冰衣易融化，必须注意保持一定的厚度。

◇【同步案例 4-1】

精准服务于家庭的生鲜宅配正备受消费者青睐，因此对冷链配送商品在存储、配送、出库等环节制定严格的温度标准就成为当务之急。北京市商务委发布了关于对北京市地方标准《食品冷链宅配服务规范》（以下简称规范）征求意见的通知，对冷链宅配的易腐食品储藏温湿度进行了明确的规定。

在规范的附录 A 中，对部分冷链物品储藏温湿度要求制定了明确的要求，涉及根茎类蔬菜、叶菜类蔬菜、仁果类、浆果类和畜禽肉等 20 个商品类别。在叶菜类蔬菜中，包含了家庭消费中常需的油菜、奶白菜、茼蒿和大白菜等，该类别中多数蔬菜的储藏温度为 0~1℃，相对湿度为 95%~98%，个别蔬菜的储藏温度与相对湿度会上浮和下调。瓜菜类蔬菜、菜用豆类蔬菜及瓜类等商品类别中的多数商品的储藏温度会高于叶菜类蔬菜，相对湿度则低于叶菜类蔬菜。以瓜菜类蔬菜中的苦瓜为例，储藏温度为 12~13℃，相对湿度为 85%~90%。

值得一提的是，规范对冷链食品的储存空间进行了"差异化"的规定。规范显示，冷链食品存储应采取分区作业原则，包括收货区、存储区、加工区、发货区和预冷区等。收货区、存储区、加工区、发货区和预冷区的冷冻库温度分别要求设定为 10℃ 以下、-18℃ 以下、5℃ 以下、10℃ 以下和 -10℃ 以下。这些区的恒温库温度中，除存储区的温度要求是 10~20℃ 外，其余四个区的恒温库温度均为 -20~10℃。冷链物品应根据其特性选择适宜条件进行分类、分区存放，定期检查，及时清理变质或过期食品。

问题：
1. 生鲜冷链存储的要求不一，该如何制定执行规范？
2. 在加工区域当中，对于生鲜冷链食品的要求有哪些？

二、冷库运营安全管理

冷库是采用隔热材料建造的低温密闭库房，结构复杂，造价高，具有易受潮、忌水

第四章 冷库管理

渍、忌热气、忌跑冷等特性。最忌隔热体内有冰、霜、水等杂质。冷库库房一旦损坏，就必须停产修理，这将会严重影响生产。因此，在冷库库房的使用过程中，必须注意以下问题：

（一）防止水、气渗入隔热层

库房内的墙、地坪、顶棚和门框上应当防止冰、霜、水的存在，做到随时清除。未配备下水道的库房和走廊，既不能进行多水性的作业，也不能用水冲洗地坪和墙壁。库内排管和冷风机需要定期冲霜、扫霜，及时清除地坪和排管上的冰、霜和水等杂质。定期检查库外顶棚、墙壁有无漏水、渗水等情况，一旦发现应及时修复。不应将大批量未冻结的高温商品直接放入低温库房，防止库内温升过高造成隔热层产生冻融，从而影响冷库的寿命。

（二）防止因冻融循环造成冷库建筑结构的冻酥

冷库应根据设计规定用途进行使用。高温、低温冷库不能随意变更（装配式冷库除外）。各种用途的冷库，在没有商品存放时，必须保持一定的温度。冻结间和低温间应保持在5℃以下，高温间保持在露点温度以下，以免库内受潮滴水，影响库房建筑结构（装配式冷库除外）。原设计有冷却工序的冻结间，在改造为直接冻结间时，应当配备充足的制冷设备，并控制进货的数量，保证合理的库温，防止冷库内有滴水。

（三）防止地坪（楼板）冻鼓和损坏

冷库的地坪（楼板）在设计时都有规定，能够承受一定的负荷，并铺有防潮和隔热层。如果地坪表面保护层被破坏，水分将会流入隔热层，致使隔热层失效。如果商品堆放超载，将导致楼板破裂。因此，不应直接将商品散铺在库房地坪上进行冻结。拆解货垛时不能采用倒垛的方法。脱钩和脱盘时，不能在地坪上进行摔击，以防砸坏地坪或破坏隔热层。另外，库内商品的堆垛重量和运输工具的装载量，不能超过地坪设计的单位面积负荷。每个冷库库房都应核定单位面积最大负荷和库房总装载量（倘若地坪大修改建，应设计新的负荷），并在库门上做标志，以便管理人员监督检查。库内吊轨的单位载重量，包括商品、滑轮和挂钩的总重量，应符合设计要求，防止超载，以保证安全。底层地坪未做通风等处理的冷库库房应特别注意，使用温度最好控制在许可范围。有地下通风处理的冷库，应严格执行有关地下通风设计说明。定期检查地下通风道内有无结霜、堵塞和积水等现象，并检查回风温度是否符合要求。应尽量避免由于操作不当而造成地坪冻鼓。地下通风道周围严禁堆放物品，杜绝建设新的建筑。

（四）冷库库房内货位的间距要求

为实现商品堆垛安全牢固，便于盘点、检查和出入库，对商品货位与墙、顶、排管和通道的间距有一定要求，详见表4-2。

表4-2 货位之间的距离

建筑物名称	货物应保持的距离/mm
低温库顶棚	≤200
高温库顶棚	≤300
顶排管	≤300
墙	≤200
墙排管	≤400

冷链物流管理

（续）

建筑物名称	货物应保持的距离/mm
风道底面	≤200
冷风机周围	≤1500
手推车通道	≤1000
铲车通道	≤1200

冷库库房内应留有合理宽度的走道，保证运输、操作和库房安全。进行库内操作时，应防止运输工具和商品碰撞冷藏门、电梯门、柱子、墙壁、排管和制冷系统的管道等。

（五）冷库门定期进行检查

如若发现冷库门变形、密封条损坏或电热器损坏，应及时修复。当冷库门被冻死无法打开时，应先接通电热器再开门。

（六）应及时清除冷库门口地坪上的积水

冷库门口是冷热气流交换最为剧烈的位置，地坪上容易出现结冰、积水等现象，应及时清除。

（七）库内排管除霜时，严禁使用钢化器具击打

给库内排管除霜时，严禁使用钢化器具或其他工具击打、损伤排气管表面。所使用的工具不能击打、损伤排气管表面。

◇知识窗

干耗：干耗是一种现象，是指冻结食品冻藏过程中因温度变化造成水蒸气压差，出现冰结晶的升华作用而引起食品表面出现干燥、质量减少的现象。

跑冷：由于装置的工作温度很低，虽然加有保冷层，但周围空气温度高于装置内的温度，仍不可避免地将一部分热量传入内部，使低温物体温度升高，消耗了一部分冷量，这部分冷量叫跑冷损失。

露点：露点又称露点温度（Dew Point Temperature），在气象学中是指在固定气压之下，空气中所含的气态水达到饱和而凝结成液态水所需要降至的温度。在这温度时，凝结的水飘浮在空中称为雾，而沾在固体表面上时则称为露，因而得名露点。

第二节　冷库的卫生管理

冷加工并不能实质性改善和提高食品质量，仅限于低温处理，抑制微生物的活动，达到长时间保存的目的。因此，在冷库使用中，冷库的卫生管理是一项重要工作。应严格执行国家颁发的卫生条例，最大限度地减少微生物的污染，保证食品质量，延长冷藏期限。

一、冷库日常卫生与消毒管理

（一）冷库的环境卫生

食品进出冷库时，需要与外界接触。如果环境卫生状况不佳，就会增加微生物污染

第四章 冷库管理

食品的风险。因此，冷库周围环境的卫生十分重要。冷库四周不应有污水和垃圾，冷库周围的场地和走道应经常清扫，定期消毒。垃圾箱和厕所应与冷库保持一定距离，并保持清洁。

运送货物的车辆在装货前应进行清洗、消毒。

(二) 冷库库房和工具设备的卫生与消毒

冷库库房是进行食品冷加工和长期存放食品的地方，库房的卫生管理工作是整个冷库卫生管理的核心环节。

在库房中，霉菌相比细菌繁殖得更快，并极易侵害食品。因此，库房应进行不定期的消毒工作。

运送货物的手推车及其他载货设备也会成为微生物污染食品的媒介，应经常进行清洗和消毒。

库内冷藏的食品，不论有无包装，都应堆放在垫木上。垫木应经常刨光，并保持清洁。垫木、小车及其他设备必须定期在库外冲洗和消毒。先用热水冲洗，并用2%的碱水（50℃）除去油污，然后用含有效氯0.326%~0.4%的漂白粉溶液消毒。加工所使用的铁盘、挂钩和工作台等设备，在使用前后需要用清水冲洗干净，必要时用热碱水消毒。

冷库的走道和楼梯应频繁清扫，尤其是食品出入库时。对地坪上的碎肉等残留物要及时清扫，以免污染环境。

(三) 抗霉剂、消毒剂和消毒方法

1. 抗霉剂

冷库使用的抗霉剂种类较多，经常与粉刷材料混合进行粉刷。

1) 氟化钠法：在白陶土中加入1.5%氟化钠（或氟化铁）或2.5%氟化铵，配成水溶液粉刷墙壁。白陶土中钙盐的含量不应超过0.7%或不含钙盐。

2) 羟基联苯酚钠法：当正温库房存在严重的发霉现象时，可采用2%羟基联苯酚钠溶液粉刷墙体，或者使用同等浓度的药剂溶液配成刷白混合剂进行粉刷。消毒后，地坪要进行洗刷，并经干燥通风之后，库房才能降温使用。使用这种方法消毒，应防止与漂白粉交替或混合使用，以免墙面呈现褐红色。

3) 硫酸铜法：将2份硫酸铜和1份明矾混合，取1成少量混合物加9成清水在木桶中溶解，粉刷时再加7份石灰。

4) 用2%过氧酚钠盐水与石灰水混合粉刷。

2. 消毒剂

库房消毒有以下几种方法：

1) 漂白粉消毒：漂白粉可配制成含有效氯0.3%~0.4%的水溶液（1L水中加入含16%~20%有效氯的漂白粉20g），在库房喷洒溶液消毒，或者与石灰混合粉刷墙面。配制过程中，先将漂白粉与少量水混合制成浓浆，然后加水配至必要的浓度。

在低温库房进行消毒时，为了加强效果，可用热水（30~40℃）配制溶液。使用漂白粉与碳酸钠混合液进行消毒，效果较好。配制方法如下：在30L热水中溶解3.5kg碳酸钠，在70L水中溶解2.5kg含25%有效氯的漂白粉。将漂白粉溶液澄清后，再倒入碳酸钠溶液，使用时加2倍水稀释。用石灰粉刷时，应加入未经稀释的消毒剂。

2）次氯酸钠消毒：可用2%~4%次氯酸钠溶液，加入2%碳酸钠，在低温库内喷洒溶液，然后将库门关闭。

3）乳酸消毒：每立方米库房空间需要3~5mL粗制乳酸。每份乳酸再加1~2份清水，放在瓷盘内置于酒精灯上加热，再关闭库门消毒几个小时。

4）福尔马林消毒：在库温20℃以上的库房，可使用3%~5%甲醛消毒（即7.5%~12.5%的福尔马林溶液）。每立方米的空间喷射0.05~0.06kg的溶液。若在低温库房喷射则效果较差。每立方米空间使用15~25g福尔马林加入沸水稀释，与10%~20%高锰酸钾同置于铝锅中，任其自然发热和蒸发。关闭库门1~2天，经过通风散味之后，即完成消毒工作。因福尔马林气味很大，倘若被肉类食物吸收，则不能食用。为了吸收剩余的福尔马林，可在通风时使用盆类容器盛氨水放在库房内。福尔马林对人有很大的刺激作用，使用时要注意安全。

3. 消毒和粉刷方法

库房在消毒和粉刷前，应将库内食品全部搬出，并清除地坪、墙和顶棚上的污秽。发现有霉菌的地方，应仔细用刮刀或刷子清除。在低温库内，需要清除墙顶和排管上的冰霜。必要时应将库温升至正温。

库房内刷白，每平方米消毒所消耗的混合剂约为300mL。在正温库房可用排笔涂刷，负温时应采用细喷浆器喷洒。偶尔会出现一层薄溶液冻结层，经过1~3天之后，表面会逐步变干。

冷库消毒的效果，根据库房内霉菌孢子的减少量进行评定。因此，在消毒前后均需要做测定和记录。消毒后，每平方厘米的表面不得存在多于一个的霉菌孢子。

4. 紫外线消毒

紫外线消毒一般用于冰棍车间模子等设备和工作服的消毒。这种方法不仅操作简单，节约费用，而且效果良好。每立方米的空间装置功率为1W的紫外线灯，每天平均照射3h，即可对空气进行消毒。

（四）冷库工作人员的个人卫生

冷库工作人员经常接触多种食品，若不注意卫生或自身患有传染病，就会成为微生物和病原菌的传播者，因此应对冷库工作人员的个人卫生做严格的要求。冷库工作人员应勤理发，勤洗澡，勤洗工作服，工作前后要洗手，保持良好的个人卫生。同时必须定期检查身体，若发现患传染病者，应立即进行治疗并调换工作，未痊愈不能进入库房与食品接触。库房工作人员不应将工作服穿到食堂、厕所和冷库以外的场所。

二、冷库流通加工卫生管理

（一）食品冷加工的卫生要求

食品入库进行冷加工之前，必须进行严格的质量检查。卫生不合格和存在腐败变质迹象的食品，如次鲜肉和变质肉，均不允许入库和进行冷加工处理。

食品冷藏时，应按食品的种类和冷加工最终温度分别存放。如果冷藏间较大，某种食品数量少，单独存放不经济时，在不互相串味的原则下可以考虑不同种类的食品混合存放。例如，鱼、葱、蒜、乳酪等具有强烈气味的食品，以及储藏温度不一致的食品，严禁混合存放在一个冷藏间内。

第四章　冷库管理

对冷藏中的食品，应经常进行质量检查。若发现有软化、霉烂、腐败变质和异味感染等情况时，应及时采取措施。注意分别加以处理，以免感染其他食品，造成更大的损失。

正温库的食品全部取出后，库房应通风换气，利用风机排除库内的混浊空气，换入过滤的新鲜空气。

各种鲜肉的感观指标见表4-3。

表4-3　各种鲜肉的感观指标

项目＼品种	鲜猪肉	鲜牛肉、羊肉、兔肉	鲜鸡肉
色泽	肌肉有光泽，红色均匀，脂肪洁白	肌肉有光泽，红色均匀，脂肪洁白或呈浅黄色	皮肤有光泽，肌肉切面发光
黏度	外表微干或微湿润，不粘手	外表微干或有风干膜，不粘手	外表微干或微湿润，不粘手
弹性	指压后的凹陷立即恢复	指压后的凹陷立即恢复	指压后的凹陷立即恢复
气味	具有鲜猪肉的正常气味	具有鲜牛肉、羊肉、兔肉的正常气味	具有鲜鸡肉的正常气味
肉汤	透明澄清，脂肪团聚于表面，具有香味	透明澄清，脂肪团聚于表面，具有香味	透明澄清，脂肪团聚于表面，具有香味

（二）除异味

库房中的异味一般是由于储藏了具有强烈气味或腐烂变质的食品引起的。这种异味会影响其他食品的风味，降低食品质量。

臭氧具有清除异味的作用。臭氧是三个原子的氧，用臭氧发生器在高电压下产生O_3，其性质极不稳定，在常态下则还原为两个原子的氧，并释放出初生态氧（O）。初生态氧性质极活泼，化合作用很强，具有强氧化剂的作用。因而利用臭氧不仅可以清除异味，而且浓度达到一定程度时，还具有很好的消毒效果。

不论空库或装满食品的库房，利用臭氧除异味和消毒都很适用。臭氧处理的效果取决于它的浓度。浓度越大，氧化反应的速度也就越快。由于臭氧是一种强氧化剂，长时间呼吸浓度很高的臭氧对人体有害，因此，臭氧消毒过程中操作人员最好离开库房，待处理完成后2h再进入。利用臭氧处理空库时，浓度可达$40mg/m^3$。对存放有食品的库房，浓度则依照食品的种类而定。鱼类和干酪为$1\sim2mg/m^3$，蛋品为$3kg/m^3$。如果库内食品含较多脂肪，则不应采用臭氧处理的办法，以免脂肪氧化变质。

此外，使用甲醛水溶液（即福尔马林溶液）或5%~10%醋酸与5%~20%漂白粉水溶液，同样具有良好的除异味和消毒效果。这种办法目前在生产中广泛采用。

（三）灭鼠

鼠类对食品储藏的危害极大。它在冷库内不但糟蹋食品，而且散布传染性病菌，同时还会破坏冷库的隔热结构，损坏建筑物。因此，消灭鼠类对保护冷库建筑结构和保证食品质量有着重要意义。

鼠类进入库房的途径多种多样，可以由附近地区潜入，也可以跟随包装食品一起进入冷库。冷库的灭鼠工作应注重于预防鼠类的进入。例如，在食品入库前对有外包装的

冷链物流管理

食品进行严格检查，凡无须带包装入库的食品尽量去掉包装。建筑冷库时，要考虑在墙壁底部布置旋转细密的铁丝网，以免鼠类掏空墙壁潜入库内。如若发现鼠洞要及时堵塞。

消灭鼠类的方法很多，如机械捕捉、毒性饵料诱捕和气体灭鼠等。用二氧化碳气体灭鼠效果较好，因为这种气体对食品无毒，灭鼠时无须将库内食品搬出。在库房降温时，将气体通入库内并关闭库门即可灭鼠。二氧化碳灭鼠的效果取决于气体的浓度和用量。例如，在 $1m^3$ 的空间内，用25%二氧化碳0.7kg，或者用35%二氧化碳0.5kg，一昼夜即可彻底消灭鼠类。二氧化碳对人有窒息作用，会造成死亡。操作人员需戴氧气呼吸器才能入库充气和检查。在进行通风换气降低二氧化碳浓度之后，方可恢复正常进库。

用药饵毒鼠，要注意及时消除死鼠。一般是用敌鼠钠盐做毒饵，效果较好。毒饵的具体配方是：面粉100g、猪油20g、敌鼠钠盐0.05g和适量水。先将敌鼠钠盐用热水溶化后倒入面粉中，再将猪油倒入混匀，压成0.5~1cm的薄饼，烙好后切成2cm的小方块作为毒饵。

◇ **【同步案例4-2】**

冷库使用一段时间之后，内部空气中会出现很多细菌、霉菌等微生物，既危害食品质量，也会影响操作工人的身体健康。所以，应该经常对冷库进行杀菌消毒。采用臭氧杀菌技术，应用臭氧发生器，可明显改善冷库的卫生质量。

臭氧是一种强氧化剂，灭菌过程属生物化学氧化反应。臭氧灭菌主要有以下三种形式：①臭氧能氧化分解细菌等微生物内部葡萄糖所需的酶，使微生物灭活死亡；②直接与细菌、病毒作用，破坏它们的细胞器和DNA、RNA，使细菌的新陈代谢受到破坏，导致细菌死亡；③透过细胞膜组织，侵入细胞内，作用于外膜的脂蛋白和内部的脂多糖，使细菌发生通透性畸变而溶解死亡。臭氧适用于食品生产企业的原料及成品储存、保鲜、消毒的工艺过程之中。例如，可用于冷库杀菌消毒；食品生产车间空气的灭菌净化；果蔬加工、储藏及防霉保鲜。

北京市为明食品厂主要生产软饮料、休闲食品和豆制品等。为了提高食品安全水平，该厂购置了两用式臭氧发生器，对冷库进行杀菌消毒，取得了良好的效果。两用式臭氧发生器采用双核臭氧杀菌技术开发而成，具有杀菌效果显著、设备稳定性高、应用方便、使用安全、使用成本低等特点。北京市为明食品厂的冷库臭氧配置方案：冷库面积 $30m^2$，配置1台ARD-L10两用式臭氧发生器。

问题：

1. 使用臭氧杀菌有哪些注意事项？是否有使用限制？
2. 冷库杀菌除了臭氧外还有哪些方法？

◇ **知识窗**

敌鼠钠盐：敌鼠钠盐是一种抗凝血的高效杀鼠剂，在我国应用时间久、应用范围广，具有配置简便、效果好、价格便宜等优点。其在鼠体内不易分解和排泄，有抑制维生素K的作用，阻碍血液中凝血酶原的合成，使摄食该药的老鼠内脏出血不止而死亡。中毒个体无剧烈的不适症状，不易被同类警觉。

第三节 冷库的节能管理

冷库是冷藏业中主要的用电部门,因此也是节能的核心部门。当前,冷库的制冷系统,每冻结1t白条肉平均耗电为110kW,其中高耗电指标是每吨180kW,低耗电指标是每吨70kW。对于冻结物冷藏间,储藏1t冷冻食品,平均每天耗电为0.4kW,其中高耗电指标是每天每吨1.4kW,低耗电指标是每天每吨0.2kW。对于冷却物冷藏间,储藏1t食品每天耗电平均为0.5kW,其中高耗电指标是每天每吨1kW,低耗电指标是每天每吨0.3kW。由此可见,冷库的能耗随着地区、企业、设计和管理水平的不同而存在着较大的差异。因此,对冷库制冷系统进行技术改造和科学管理以达到节能目的,其潜力是很大的。

一、新技术应用

(一) 减少冷库围护结构单位热流量指标

在冷库设计中,低温冷库外墙的单位热流量 qF 一般采用 $11.63W/(m^2·h)$ 左右,如果将 qF 降到 $6.98 \sim 8.14W/(m^2·h)$,则对于一座 $5000 \sim 10000t$ 的低温冷库,据统计动力费可下降10%左右。当然,由于单位热流量指标的降低,冷库围护结构的隔热层必须加厚,一次投资将会提高。但与冷库减少的运行费用相比,无论从经济角度,还是技术管理角度考虑,采用降低冷库围护结构单位热流量指标的做法是合理的。

(二) 缩小制冷系统制冷剂蒸发温度与库房温度的温差

当库房温度一定时,随着蒸发温度与库房温度温差的缩小,蒸发温度就会相应提高。此时如果冷凝温度保持不变,就意味着制冷压缩机制冷量的提高,即要获得相同的冷量可以减少电能的消耗。据估算,当蒸发温度每升高1℃,则可少耗电3%~4%。再则,温差较小对减轻库房储藏食品的干耗也是极为有利的。因为温差小能使库房获得较大的相对湿度,减缓库房内空气中热质交换程度,从而减轻储藏食品的干耗。尤其是对未包装的储藏食品,应该采用小的温度差。

提高蒸发温度的措施主要是适当增大蒸发器的传热面积和增加通风量。

(三) 根据不同的冷藏食品和储藏期确定相应的储藏温度

人们可针对食品(特别是肉食品)在低温储藏期间的生化变化及低温细菌滋生和繁殖被抑制的程度,确定较佳的储藏温度。半年以内的低温储藏,一般储藏温度为 $-18 \sim -15℃$。超过半年的低温储藏,储藏温度小于或等于 $-18℃$。对于脂肪量较大的食品(如鱼类),为防止脂肪氧化,应采取低于 $-18℃$ 的储藏温度,最好在 $-25 \sim -20℃$。由此可见,不同储藏温度对于产品的保存期限的长短是有影响的,特别是短期储藏食品,可适当提高制冷系统的蒸发温度,从而提高制冷压缩机的制冷量。

(四) 冻结间配备具有双速或变速电动机的冷风机

食品在冻结过程中,热量的释放过程实际上是不均匀的。因此,冻结过程对冷却设备的需冷量也是不均匀的。食品的冻结过程由三个阶段组成:第一阶段是冷却阶段,食品温度由0℃以上降至0℃左右;第二阶段是冰晶形成阶段,食品温度由0℃左右降至 $-5℃$ 左右;第三阶段是冻结降温阶段,食品由 $-5℃$ 降至 $-15℃$ 左右。在食品冻结的

冷链物流管理

三个阶段中,第二阶段的需冷量最大,此时冻结间所配备的冻结设备需要全部投入运转。而在第一阶段和第三阶段,由于单位时间内热负荷较少,可适当降低风速,减少风量,以达到节能的目的。以往冻结采用的冷风机仅限于一种转速,无法灵活调节,如果冷风机配备双速或变速电动机,循环风量可以调节,从而达到节能的目的。

(五) 冷却物冷藏库配备具有双速电动机的冷风机

冷却物冷藏库一般是冷藏和冷却双用。在货物进库时进行冷却,此时热负荷较大,冷风机需较大的风量,电动机开高速档;当货物经冷却后进入储藏期,其热负荷较小,冷风机风量可适当减少,电动机开低速档,从而实现节能。

二、冷藏食品的结构改革

(一) 在市场推广销售冷却肉

从卫生角度出发,市场出售的新鲜肉均应进行冷却,可达到明显的节能效果。冷却肉不仅能在外观、营养、品质等方面保持肉类制品的最佳状态,还能够减少能耗。

(二) 肉胴体分割剔骨的节能体现

这是指将肉胴体进行分割剔骨,改变过去白条肉冻结和冷藏的做法。据统计资料介绍,肉胴体经剔骨、去肥膘处理之后进行冻结储藏,可节省劳动力25%,降低冻结能耗80%,节省低温冷藏空间50%。

(三) 冷藏肉进行包装后的节能效果

冷藏食品若无包装,在储藏时干耗较大,能量消耗也较大。包装过的冷冻食品在储藏期间的干耗基本上接近零。食品的干耗大大减少后可以减少蒸发器的融霜次数,制冷压缩机的无效功也会相应降到最小,最终起到节约能源的作用。

三、加强科学管理

加强科学管理是实现节能的重要环节。应当建立完善的管理制度,积极进行技术改造,尽量降低能耗。

科学管理的主要内容如下:

(一) 建立能耗管理制度

1. 日常运行管理

1) 填写工作日记。坚持填写设备运行日记。主要填写内容是:压缩机、氨泵、水泵和风机等动力设备的启动和停车时间。每隔两小时记录各种制冷设备的工作温度、压力状况(如蒸发温度、冷凝温度、中间温度和压力、排气温度、吸气温度、膨胀阀里制冷剂液体温度、库温、水温、室外温度、相对湿度等),以便检查各种设备的工作状态和工作效率。

2) 按月进行统计。月平均工作状况仅在一个月内昼夜工作时数不变的情况下,才可以利用算术平均数计算,否则需要将每一个昼夜的日平均数乘以工作时数,然后将所有乘积加总,除以月总工作时数。

为了简化计算,月平均数可以不通过日平均数计算,而采用全月记录合计数,除以全月记录次数求得。

第四章 冷库管理

2. 制定单位冷量耗电量定额

单位冷量耗电量是按各制冷系统分别计算的每生产 1kW 冷量的耗电量。例如，-15℃ 制冷系统压缩机的每月制冷量为 88430kW，压缩机每月耗电量为 23000kW·h，则每千瓦冷量耗电为 23000÷88430≈0.26（kW·h）。

单位冷量耗电定额是考核压缩机操作管理是否正常合理的指标。压缩机的蒸发温度应根据库房温度要求掌握。蒸发温度过低或压缩机无负荷运转，都会导致单位冷量耗电量增加。

单位冷量耗电量定额就是按库设计温度要求达到的蒸发温度来计算的单位冷量耗电量。

表 4-4 和表 4-5 是每分钟转速小于或等于 720 转和小于或等于 960 转的氨压缩机在各制冷系统的不同冷凝温度下生产 1kW 冷量的耗电量定额。它是根据压缩机的制冷量和功率计算编制的。可每月月末计算出压缩机实际单位冷量耗电量，并与单位冷量耗电量定额进行比较，以考核压缩机的实际操作管理情况。

表 4-4 氨压缩机单位冷量耗电量（转速：720r/min 及以下）

[单位：(kW·h) /kW]

氨压缩机	高低缸容积比	蒸发温度/℃	冷凝温度/℃												
			15	18	20	22	24	26	28	30	32	34	36	38	40
单级机		-10	0.14	0.16	0.17	0.18	0.19	0.20	0.22	0.23	0.25	0.26	0.28	0.29	0.31
		-15	0.18	0.20	0.21	0.22	0.24	0.25	0.27	0.28	0.30	0.31	0.33	0.35	0.37
双级机组	1:2	-28	0.30	0.32	0.33	0.34	0.36	0.37	0.39	0.40	0.42	0.43	0.45	0.46	0.48
		-33	0.37	0.39	0.40	0.41	0.43	0.44	0.46	0.47	0.49	0.51	0.53	0.55	0.57
		-35	0.40	0.42	0.43	0.44	0.46	0.47	0.49	0.50	0.52	0.54	0.57	0.59	0.61
	1:3	-28	0.30	0.32	0.33	0.34	0.36	0.37	0.39	0.40	0.42	0.43	0.44	0.45	0.46
		-33	0.37	0.38	0.39	0.40	0.42	0.43	0.45	0.46	0.48	0.49	0.52	0.54	0.56
		-35	0.40	0.42	0.43	0.44	0.46	0.47	0.49	0.50	0.52	0.54	0.56	0.58	0.60

表 4-5 氨压缩机单位冷量耗电量（转速：960r/min 及以上）

[单位：(kW·h) /kW]

氨压缩机	高低缸容积比	蒸发温度/℃	冷凝温度/℃												
			15	18	20	22	24	26	28	30	32	34	36	38	40
单级机		-10	0.14	0.16	0.17	0.18	0.19	0.20	0.22	0.23	0.25	0.26	0.28	0.29	0.30
		-15	0.18	0.20	0.21	0.22	0.24	0.25	0.27	0.28	0.30	0.31	0.33	0.35	0.37
双级机组	1:2	-28	0.29	0.31	0.32	0.34	0.36	0.37	0.38	0.40	0.41	0.43	0.44	0.46	0.48
		-33	0.35	0.38	0.39	0.40	0.41	0.43	0.44	0.46	0.48	0.50	0.51	0.53	0.55
		-35	0.39	0.41	0.42	0.44	0.45	0.46	0.48	0.49	0.51	0.53	0.54	0.55	0.57
	1:3	-28	0.29	0.30	0.31	0.33	0.34	0.35	0.36	0.38	0.39	0.40	0.42	0.43	0.45
		-33	0.34	0.36	0.38	0.39	0.40	0.42	0.43	0.44	0.46	0.47	0.49	0.50	0.52
		-35	0.38	0.40	0.41	0.42	0.44	0.45	0.48	0.48	0.51	0.51	0.53	0.55	0.56

冷链物流管理

计算单位冷量耗电量定额时，蒸发温度按各制冷系统要求计算，冷凝温度按各制冷系统压缩机组实际月平均冷凝温度计算。

3. 制定单位产品耗电量定额

单位产品耗电量是按每吨产品耗电量来计算的。单位产品耗电量是衡量冷库耗电的综合指标。它不但反映制冷设备的设计、运行和管理情况，而且还反映冷库结构的设计、使用情况和冷库储藏货物的管理情况（如库门的开启、人员进出时间和货物进出时间等）。每座冷库的单位产品耗电量是不完全相同的，应根据各自不同的情况制定单位产品耗电量定额。

冷库产品分冷冻品和冷藏品两大类。计算单位产品耗电量时，冷冻品如机制冰、冻肉、冻副产品或冻鱼等，应分别按不同制冷设备进行计算。冷藏品应分别按高温储藏（冷却物冷藏）和低温储藏（冻结物冷藏）进行计算。对于各制冷系统共用的设备（如水泵、冷却塔风机等），可按各制冷系统（冻结、制冰、储冰、高温冷藏、低温冷藏）制冷压缩机的制冷量大小进行分配计算。

对于冷冻品和机制冰，制定单位产品耗电量定额较为简易，因为环境温度变化对其影响较小（围护结构渗入热只占总耗冷量的5%~10%），可直接按下列公式计算：

$$单位产品耗电量 = \frac{设备总耗电量}{冷加工产品总数量}$$

对于冷藏货品，制定单位产品耗电量定额较为困难，因为环境温度变化对其影响较大，因此，只能以设计工况下的单位产品耗电量作为定额依据，并随环境温度变化进行调整。可参照下列公式计算：

$$单位产品耗电量 = \frac{设备总耗电量(设计)}{储藏数量} \times \xi$$

式中，ξ 是环境温度修正系数，可按 $\xi = \frac{t_{实} - t_{库}}{t_{设} - t_{库}}$ 进行计算，$t_{实}$ 为实际环境温度，$t_{库}$ 为库房温度，$t_{设}$ 为设计环境温度。

（二）及时进行技术改造，淘汰能耗大的设备

科学技术在不断地发展，各种低能耗、高效益的设备不断出现，应及时进行技术改造，用新技术和新设备替代旧设备和老技术。根据实际测定，各类旧型号制冷压缩机单位轴功率制冷量普遍比新系列的制冷压缩机低，能耗指标高。

（三）合理堆垛，提高库房的利用率

对商品进行合理堆垛、正确安排，能够增加库房装载量，提高库房的利用率（在设计许可条件下）。

1. 改进堆码方式或提高堆码技术

改进堆码方式或提高堆码技术可以提高商品堆码密度。例如，冻畜肉的堆码，四片井字垛头，平均每立方米库容可储存375~394kg；三片井字垛头，每立方米库容只能储存331~338kg。可见，四片井字垛的装载量能比三片井字垛提高13%左右。

近年来，部分冷库广泛采用金属框架堆放畜肉为垛头，中间进行分层错排堆装，平均每立方米库容可储存420~435kg。

2. 充分利用有效容积

由于商品质量、批次、数量和级别等不同，即使在货源充足的情况下也会有部分容

积利用不足。因此，在使用中应采取"勤整并、巧安排"等办法，减少零星货堆，缩小货堆的间隙，适当扩大货堆容量，提高库房容积的有效利用率。

（四）其他措施

首先，对制冷系统进行定期放油、放空气、融霜和除水垢，以保持热交换设备良好的传热效果，并能够充分利用传热面积，以达到降低制冷系统能耗的目的。

据资料介绍，蒸发器传热面如若存在0.1mm厚的油膜，为了保持既定低温，蒸发温度需要下降2.5℃，耗电量增加11%。当冷凝器的水管壁凝结1.5mm厚水垢时，冷凝温度要比原来上升2.8℃，耗电量增加9.7%。当制冷系统中混有不凝结气体，其分压力达到1.96×10^5Pa时，耗电量要增加18%。

其次，注意改善冷却水系统的水质，减缓热交换器上的结垢速度，保持热交换器良好的传热效果，降低冷凝压力（冷凝温度）以实现节能。据计算可知，当冷凝温度处于25~40℃时，每升高1℃，增加耗电量3.2%左右。

再次，应节约用水。节约用水既能节省水资源，又能够节省电能。制冷系统用水主要有以下几个方面：冷凝器用水；压缩机汽钮冷却用水；冷风机冲霜用水。为了节约用水，大多数设备都采用循环用水模式。

最后，制冷系统运行时，应根据库房的热负荷和外界环境温度，合理调配制冷设备（压缩机、氨泵、水泵、冷却塔风机和冷风机等）。

◇**知识窗**

白条肉：民间称去除毛、血、内脏、牙骨质所剩下的猪体肉为白条肉。

机制冰：制冰机是一种将水通过蒸发器，由制冷系统制冷剂冷却后生成冰的制冷机械设备。采用制冷系统，以水为载体，在通电状态下通过某一设备后制造出冰。根据蒸发器的原理和生产方式的不同，生成的冰块形状也不同。人们一般以冰的形状将制冰机分为颗粒冰机、片冰机、板冰机、管冰机和壳冰机等。

第四节 冷库的制冷系统管理

制冷系统承受的压力虽然属于中低压范畴，但鉴于某些制冷剂（氨）具有毒性、窒息、易燃和易爆的特点，因此，系统的安全操作有严格要求。为了确保制冷系统的安全运行，不仅要做到正确设计、正确选材、精心制造和定期检验，而且还必须做到正确使用和操作。

制冷系统必须具有完善的设备，所有制造材料的质量和机械强度必须符合有关的国家技术标准。同时，制冷设备的正确使用和操作，对保证制冷系统的运行安全是至关重要的。操作人员必须对每项工作负责任，严格执行安全技术规程和岗位责任制度。

一、安全设备

（一）压力监视及其安全设备

1. 压力监视

判断制冷系统的运转是否处于安全状态，可以通过压力表显示系统各部位的压力进行监视。操作人员能够及时察觉到制冷设备有无异常或超压现象，便于控制或报警。

对分散式制冷设备的氨制冷系统，每台氨压缩机的吸排气侧、中间冷却器、油分离器、冷凝器、储氨器、氨液分离器、低压循环桶、排液桶、低压储氨器、氨泵、集油器、加氨站、热氨管道、油泵、滤油装置及冻结设备，均应配备相应的压力表。

需要强调的是，氨压力表盘上应注有明显的"氨"字样。因为普通压力表由铜合金制造，当接触到氨制冷剂时会被腐蚀。氨压力表由钢材制造，因为钢材对于氨具有化学稳定性。所以，氨压力表不允许用普通压力表代替。

制冷系统上的压力表，必须经过检验部门检验合格并封好，方可使用。

2. 压力保护安全设备

为了防止超压运行，应在制冷设备上设置安全阀或压力控制继电器，或者压差控制继电器，以及自动报警等压力保护安全设备。一旦设备的工作压力发生异常，出现超压运行时，安全设备即自动运作，将设备内的气体排至大气中或自动停机，以保证制冷系统不至于超压运行而发生事故。因此，压力保护安全设备不得任意调整或拆除。

1）安全阀。制冷机器和制冷设备上必须严格设置安全阀。例如，在氨压缩机的高压侧、冷凝器、储氨器、排液桶、低压循环桶、低压储氨器和中间冷却器等设备上均应装有安全阀。

为了便于检修和更换，要求在安全阀前设置截止阀。这些阀门都必须处于开启状态，并加以铅封，以免失去安全保护。

制冷设备上的安全阀必须定期检验，每年至少校验一次并加铅封。在运行过程中若由于超压导致安全阀启跳，需重新进行校验，以确保安全阀的功能。

在校验和维护安全阀时需要清洗和研磨，然后进行气密性试验。试验压力为安全阀工作压力的 $1.05 \sim 1.1$ 倍。气密性试验合格的安全阀经过校正，调整到指定开启压力并加以铅封。调整及复验时使用的压力表精度不低于 1 级。例如，氨压缩机上的高压安全阀，其开启压力为吸排气侧之间的压力差达到 15.7×10^5 Pa 时，应自动开启。对于两级压缩，压力差达到 5.9×10^5 Pa 时应能自动开启，以保护氨压缩机。

在冷凝器，储氨器等高压设备上的安全阀，当压力达到 18.1×10^5 Pa 时，应能自动开启。

在中间冷却器、低压循环桶和低压储氨器等设备上的安全阀，当压力达到 12.3×10^5 Pa 时安全阀应能自动开启。

几种常用制冷剂（R12、R22、R717）所用制冷设备的安全阀开启压力见表 4-6。

表 4-6　安全阀开启压力

项　目	制冷剂名称	开启压力/10^5 Pa	
	R12	R22	R717
冷凝器和高压储液器	15.7	18.1	18.1
中间冷却器、低压循环桶、排液桶、低压储液器	9.8	12.3	12.3

R22 两级压缩机的低压机，其中安全阀自动开启的压力与两级氨压机相同，故不赘述。规程规定，氨制冷系统高压侧的最高工作压力不得超过 14.7×10^5 Pa，对照表 4-6，

为什么高压设备上安全阀的开启压力（$18.1 \times 10^5 Pa$）比最高工作压力还高出（$3.4 \times 10^5 Pa$）呢？这主要是由于安全阀一旦在超压时自动开启，往往很难恢复到完全密封状态，因而造成制冷剂的经常性泄漏损失。在这种情况下，禁止用拧紧弹簧式安全阀的调整螺栓来消除泄漏（这也是安全阀必须铅封的主要原因之一）。所以，规定安全阀的开启压力值高于最高工作压力，可以避免因压力波动安全阀自动开启，更不会经常开启。不允许操作人员任意调整和提高安全阀的开启压力。

在设备上设置安全阀，最重要的原因是要求它在达到开启压力时必须具有足够的排气能力。因此，出厂的安全阀必须经过额定排量试验并检验合格。安全排放系统的气流阻力尽可能小且必须保持畅通，其管道的截面积应符合表4-7的要求，以确保迅速排除超压部分的制冷剂。

表4-7　安全阀的通道直径与容器内储液量的关系

容器内制冷剂储液量/kg	<1000	1000~2000	2000~3000	3000~4000	>4000
安全阀通道直径/mm	10	20	30	40	50

目前，在制冷系统的氨泵回路和中间冷却器中，广泛应用的自动旁通阀是弹簧式安全阀的一种特定形式，也起着安全保护作用。当压力超过调定值时，阀门自动开启，起着旁通降压的作用。

2）继电器保护安全设备。制冷系统的压力安全保护，除设有安全阀、带电信号的压力表和紧急停机装置外，还采用压力继电器、压差继电器等安全设备，以实现压缩机的高压、中压、低压保护，以及油压保护和制冷设备的断水保护。

压缩机高压保护的目的是当压缩机排出压力过高时切断电源，以防止发生事故。在生产运行中往往由于冷却水断水故障，或者制冷系统中进入大量空气，或者高压系统的阀门误操作等原因，使压缩机的排出压力超过规定值。此时高压保护装置立即运作，压缩机自动停机。高压压力继电器常与安全阀并用，此时宜将高压压力继电器切断开关的动作压力调整到比安全阀的开启压力稍低。因为，在发生异常高压时，压力继电器首先动作可以避免万一发生事故，同时也不会产生安全阀开启后所引起的事后麻烦。只有高压压力继电器在发生故障不能动作或因火灾等异常情况时，安全阀才会开启。

低压保护是指当压缩机在运转过程中，由于制冷剂泄漏和供液不足等原因，出现吸气压力过低，甚至抽空现象。此时低压保护装置动作，压缩机被判定为故障而停机，以便操作技工检查停机原因及消除故障。使用低压压力继电器的机组，应与感温控制阀相配合，如此才能充分地发挥其作用。

中压保护是指两级压缩中的低压级排出压力的安全保护，其目的同单级压缩的高压保护相仿。当低压级排气压力（中压压力）超过规定值时，压力继电器立即动作切断电源，使压缩机被判定为事故而停机。凡单机两级压缩机，都需要设置中压保护。而用单级机配套的两级压缩机，中压保护可以使用低压级压缩机的高压压力继电器，但其压力应调整到中压的安全保护调定值。

高压和低压继电器的调整压力值，依制冷剂的种类而定。表4-8列出R12、R22和R717制冷剂，其压力继电器触点断开和起动的调整压力值。

冷链物流管理

表 4-8　高压和低压压力继电器的调整压力值

制冷剂	高压压力/10^5Pa（表压）		低压压力/10^5Pa（表压）	
	断　开	起　动	断　开	起　动
R12	12.7	比高压断开压力低 1.96~2.94	比蒸发温度低5℃的相应饱和压力，其值不宜小于0.098	比低压断开压力高0.69~0.98
R22	16.2	比高压断开压力低 0.98~2.94	比蒸发温度低5℃的相应饱和压力，其值不宜小于0.098	比低压断开压力高0.98~1.96
R17				

中压压力继电器的调整值，应根据实际经验确定。一般情况下，其调整压力不得大于 7.84×10^5Pa。中、小型氟利昂制冷剂的制冷系统不设置安全阀，仅用高、低压力继电器作为安全保护设备。压力继电器和压差继电器还可用于断水事故，一般采用两种方法：发生断水警报信号，并判作事故而停机；或者发出断水警报，经过一段延时判作事故而停机，延时时间约为 30s。

润滑油压差保护是在压缩机运行时确保一定的油压。当油压低于某一定值时，压差继电器动作，压缩机必须停机，以免发生设备事故。油压保护不能使用压力断电器，只能采用压差继电器，因为曲轴箱或油箱与压缩机吸入侧相通。其压差继电器动作的调定值是：旧式活塞式压缩机为 0.49×10^5Pa；带卸载装置的系列活塞式压缩机为 1.47×10^5Pa。

压差继电器也是氨泵不上液的安全保护设备。用于氨泵的压差继电器的特点是量程范围小，在 $(0.098 \sim 1.47) \times 10^5$Pa 的范围内，动作较为灵敏，同时采用延时措施。

综上所述，随着制冷系统自动控制程度的提高，压力保护安全设备也日益完善。

3）熔塞。在储液器和冷凝器上设置的熔塞也是一种安全设备，可以防止因火灾而出现的爆炸事故。熔塞因火灾等外部发生的高温而熔化。它和因操作管理失误而产生的高压所设置的安全阀和压力继电器等安全设备不同。异常高压时，熔塞不起安全保护作用。

熔塞是镶在压力容器壁上的易熔合金塞子，其主要成分是铋（Bi）、铅（Pb）和锡（Sn），其熔点为 60~80℃。

（二）液位监视及其安全设备

为防止压缩机湿冲程，必须在气液分离器、低压循环桶、中间冷却器上设置液位指示及控制和报警装置。在低压储液器上设置液位指示和报警装置。排液桶、集油器等设备均应装设液位指示器。

在使用玻璃液位指示器时，必须采用高于最大工作压力的耐力玻璃管，不得以锅炉所用的玻璃管代替，并应设置自动闭塞装置（如弹子角阀，若采用板式玻璃液位指示器则更好）。为了保证使用安全，液位计应通过耐压试验，其试验压力见表 4-9。

表 4-9　液位计的试验压力

制冷剂	最小试验压力/10^5Pa		高压测试压力，相当制冷剂的饱和温度/℃
	低压侧	高压侧	
R17	11.76	19.6	51
R12	9.8	16.17	65
R22	11.76	19.6	52

第四章 冷库管理

液位计内应保持清洁，防止堵塞。玻璃管式液位计应设有金属保护管，定期检查液位指示、控制和报警装置，以保证其灵敏可靠。

（三）温度监视及其安全设备

压缩机的吸排气侧、轴封器端、分配站、热制冷剂的集管上均设有温度计，以便监视和记录制冷系统的运行状况。为避免排气温度过高，还应在压缩机排气管上装置温度控制器。在大、中型电动机上同样设有温度计。

温度计的种类主要有热电偶温度计、电阻温度计、半导体温度计和电接点的水银温度计等。

压缩机的排气温度、润滑油温度和冷却水的进出口温度、电动机温度及库房温度等都是检查制冷系统完全运行的重要参数。所以，要求显示温度准确可靠，并能进行有效的控制。测温元件的位置应全部浸入被测介质中，或者被介质所包围，不得随意改变测温点的位置，避免造成温度的异常和滞后。

采用电接点的水银温度计测温时，应采用电压为36V的电源。

压缩机吸气和排气侧的温度变化能反映出机器运转是否正常、中间冷却器供液的多少，甚至还能反映出阀片的损坏情况等。所以，要求在压缩机排气管上的温度控制器感温元件尽可能靠近排气腔。如果采用温度套管的形式，应在套管内加入润滑油，以便准确和迅速地反映排气温度的变化。当排气温度超过调定值时，立即发出警报并使压缩机被判定为故障而停机。

设置在压缩机曲轴箱中的温控器感温元件，当油温超过允许值时，温控器动作并发出警报，并使压缩机被判定为故障而停机。对于高速、多缸活塞式压缩机，其润滑油温的保护值可设为60℃（最高不超过70℃）。

在氟利昂制冷系统中，由于润滑油中溶解有大量制冷剂，会造成开机时不起油压，从而使机器断油。为防止这一现象的发生，可以在曲轴箱内装设电加热器，在起动前电加热器先自动加热，使溶解在油中的制冷剂受热蒸发，然后再自动起动压缩机。

（四）电气参数的监视及其安全设备

机器间应设置电压表，并定时记录电压数值。当电网的电压波动接近规定幅度时（即不应低于340V，不高于420V），应密切注意电流变化和电动机温升，以防止发生电动机烧毁事故。

每台压缩机、氨泵、水泵和风机都应单独装设电流表，并配备过载保护装置。

冷藏库应设置库内解救报警装置，一旦有人困在库内，可在库门附近发生呼救信号。同时向机器间或值班室人员传达报警，以便及时解救。报警线路应采用36V以下电压。

冷库的隔热材料（如聚苯乙烯等）属于易燃物质，应注意电缆和电器设备不得直接与这类隔热板建筑物接触，以免因电器事故引起火灾。

（五）其他安全防护设备

1）为避免制冷剂倒流，在压缩机的高压排气管道和氨泵出液管上，应分别装设止回阀。

值得注意的是：中间冷却器、蒸发器、气液分离器、低压储液器等设备的节流阀禁止使用截止阀进行代替，避免因供液不当而使制冷压缩机出现湿冲程。

冷链物流管理

2）冷凝器与储液器之间设有均压管,在运行中均压管应当处于开启状态。两台以上储液器之间还分别设有气体和液体均压管。这些均压管不得处于切断状态,以发挥保证高压设备之间的压力均衡、液态制冷剂流动畅通及液位稳定的作用。

3）高压储液器设在室外时应设有遮阳棚,防止日光直晒致使温度升高而影响运行安全。

4）机器的转动部位均需设置安全保护罩。室外的设备应设置围墙或栏杆阻止非操作人员入内。

5）应在机器间和设备间内设有事故排风设备,以便在事故发生时及时排除有害气体,在平时运行或检修时,也可减少室内空气的污染。对其排风能力的要求是室内空气的更换每小时不少于 8 次。室内和室外都应装设事故排风机的按钮开关,并备有事故电源供电,在紧急情况下能够确保风机工作。

6）机器间和设备间的门应向外打开,并应留有两个进出口以保证安全。

机器间外应有事故开关、消火栓,机房配备带靴的防毒衣、橡皮手套、木塞、管夹和氧气呼吸器等防护用具和抢救药品,并将它们置于便于索取的位置。同时,配备专人进行管理、定期检查,确保使用安全。

7）为避免对邻近环境的污染和安全造成影响,要求安全阀的泄压管高出机房屋檐 1m 以上,或者高出冷库四周 50m 以内的最高建筑物 1m 以上,或者高出冷凝器操作平台 3m 以上,而且需要确保泄压管的畅通。

二、安全操作

制冷系统中的安全装置对于生产运行中所出现的异常和危险情况,在防止发生爆炸或重大事故方面起到了良好的保障作用。但是,由于错误的操作或违反安全技术规程而造成的重大事故时有发生。因此,还必须制定科学而合理的安全操作规程,并严格遵守和执行,才能杜绝事故发生。

为了使制冷系统安全运转,有三个必要的条件:第一是使系统内的制冷剂蒸气不得出现异常高压,以免设备破裂;第二是不得发生湿冲程、液爆和液击等错误操作,以免设备被破坏;第三是运动部件不得有缺陷或紧固部件松动,以免损坏机械。

(一) 阀门的安全操作

阀门是控制制冷系统安全运转所必不可少的部件,在制冷系统内应该设有一定数量的调节阀、截止阀和备用阀。

向容器内充灌制冷剂时,阀门的开启操作应缓慢打开。过快的加载速度会使设备潜在的或原有的微型缺陷,没有足够的时间产生滑移过程,应变速率在缺口根部区域增大,从而降低材料的断裂韧性,容易引起脆性破坏。

制冷系统中,有液态制冷剂的管道和设备,严禁同时将两端阀门关闭。尤其是在工作状态下,供液管、排液管和液态制冷剂调节站等管道一般是充满液体的,在停运前都应进行抽空操作。否则,在满液情况下关闭设备或管道的进出口截止阀,因吸收外界热量,液体的体积会膨胀,从而使设备或管道引起爆裂事故,通常称为"液爆"。一般情况下,液爆大多发生在阀门处,后果不堪设想。

由此可见,充满制冷剂的管路两端的阀门至少要有一个必须处于开启状态。同理,

第四章　冷库管理

冷风机在用水冲霜时，严禁将分配站上的回气阀和排液阀全部关闭。

在制冷系统操作中，应特别注意可能发生液爆的部位：

1）冷凝器与储液器之间的液体管道。
2）高压储液器至膨胀阀之间的管道。
3）两端设有截止阀门的液体管道。
4）高压设备的液位计。
5）氨容器之间的液体平衡管。
6）液体分配站。
7）气、液分离器出口阀至蒸发器（或排管）间的管路。
8）循环储液器出口阀至氨泵吸入端的管路。
9）氨泵供液管路。
10）容器至紧急泄氨器之间的液体管路等，均是有可能造成液封的管路。

开启回气阀时，也应缓慢动作，并注意倾听制冷剂的流动声音，避免突然猛开，以防过湿气体冲入压缩机内引起事故。

开启阀门时，为防止阀芯被阀体卡住，转动手轮时不应过分用力，当开足后应将手轮回转1/8圈左右。

为了避免错误操作阀门而发生事故，压缩机至冷凝器总管上的各阀门应处于开启状态，加以铅封。各种备用阀、灌液阀和排污阀等阀门平时应关闭，并加铅封或拆除手轮。应在连通大气的管的接头上加阀盖。在所有控制阀的手轮上，可以悬挂启闭牌。调节站上的阀门应特别注明控制某冷间或某设备。最好在所有靠近阀门的管道上标明制冷剂的流向。

（二）设备的安全操作

制冷系统中的运动部件，如传动皮带、联轴器等部件应加防护装置，否则禁止运转。为了防止低压、低温管路在融霜时受到压力波动和温度变化的影响，规定进入蒸发器前的压力不得超过$7.84 \times 10^5 Pa$，并禁止采用关小或关闭冷凝器进气阀的方法加快融霜速度。

为防止环境污染和氨中毒，从制冷系统中排放不凝性气体时，需经过专门设置的空气分离器将气体排入水中。

为防止高温、高压的气体制冷剂窜入库房，使机器负荷突增，规定储液器液面不得低于其径向高度的30%。

为了防止储液器和排液器出现满液影响冷凝压力，使系统运行工况恶化，储液器的液面不得超过径向高度的80%。

由于制冷设备内的油和氨一般呈现有压力的混合状态，为避免酿成严重的跑氨事故，严禁从制冷设备上直接放油。

另外，当设备间的室温达到冻结点温度时，对所有使用冷却水的设备，在停用时应将剩余的水放尽以防冻裂。

（三）设备和管道检修的安全操作

为防止检修时因设备内残存的制冷剂造成操作者中毒和窒息，特别是避免氨与空气混合到一定比例后遇明火爆炸，以及氟利昂制冷剂遇到明火分解出剧毒物质，在制冷

冷链物流管理

未抽空或未置换完全就与大气接通的情况下，严禁拆卸机器或设备的附件进行焊接作业。

同时，还规定在压缩机房和辅助设备间不能存在明火，冬季严禁使用明火取暖。为了防止触电事故，在检修制冷设备时，特别是检修库内风机、电器等远离电源开关的设备，必须在其电源开关上挂上工作牌，检修完毕后由检修人员亲自取下，其他人员不允许乱动。

在检查和维修机器间和泵房内的机器设备和阀门时，必须采用36V以下电压的照明电源，潮湿地区应采用12V以下的照明电源。在检修制冷系统的管道时，若需更换管道或增添新管路，必须采用符合规定的无缝钢管（氟利昂制冷系统可以采用无缝紫铜管），严禁采用有缝管和水暖管件。制冷系统在大检修以后，应进行耐压强度和气密性试验。在设备增加焊接或连接管道后，应进行气密试验，合格后方可使用。

（四）充灌制冷剂的安全操作

新建或大修后的制冷系统，必须经过气密试验、检漏、排污和抽真空。当确认系统无泄漏时，方可充灌制冷剂，如果采用充氨试漏，设备内的充氨压力不超过1.96×10^5Pa。

由于充氨操作危险性大，要求在值班班长的指导下进行。为以防万一，还应备有必要的抢救器材。向制冷系统内充灌制冷剂的数量应严格控制在设计要求和设备制造厂家所规定的范围内，并认真做好称量数据的记录。

氨瓶或氨槽车与充氨站的连接管必须采用无缝钢管，或者使用耐压在29.4×10^5Pa以上的橡皮管，与其相接的管头需设有防滑沟槽，以防管头脱开发生危险。

三、制冷剂钢瓶的使用管理规定

盛装制冷剂的钢瓶，必须严格遵守国家质量监督检验检疫总局颁布的《固定式压力容器安全监察规程》和《气瓶安全技术监察规程》的规定。

制冷剂钢瓶属于液化气体压力容器，钢瓶爆炸是常见事故，往往会造成人身伤亡。发生爆炸事故的主要原因有：①超过允许的充装量；②使用超过期限的钢瓶；③使用受损或有缺陷的钢瓶；④使用其他易爆或助燃气体的钢瓶而又未清理干净；⑤存放地点的温度过高或曝晒。

据劳动部门统计，氨瓶爆炸事故中，约90%是因为超装而引起的。这说明事故的性质属于责任事故。

经验证，充满液氨的钢瓶放在日光照射的场地上半个小时就会爆炸，爆炸率是100%。

为了保证生产和人身安全，对制冷剂钢瓶的充装、使用、运输和储存必须遵守下列安全技术要求：

（一）充装的安全要求

1. 钢瓶的检查

钢瓶充装前，必须有专人检查，有下列情况之一者，不准充装：

1）漆色、字样和所装气体不符，字样不易识别的气瓶。
2）安全阀件不全、损坏或不符合规定的气瓶。
3）不能判别装有何种气体，或者钢瓶内没有余压的气瓶。

4）超过检查期限的气瓶。

5）钢印标志不全、不能识别的气瓶。

6）瓶体经外观检查存在缺陷、不能保证安全使用的气瓶。

钢瓶不得使用储氨器或其他容器代替。钢瓶必须每三年移交当地劳动管理部门指定的检验单位进行技术检验，检验合格并打上钢印后方可使用。

2. 充装时的安全要求

钢瓶充装时应注意如下安全要求：

1）制冷剂的充装量，可按钢瓶标定值来确定。实际充装量为钢瓶容量乘以充装系数，见表4-10。

表 4-10　制冷剂的充装系数

制冷剂名称	化 学 式	充装系数
R717	NH_3	0.53
R21	CF_2Cl_2	1.14
R22	CHF_2Cl	1.02

2）认真填写充装记录。记录内容应包括：充装日期、氨瓶编号、实际充装量、充装者和复验者姓名等。

3）称量衡器应保持准确。

（二）使用的安全要求

1）操作人员启闭钢瓶阀门时，应站在阀门的侧面，并注意缓慢开启。

2）钢瓶的阀门冻结时，应把钢瓶移到较暖的地方，或者用洁净的温水解冻，严禁用火烘烤。

3）立瓶应防止跌倒，禁止敲击和碰撞。

4）钢瓶不得靠近热源，与明火的距离不得小于10m，夏季要防止日光曝晒。

5）瓶中气体不能用尽，必须留有剩余压力。

（三）运输的安全要求

1）旋紧瓶帽，轻装、轻卸，严禁抛滑或撞击。

2）钢瓶在车上应加以固定，用汽车装运时应横向排列，方向一致，装车高度不得超过车帮。

3）夏季要有遮阳设施，防止曝晒。

4）车上禁止烟火，禁止坐人，并应备有防氨泄漏的用具。

5）钢瓶严禁与氧气瓶、氢气瓶等易燃易爆物品同车运输。

（四）储存的安全要求

1）专用钢瓶仓库与其他建筑物的规定距离：距厂房不小于25m；距住宅和公共建筑物不小于50m。

2）氨瓶仓库应为不低于二级耐火等级的单独建筑。地面至屋顶最低点的高度应不小于3.2m。屋顶应为轻型结构，地面应平整不滑。

3）仓库内不应有明火或其他取暖设备。

4）仓库内有良好的自然通风或有机械通风设备。

冷链物流管理

5）旋紧瓶帽，放置整齐，妥善固定，留有通道。堆放不应超过五层，瓶帽、防震圈等附近必须完整无缺。

6）氨瓶严禁与氧气瓶、氢气瓶同室储存，以免引起燃烧或爆炸，并在附近设置消防、灭火器材。

7）禁止将留有氨液的钢瓶储存在机器设备间内。临时存放的钢瓶在室外要远离热源，防止阳光曝晒，在室内应选择通风良好、便于保管的独立建筑。

四、人员安全

制冷系统的操作人员要做到安全生产，不仅要掌握制冷技术知识和具有熟练的安全操作能力，而且还必须掌握有关人身安全和救护知识。

在冷库生产过程中，电器设备、运动机械、高温高压气体、低温环境及制冷剂等，都可能危及人身安全。因此，必须认真贯彻执行有关的安全规定和条例。一般通用电器设备、运动机械、高温、高压等均有完善的安全规定。这里主要介绍制冷剂对人体的影响及其紧急救护措施。

（一）制冷剂对人体生理的影响

制冷剂对人体生理的影响较为严重的有中毒、窒息和冷灼伤。引起人中毒的制冷剂有氨和二氧化硫，引起人窒息的制冷剂有氟类，所有的制冷剂都会引起冷灼伤。

氟利昂类制冷剂本身是无毒、无臭、不燃烧、不爆炸的。但是，当水和氧气混合后与明火接触，则会发生分解，生成氟化氢、氯化氢和光气，特别是光气对人体十分有害。氟利昂类制冷剂虽无毒，但它在常温下的气态密度比空气大，当其在空气中含量（容积浓度）超过80%时，会导致人窒息。

窒息可分为突然窒息和逐渐窒息两类。突然窒息是指在空气中制冷剂含量很高，操作人员立即失去知觉，类似头部受到打击一样而跌倒，可能在几分钟内死亡。这种窒息发生于设备检修过程中未按照安全技术规程进行操作的情况。另一类是逐渐窒息，主要是由于制冷剂泄漏，使空气中的氧含量逐渐降低，而使人慢慢地发生窒息。这种情况通常很容易被人们忽视，因此对人体造成伤害的可能性就更大。为避免逐渐窒息对操作人员的危害，必须了解窒息对人体生理的影响。

当空气中的氧气含量降到14%（体积比）时，出现早期缺氧症状，即呼吸量增大、脉搏加快，注意力和思维能力明显减弱，肌肉运动失调。当空气中的氧气含量降到10%时，人体仍有知觉，但判断功能出现障碍，很快出现肌肉疲劳，极易引起激动和暴躁。当空气中氧含量降到6%时，出现恶心和呕吐，肌肉失去运动能力，出现腿软，不能站立，直至不能行走和爬行的情况。这一症状往往是第一个也是唯一的警告，然而发现时为时已晚，严重者将会窒息。这种程度的窒息即使经过抢救可能苏醒，也会造成永久性脑损伤。

制冷剂泄漏时，对人体的危害程度取决于制冷剂的化学性质及其在空气中的浓度，以及人体在此环境中所停留的时间长短。

制冷剂的毒性分为6级，1级毒性最大。二氧化硫为1级，它是一种早期采用的制冷剂，目前已很少使用。氨为2级，当空气中氨的含量在0.5%~1%时，人在此环境中停留30min就会患重症或死亡。当氨的含量达到15.5%~27%时，遇明火即有爆炸的危险。

制冷剂的毒性比较见表4-11，按其对人体的危险大小进行排列。

表4-11　各种制冷剂的毒性比较

制冷剂名称	毒性级别	对空气的相对密度	发生危险的条件	
			按容积计的蒸气含量（%）	停留时间/min
二氧化硫	1	2.07	0.5~0.8	5
R17	2	0.55	0.5~0.8	30
二氯甲烷	3	2.74	5.0~10.0	30
R22	4	3.55	10.0~15.0	30
R11	4	4.44	5.0~10.0	30
R12	5	3.93	25.0~30.0	60

空气中的氨对人体生理的影响见表4-12。

表4-12　空气中的氨含量对人体生理的影响

对人体生理的影响	空气中的氨含量（ppm）
可以感觉氨臭的最低浓度	53
长期停留也无害的最大值	100
短时间对人体无害	300~500
强烈刺激鼻子和咽喉	408
刺激眼睛	698
引起强烈的咳嗽	1720
短时间（30min）也有危险	2500~4500
立即引起致命危险	5000~10000

冷灼伤是指裸露着的皮肤接触低温制冷剂造成皮肤和表面肌肉组织的损伤。所以，在任何可能直接接触制冷剂的场合，都应采取防护措施。

（二）预防措施

制冷系统的操作人员对工作要负责任，确保机器、设备和管道的密封，不能泄漏。凡是有可能接触到制冷剂工作的人员，应接受安全教育，严格遵守有关技术规程。

机房必须备有橡皮手套、防毒衣具（带靴的下水衣）、安全救护绳、胶鞋及救护用的药品，并应妥善放置在机房进口的专用箱内，方便取用。

机房内应配备灭火器材，以备事故发生时使用。

（三）氧气呼吸器的使用和保管

使用氧气呼吸器时，人体肺部呼出的气体进入清净罐，二氧化碳被吸收剂清除，剩余的气体与氧气瓶储存的氧气混合后形成新鲜空气，供人体使用。

氧气呼吸器使用前后都必须消毒。消毒的主要部分是气囊、覆面及呼吸用的软管。消毒时可用2%~5%苯酚溶液或酒精清洗。

氧气呼吸器应妥善保管避免日光直接照射，以免橡胶老化或高压氧气部分安全度降低；保持清洁，防止灰尘，切忌与各种脂肪油类接触；每年应检查氧气瓶内的存氧情况和吸收剂性能，要及时充氧和更换吸收剂，使氧气呼吸器处于准备使用状态。

冷链物流管理

◇知识窗

气密性试验：气密性试验主要是检验容器的各连接部位是否有泄漏现象的试验。介质毒性程度为极度、高度危害或设计上不允许有微量泄漏的压力容器，必须进行气密性试验。

湿冲程：湿冲程也称湿行程或液击，制冷压缩机在运转中由于操作不当或其他原因，液体制冷剂可能进入制冷压缩机的气缸，从而引起气缸壁结霜或冲击气缸盖（敲缸）现象。

◇【同步案例4-3】

2004年5月15日，一家私营企业冷库在对氨气管道进行焊接过程中发生爆炸，造成一起死亡1人、重伤3人，冷库及附属设施遭到严重破坏的重大伤亡和严重经济损失事故。该冷库是新建的，在安装调试后，发现氨气管道有泄漏现象。为了找到泄漏点，在没有排空氨气的情况下，便充入氧气进行打压试验，发现泄漏部位后，又在没有对管道进行任何处理的情况下进行补焊，因此在焊接过程中发生爆炸。事故调查发现，该企业负责人安全意识淡薄，盲目指挥，没有必要的安全常识。施焊作业人员又没有经过专门的安全技术培训，无证上岗。其主要作业人员也没有经过必要的安全教育。此外，该私营企业安全规章制度不健全，作业人员不遵守安全操作规程等，这些都是导致爆炸事故发生的客观因素。

问题：

1. 冷链冷库的安全性长久以来都是重要的议题，对于安全规范的执行上有哪些注意事项？

2. 该如何健全冷库安全性并制定相关对策是冷库管理人员的首要工作之一，然而后续查核与检验跟进也是一大挑战。请说明安全管理的几项重要准则。

第五节 气调冷库的管理

一、气调冷库运行管理

（一）气调冷库运行前的准备

在货物进库之前，应检查库内所有的气调设备、冷冻设备和通风设备，并做好使用前的准备工作。为了使气调冷库（也称气调库）获得最大的效益，应将气调冷库迅速装满，迅速冷却。库内货物应进行合理的堆装，保证气流循环良好。

在库房关闭密封前，应做好下列工作：

1）给压力安全装置注水。
2）校正遥测温度计。
3）检查照明设备。
4）给冲霜排水管水封注水。
5）检查通风管道的密闭性。

第四章 冷库管理

(二) 运行

1. 运行操作

1) 快速降氧运行。通常使用催化燃烧降氧机或碳分子筛气调机进行，库房封闭后即运行开始。通常将库内气体的氧含量从21%快速降到10%左右即可。同时做好运行记录。

2) 二氧化碳脱除。可使用消石灰（氢氧化钙）、二氧化碳脱除机或碳分子筛气调机进行，一般降到2%即可。

3) 氧气的补充。对于气调库中的果蔬，其呼吸会消耗氧气，库内气体的氧含量会越来越低。为了保证不发生呼吸缺氧，必须根据各种货物对氧含量的要求定期补氧。通用的补氧方法是用一根空气管从库外向库内送入氧含量高的新鲜空气。该空气管上有可供调节的孔，可通过开孔的大小控制库内气体的氧含量。也可使用一台微型离心风机迅速添加新鲜空气，风机在时间继电器控制下运行。在通风机运行时，也可以将气调门上的检修阀门稍微打开，以释放库内压力。一般氧含量补充到5%~8%即可。

2. 气体成分测试和校正

每间气调库应装有两根取样管，一根供日常测试取样使用，另一根供校正使用。对气调库中的气体成分，每天最少应检测一次，每星期最少应校正一次，每年对所有管线至少要做一次压力测试。

气调库运行前和运行期间，测氧仪和二氧化碳检测仪应经常使用奥氏气体分析仪进行校核，确保所用仪表的测试准确度，避免因检测失误造成损失。

(三) 打开气调冷库

为了安全起见，在人们进库前，必须用室外新鲜空气对库房进行通风换气若干小时，使库内气体的氧含量升高至21%。

二、气调冷库安全管理

(一) 掌握安全知识

操作维修人员必须了解气调库内的气体不能维持人的生命，当人们进入气调库工作时，会有窒息而死的情况发生。因而要了解窒息的症状，清楚不同症状的危险程度。

操作维修人员必须熟练掌握呼吸装置的使用，装入呼吸器的应是空气（利用空压机或鼓风机）不是纯氧，呼吸面具要有带子绑牢。

(二) 安全措施

1) 在气密门上安装一个可拆卸的检修门，该门至少宽600mm、高750mm，使背后绑扎着呼吸装置的人员可以通过。

2) 在靠近库内冷风机处放一架梯子，以便检修设备时使用。

3) 在每扇气密门上标明危险标志，写明"危险——库内气体不能维持人的生命"。

4) 至少要准备两套经过检验的呼吸装置。

5) 进入气调库修理设备时，至少要有两个人，一个人进入库内，另一个人在观察窗外观察，库内人员不能离开观察人员的视线。

◇知识窗

碳分子筛：碳分子筛是20世纪70年代发展起来的一种新型吸附剂，是一种优良的

冷链物流管理

非极性碳素材料，制氮碳分子筛（Carbon Molecular Sieves，CMS）用于分离空气富集氮气，采用常温低压制氮工艺，与传统的深冷高压制氮工艺相比，具有投资费用少、产氮速度快、氮气成本低等优点。因此，它是目前工程界首选的变压吸附空分富氮吸附剂，这种氮气在化学工业、石油天然气工业、电子工业、食品工业、煤炭工业、医药工业、电缆行业、金属热处理、运输及储存等方面广泛应用。

◇关键术语

安全阀（Relief Valve）

冷灼伤（Frostbite）

◇思考题

1. 有关仓储管理的基本原则，下列叙述正确的是（　　）。
A. 冷藏库库房温度为7℃以下　　B. 冷冻库库房温度为 -18℃以下
C. 超低温冷冻库库房温度为 -40℃以下　D. 选项A、B、C皆正确

2. 有关仓储管理的基本原则，下列叙述正确的是（　　）。
A. 不同温层需求的产品，尽量避免共同存放，以降低失温、交叉污染等引发鲜度下降与品质劣化的风险
B. 进库与出库采用先进先出（FIFO）的管理原则
C. 考量不同食材或食品，对于气味、温层、微生物及气体的相容性或互斥性，进行分类存放
D. 选项A、B、C皆正确

3. 有关冷链仓储管理的基本原则，下列叙述错误的是（　　）。
A. 导入5S（整理、整顿、清扫、清洁、素养）管理
B. 落实各项标准作业流程（SOP）
C. 所有食材或食品集中储存，提升仓库库容量的利用率
D. 建立各项关键绩效指标（KPI）进行持续改善

4. 有关冷库储存作业管理原则，下列叙述正确的是（　　）。
A. 主要分为预冷库、冷藏库与冷冻库，存放不同温层的餐饮食材产品
B. 冷藏库应维持产品的品温低于7℃
C. 冷冻车应保持产品的品温低于 -18℃
D. 选项A、B、C皆正确

5. 有关冷库储存设施、设备与作业管理，下列叙述正确的是（　　）。
A. 地面、内壁及顶棚应用不透水性材质平坦制作，易于清理或消毒
B. 一旦制冷系统发生故障或温度异常，应迅速通知专业人员维修处理
C. 货架材料需采用特殊钢材，避免低温造成材质变脆而倒塌
D. 选项A、B、C皆正确

6. 有关冷库储存作业管理原则，下列叙述错误的是（　　）。
A. 主要分为预冷库、冷藏库与冷冻库，存放不同温层的餐饮食材产品
B. 每天进行温度记录，随时掌控低温仓库的温度

第四章 冷库管理

C. 货架材料采用一般钢材即可，减少设备投资成本

D. 一旦制冷系统发生故障或温度异常，应迅速通知专业人员维修处理

7. 有关冷库储存作业管理原则，下列叙述正确的是（　　）。

A. 货品堆栈需排列整齐、稳固且有空隙，使产品热量能迅速散发

B. 详细记录每批产品的入库温度、时间、存量与产品的有效日期

C. 货物进货、出货作业应遵行先进先出（FIFO）原则

D. 选项A、B、C皆正确

8. 有关冷库储存作业如何防止二次污染，下列叙述正确的是（　　）。

A. 库内不得有积水、严重结霜、湿滑、杂乱或异味等现象

B. 进行除霜作业期间，应尽量避免冰、水滴到低温产品上

C. 应定期清洗、消毒确保清洁

D. 选项A、B、C皆正确

9. 有关冷库如何防止二次污染的管理原则，下列叙述正确的是（　　）。

A. 可食性原料与成品、生品与熟食品应分别存放，避免交叉污染

B. 库内应定期清洗、消毒确保清洁，不得有秽物及食品碎片

C. 食品或食材不可置于地面，应放置在栈板上分类存放并明显标示

D. 选项A、B、C皆正确

10. 有关冷库如何防止回温的注意事项，下列叙述正确的是（　　）。

A. 物品不宜置于出入门扉及人员进出频繁的区域及附近区域

B. 应定期除霜，确保其制冷能力

C. 应尽量减少库门的开启次数，同时远离热源

D. 选项A、B、C皆正确

11. 有关冷库拣货作业管理的注意事项，下列叙述正确的是（　　）。

A. 减少低温库门开闭的频率，防止库内温度的流失方能避免耗电与产品品质劣化

B. 建立严谨的标准作业流程（SOP），加强作业人员的教育训练

C. 在低温库进行拣货作业，人员必须穿御寒衣，每次作业时间不能太长

D. 选项A、B、C皆正确

12. 有关冷库加工处理作业管理，下列叙述正确的是（　　）。

A. 从事食材加工处理的人员应遵守食品良好卫生规范

B. 加工处理作业后，依据各类产品不同温层的需求予以冷冻（藏）

C. 选项A、B皆正确

D. 选项A、B均不正确

13. 有关冷库出货作业管理的注意事项，下列叙述正确的是（　　）。

A. 出货码头的仓门，建议配备绝缘布帘，避免剧烈的升温，造成食材或食品在鲜度与保存期限的伤害

B. 不同温层需求的产品，尽量避免共同并装与运送，以降低失温、交叉污染等引发产品品质劣化的风险

C. 选项A、B皆正确

D. 选项A、B均不正确

冷链物流管理

◇ **【综合案例】**

　　作为国内领先的物流系统集成商，无锡中鼎集成技术有限公司（简称中鼎集成）在冷链产业已有十几年的行业经验，培养了一支专业稳定的团队，拥有众多成功案例。中鼎集成与国内多家知名一线品牌建立合作关系，如安井食品、北大荒集团和大庄园肉业等，并与其延续合作多期项目工程，成为冷链行业中的翘楚，尤其是在食品冷链领域具有丰富的经验和雄厚的实力。

　　中鼎集成不仅是国内首批涉足自动化立体仓库及相关物流设备制造的企业，同时也是国内最早涉足食品冷链物流系统建设的企业。据无锡中鼎集成技术有限公司常务副总经理翁忠杰先生介绍，中鼎集成早在2006年就开始进行冷链物流设备的研究，并逐步拓展到冷链物流系统规划领域，至今已拥有十多年的经验。长期以来，中鼎集成在输送、仓储、拣选、控制和软件等各个环节，致力于为不同行业客户量身打造从前期咨询、方案设计、数据仿真、设备制造，到运输、安装调试、售后服务于一体的定制化解决方案。其服务客户遍及食品、医药、制造、纺织服装等众多行业领域，其中食品冷链是中鼎集成着力打造的一个重点行业。

　　不过，翁忠杰也坦言，在食品冷链领域的探索过程中，中鼎集成经历了不同的发展阶段，也得到了一些失败的教训，而最终让中鼎集成在市场中立足的原因是其对冷链的专注研究而形成的自身独有、可落地的综合能力。"我们不仅要帮客户解决需求性问题，还要掌握并精通与冷链相关的各个专业的知识。例如，冷库库板、土建保温和光电控制等技术，对整个冷链系统中的软硬件进行研究。"

　　作为特殊仓库的一种，冷库因为仓储环境苛刻、空间利用率要求较高，采用自动化立体仓库具有更大的优势。但翁忠杰也认为，特殊立库的方案、设备和施工应该与普通立库区别对待，在冷库方面尤其明显。例如，冷库比常温库增加了制冷及保温单元，所以空间利用和设备布局应调整；低温环境维修困难，对设备的稳定性要求更高，特别是立库核心设备堆垛机需要重新设计；普通钢材在-20℃以下抗冲击性会明显下降，立柱和货架钢材选型要求更高。与常温库相比，冷库内基本上有60%左右的部件是需要更换的，如钢材的牌号、外购件的牌号、光电开关、接线开关和传感器等，因此比普通仓库的建设成本高出很多。然而，目前国内许多冷库只是在常温库的基础上进行有限改动，建成后虽然可以通过验收投入使用，但设备稳定性、运行能耗和使用寿命都会大打折扣。

　　在翁忠杰看来，冷链物流规划是一个综合性的专业，食品冷链领域更具特殊性。出于食品安全的考虑，会有不同的等级要求，直接影响到设备、元器件等的选型。例如，有的食品企业要求必须用304不锈钢，不能用碳钢、合金钢等其他材质。作为物流系统集成商，要想做好冷链，必须通过落地实现，摸索出合适的产品和解决方案。翁忠杰表示，首先要做的就是全面了解客户的需求。因为不同的冷库用户对冷库建设的要求完全不同，如第三方冷库和客户自用的冷库就有很大差异。一般来说，企业自用冷库往往连接生产，生产过程中需要物流，而物流产生成本，如何在确保产品质量的前提下降低能耗，这是方案规划中需要重点考虑的。方案的落地过程中，就要充分考虑客户的厂房如何设置、物流的工艺流程如何做更优化、原材料和成品如何保管等一系列问题。

第四章 冷库管理

  翁忠杰从 2006 年开始研究冷链和冷库技术，他发现原来的项目大多仅局限在存储，现在则向更多环节延伸，甚至还会与生产工艺、智能制造等相结合。例如，水产公司有很多海鲜产品需要冷冻、冷藏，这时就不仅需要解决物流问题，还要涉及分切、加工和解冻等更多内容。作为后端的冷库，开始指挥着生产系统和销售网络，因此冷库的作用不仅是存放东西，还影响着整个供应链流程。翁忠杰欣喜于这样的变化："这也让这项工作充满乐趣，接触的一切都是新的，新的物流工艺和要求。"

  "做最能提升物流管理效益的系统集成专家"是中鼎集成的宗旨，而他们也在用实际行动证明要做食品冷链物流规划的专家。翁忠杰表示，中鼎集成将会携冷库规划建设专家团队继续开发钻研更高效、更专业、更节能的冷链智能管理解决方案，为冷链行业更多的优质企业带来最大效益，助力中国冷链发展。

  问题：

  1. 对于冷链运营而言，冷链仓库不只是存放货品，更是调节市场、创造商机的工具。试论，对于冷链运营商而言，冷库如何扮演居中调节的角色。

  2. 冷库发展离不开先进的技术与信息科技的协助，对于现代化冷库而言，有哪些技术能提升整体运营效率及管控能力？

  3. 现代化冷库的施工有哪些注意事项？

第五章　冷链加工与包装

◇ 学习目标

理解低温保鲜的原理；阐述不同冷加工方法的原理和冷加工设备的优缺点；掌握生鲜食品冷加工的各种工艺方法及使用的对象、相应的温度要求；了解生鲜食品常用的包装材料及其特性，以及常用的包装技术；能根据实际需要针对不同的生鲜食品采用不同的冷加工工艺，以及不同的包装材料和包装技法。

◆ 引例

加拿大保障蔬菜安全之举措——一路低温保新鲜

加拿大的蔬菜有两大鲜明特点，一是温室蔬菜比例大，超过蔬菜总产值的30%，并且这一比例还在不断提升；二是蔬菜的储存、运输必须采用冷链物流，以减少污染和损失。

加拿大食品检验署（CFIA）负责全国蔬菜的卫生安全和质量等级管理，因为加拿大地处高纬度，气温较低，为了保证人们一年四季吃上新鲜的蔬菜，温室种植十分普遍。也正因为如此，生产者对蔬菜的分级、包装尤其严格。蔬菜收割后，分拣人员马上会根据蔬菜的品种、颜色和大小等对蔬菜进行分类。一般蔬菜分为三类：第一类是大小相当，品质最高的包装蔬菜；第二类是稍微次一点，按固定重量用塑封包装的蔬菜；第三类是按扎售卖的蔬菜。不论哪一类的蔬菜，都在产地现场装箱，蔬菜箱规格统一，均为涂蜡瓦楞纸箱，轻便防水且耐冲击。采用这种标准化包装箱的目的，一是减少运输损耗，二是免于蔬菜被污染，三是纸箱还可循环使用。

加拿大蔬菜的储存、运输大多通过冷链物流。蔬菜从田间到餐桌始终保持在低温环境下，有效地控制了有害微生物的滋生与蔓延，保障了食品安全。数据显示，通过低温保存、运输蔬菜，加拿大的蔬菜损耗仅为5%，是中国的1/6；物流成本不足30%，是中国的1/2。早在19世纪末，加拿大就开始蔬菜冷藏运输，经过100多年的发展，社会化、专业化、规范化的蔬菜冷链储运已取代了菜园和菜市间的"点对点"运输，使得蔬菜储存、运输的成本更低、效率更高，也更便于检测和监管。

为了更好地保障蔬菜安全，加拿大食品检验署还建立了6个有关蔬菜等植物性食品质量检验的通用模型，在全国范围内推广。

第五章　冷链加工与包装

第一节　冷链加工概述

一、冷链加工的原理

生鲜食品等冷链产品在常温下储藏，时间长了会发生腐败变质，其主要原因是食品中的酶进行的生化反应和微生物的生命活动。酶的催化作用和微生物的生命活动，都需要在一定的温度和水分情况下进行。如果降低储藏温度，酶的活性就会减弱，微生物的生长、繁殖也会减慢，就可以延长生鲜食品的储藏期。此外，低温下大多数微生物的新陈代谢会被破坏，其细胞内积累的有毒物质及其他过氧化物能导致其死亡。当生鲜食品的温度降至 –18℃以下时，生鲜食品中 90% 以上的水分都会变成冰，所形成的冰晶还可以以机械的方式破坏微生物细胞，造成微生物死亡。因此，冻结的生鲜食品可以更长期地储藏。

为了保持果蔬等植物性食品的鲜活状态，一般都在冷却的状态下进行储藏。果蔬采摘后仍然是具有生命力的有机体，还在进行呼吸活动，并能控制引起食品变质的酶的作用，对外界微生物的侵入也有抵抗能力。降低储藏环境的温度，可以减弱其呼吸强度、降低物质的消耗速度，从而延长储藏期。但是，储藏温度也不能降得过低，否则会引起果蔬活体的生理病害，以至冻伤。所以，果蔬类食品应放在不发生冷害的低温环境下储藏。此外，鲜蛋也是活体食品，若温度低于冻结点，其生命活动也会停止。因此，活体食品一般都在冷却状态下进行低温储藏。

鱼、禽、畜等动物性食品在储藏时，因其细胞都已死亡，其自身不能控制引起食品变质的酶的作用，也无法抵抗微生物的侵袭。因此，储藏动物性食品时，要求在其冻结点以下的温度保藏，以抑制酶的作用、微生物的繁殖和减慢食品内的化学变化，从而较长时间地维持食品的品质。

二、生鲜食品冷链的主要物流环节

生鲜食品冷链建立在食品冷冻工艺学的基础上，以制冷技术为手段，使生鲜食品从生产者到消费者之间的所有环节，即从原料（采摘、捕、收购等环节）、生产、加工、运输、储藏到销售流通的整个过程中，始终保持合适的低温条件，以保证食品的质量，减少损耗。这种连续的低温环节称为冷链。因此，冷链建设要求把所涉及的生产、运输、销售、经济和技术性等各种问题集中起来考虑，协调相互间的关系，以确保生鲜食品的加工、运输和销售。生鲜食品冷链由冷加工、冷藏、销售分配和冷藏运输四个主要环节构成。

1. 冷加工环节

原料前处理、预冷、速冻这三个环节都属于生鲜食品冷加工环节，可称它为冷藏链中的"前端环节"。具体包括肉禽类、鱼类和蛋类的冷却与冻结，以及在低温状态下的加工作业过程，也包括果蔬的预冷、各种速冻食品和奶制品的低温加工等。在这个环节中主要涉及的冷链装备有冷却、冻结装置和速冻装置。

冷链物流管理

2. 冷藏环节

冷藏环节包括生鲜食品的冷却储藏和冻结储藏，以及果蔬等食品的气调储藏，其保证食品在储存和加工过程中处于低温保鲜环境。它是冷链的"中端环节"。在这个环节中主要涉及各类冷藏库/加工间、冷藏柜、冻结柜及家用冰箱等。

3. 销售分配环节

销售分配环节包括各种冷链生鲜食品进入批发零售环节的冷冻储藏和销售，是冷链的"末端环节"，由生产厂家、批发商和零售商共同完成。随着大中城市各类连锁超市的快速发展，各种连锁超市正在成为冷链食品的主要销售渠道，在这些零售终端中，大量使用了冷冻冷藏陈列柜和储藏库，由此逐渐成为完整的食品冷链中不可或缺的重要环节。

4. 冷藏运输环节

冷藏运输环节包括生鲜食品的中、长途运输及短途配送等物流环节的低温状态。它贯穿在冷链的各个环节中。它主要涉及铁路冷藏车、冷藏汽车、冷藏船和冷藏集装箱等低温运输工具。在冷藏运输过程中，温度波动是引起食品品质下降的主要原因之一，所以运输工具应具有良好的性能，在保持规定低温的同时，更要保持稳定的温度，特别是远途运输，更为重要。

生鲜食品冷链的主要设备包括贯穿在整个冷链各个环节中的各种装备、设施，主要有原料前处理设备、预冷设备、速冻设备、冷藏库、冷藏运输设备、冷冻冷藏陈列柜（含冷藏柜）、家用冰柜和冰箱等，如图5-1所示。

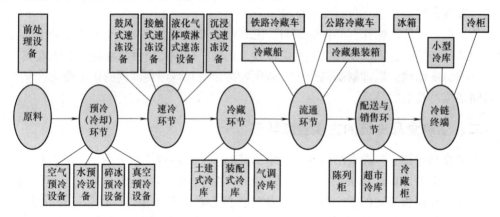

图5-1　生鲜食品冷链主要设备构成示意图

三、生鲜食品冷加工工艺

生鲜食品的冷加工工艺主要是指生鲜食品的冷却、冻结、冷藏、冰温储藏、微冻储藏和解冻，是利用低温保藏生鲜食品和加工生鲜食品的最佳方法。

1. 生鲜食品的冷却

生鲜食品的冷却是指将生鲜食品的温度降低到某一指定的温度，但不低于生鲜食品汁液的冻结点。生鲜食品的冷却温度通常在10℃以下，其下限为 $-2 \sim 4$℃。冷却储藏可延长生鲜食品的储藏期，并能保持其新鲜状态。但由于在冷却温度下，细菌、霉菌等微生物仍能生长繁殖，特别是冷却的动物性食品，只能进行短期储藏。

2. 生鲜食品的冻结

生鲜食品的冻结是指将生鲜食品的温度降到其汁液的冻结点以下，使生鲜食品中的大部分水分冻结成冰。冻结温度带国际上推荐为 -18℃以下。冻结生鲜食品中微生物的生命活动及酶的生化作用均受到抑制、水分活度下降，因此可进行长期储藏。几种常见的生鲜食品的冻结点见表5-1，一些生鲜食品的冻结率见表5-2。

表5-1 几种常见的生鲜食品的冻结点

品 种	冻结点（℃）	含水率（%）	品 种	冻结点（℃）	含水率（%）
牛肉	-1.7 ~ -0.6	71.6	葡萄	-2.2	81.5
猪肉	-2.8	60	苹果	-2	87.9
鱼肉	-2 ~ -0.6	70 ~ 85	青豆	-1.1	73.4
牛奶	-0.5	88.6	橘子	-2.2	88.1
蛋白	-0.45	89	香蕉	-3.4	75.5
蛋黄	-0.65	49.5			

表5-2 一些生鲜食品的冻结率（%）

温度/℃ 食品	-1	-2	-3	-4	-5	-6	-7	-8	-9	-10	-12.5	-15	-18
肉类、禽类	0 ~ 25	52 ~ 60	67 ~ 73	72 ~ 77	75 ~ 80	77 ~ 82	79 ~ 84	80 ~ 85	81 ~ 86	82 ~ 87	85 ~ 89	87 ~ 90	89 ~ 91
鱼类	0 ~ 45	0 ~ 68	32 ~ 77	45 ~ 82	84	85	87	89	90	91	92	93	95
蛋类、菜类	60	78	84.5	81	89	90.5	91.5	92	93	94	94.5	95	95.5
乳类	45	68	77	82	84	85.5	87	88.5	89.5	90.5	92	93.5	95
西红柿	30	60	70	76	80	82	84	85.5	87	88	89	90	91
苹果、梨、土豆	0	0	32	45	53	58	62	65	68	70	74	78	80
大豆、萝卜	0	28	50	58	64.5	68	71	73	75	77	80.5	83	84
橙子、柠檬、葡萄	0	0	20	32	41	48	54	58.5	62.5	69	72	75	76
葱、豌豆	10	50	65	71	75	77	79	80.5	82	83.5	86	87.5	89
樱桃	0	0	0	20	32	40	47	52	55.5	7	63	67	71

3. 生鲜食品的冷藏

生鲜食品的冷藏是指生鲜食品保持在冷却或冻结终了温度的条件下，将其低温储藏一定时间。根据生鲜食品冷却或冻结加工温度的不同，冷藏又可分为冷却生鲜食品的冷藏和冻结生鲜食品的冷藏两种。冷却生鲜食品的温度一般在0℃以上，冻结生鲜食品的冷藏温度一般为 -18℃以下。对一些多脂鱼类（如鲱鱼、鲐鱼）和冰激凌，欧美国家建议冷藏温度为 -30 ~ -25℃；少脂鱼类（如鳕鱼、黑线鳕）为 -20℃；日本用来做生鱼片的金枪鱼，为长期保持其红色，防止氧化，采用了 -40℃甚至 -70℃的低温。生鲜食品的储藏在同等条件下，温度越低，储藏时间越长。例如，鳕鱼于15℃只能储藏1天，6℃能储藏5 ~ 6天，0℃能储藏15天，-18℃能储藏6 ~ 8个月，-23℃能储藏8 ~ 10个月，-30 ~ -25℃能储藏1年。

4. 生鲜食品的冰温储藏

生鲜食品的冰温储藏是将生鲜食品储藏在0℃以下至各自的冻结点范围内，它属于

冷链物流管理

非冻结冷藏。一些生鲜食品的冻结点可参见前文表5-1。冰温保鲜的原理就是将生鲜食品的温度控制在冰温带内，使组织处于将冻而未冻的状态以保持其鲜活，从而使生鲜食品的后熟过程在一个特定的低温环境下进行。冰温保鲜不会出现冻结生鲜食品在解冻过程中产生的冻结损伤，而且各种理化变化极度降低，可以延缓生鲜食品腐败，使固有品质得以保持，同时还能逐渐积累和鲜度有关的氨基酸。

作为继冷藏及气调储藏之后的第三代保鲜技术，生鲜食品的冰温储藏优势明显。利用冰温储藏保存的生鲜食品，比0℃以上的保存方法保存时间，比-8℃的保存方法的营养流失率低。冰温储藏的优点主要有：①不破坏食品细胞；②有害微生物的活动及各种酶的活性受到抑制；③能够降低食品呼吸活性，减少食品营养物质流失，延长食品的保质期；④能够提高水果、蔬菜的品质。其中第④点是冷藏及气调储藏方法都不具备的优点。但冰温储藏也有缺点：①可利用的温度范围狭小，一般为-0.5~2.0℃，故温度带的设定十分困难；②配套设施的投资较大。冰温储藏与冷却冷藏、冷冻的比较见表5-3。

表5-3 冰温储藏与冷却冷藏、冷冻的比较

类　别	冰温储藏	冷却冷藏	冷　冻
温度领域	0℃到冻结点的冰温与超冰温领域	0~10℃的温度领域	-18℃以下
储藏期限	比0℃以上的保存方法长，并可进行长期的活体保存	生鲜食品的保存期一般不超过7天，并无法做活体保存	可长期保存，但因结冰冻结，致使生物细胞坏死
品质差异	利用冰温生物科技使生鲜产品更美味、营养增加，并且使有害微生物的数量下降	风味因冷藏时间的增加而变差，有害微生物逐渐增加而致使生鲜食品腐烂	生物细胞冻结破坏，解冻后营养流失，风味变差最严重

随着保鲜技术的发展，冰温保鲜技术已经广泛应用于多个领域，见表5-4。

表5-4 冰温保鲜技术在食品中的应用情况

应用领域	应用情况
果蔬中的应用	冰温技术在果蔬保鲜方面的研究较多。多数试验结果表明，利用冰温技术储藏果蔬，可以明显降低果蔬细胞组织的新陈代谢，在色、香、味及口感方面都优于普通冷藏，可保持其良好的原有品质，新鲜度几乎与刚采收的果蔬处于同等水平
水产中的应用	水产品的冰温保鲜技术方面，目前在活鱼和虾、蟹流通领域已有相关研究报道。在冰温带储藏水产品，使其处于活体状态，减缓新陈代谢，可较长时间地保存其原有的色、香、味和口感
禽肉中的应用	冰温保鲜技术在禽肉制品中的应用较少，李建雄提出冰温结合气调包装是进行猪肉保鲜的有效途径，利用气调包装可以强化冰温的保鲜效果。由此看来，冰温气调保鲜技术已具备了一定的技术基础，在肉类保鲜中将具有重要的实际应用价值和良好的发展前景

◇**知识窗**

冰温保鲜技术

冰温保鲜技术最早起源于1964年日本山根昭美博士的一次CA储藏（气调储藏）梨的偶然试验。该试验结果显示，-4℃的温度并未把梨彻底冻伤，而是在回升温度后

第五章 冷链加工与包装

仍然保持了梨原有的风味和色泽。在试验总结后，山根昭美博士于20世纪70年代提出了冰温储藏技术，并把0℃以下，冻结点以上的温度区域定义为该食品的"冰温带"，简称冰温。随着该项技术研究的不断深化，1998年日本农林水产省把农产品冰温保鲜技术确定为支撑21世纪发展的高新技术。

冰温储藏技术的诞生，为果蔬等农产品的保鲜开辟了新的途径，在农、畜、牧、水产品的储存运输及医学等领域内被推广利用。食品在此温度带保存，不仅可以有效地降低冷藏设备的能耗，还可以克服冻结食品因冰结晶带来的蛋白质变性、组织结构损伤和液汁流失等现象，储藏期得到显著延长。在此温度带，有些食品还可进一步成熟，获得自然的风味和美味。因此，冰温储藏的食品受到消费者的青睐。目前，冰温技术已覆盖冷藏链的全过程，近年来我国也开发出电子冰温培养箱和冰温浓缩机等冰温设备。

生物组织的冻结点均低于0℃。当温度高于冻结点时，细胞始终处于活体状态。这是因为，生物细胞中溶解有糖、酸、盐类、多糖、氨基酸、肽类和可溶性蛋白质等许多成分，而各种天然高分子物质及其复合物以空间网状结构存在，使水分子的移动和接近受到一定阻碍而产生冻结回避，因而细胞液不同于纯水，冻结点一般为 $-3.5 \sim -0.5$℃。

当温度高于冻结点时，细胞始终处活体状态；当冻结点较高时，加入冻结点调节剂（如盐、糖等）可使其冻结点降低。故冰温机理包含两个方面内容：①将食品的温度控制在冰温带内可以维持其细胞的活体状态；②当食品冻结点较高时，可以人为地加入一些有机或无机物质，使其冻结点降低，扩大其冰温带。

食品在冰温条件下储藏时，其品质（如蛋白质结构、微生物繁殖速度和酶活性等）发生变化，称为冰温效应。在冻结点附近，为阻止生物体内冰晶形成，动植物从体内会不断地分泌大量的不冻液以降低冻结点，不冻液的主要成分是葡萄糖和氨基酸等。冰温条件可有效抑制微生物的生长。在此条件下，水分子呈有序状态排布，可供微生物利用的自由水含量大大降低。

山根昭美博士研究了卷心菜的冰膜储藏（冻结点为 $-2.2 \sim -1.3$℃），在 -3℃环境下，将卷心菜冷却至0℃附近，向其表面间断性喷水雾，使卷心菜表面形成一层极薄的冰膜。经过80天的喷雾，卷心菜表面的冰膜厚度达到0.5 mm。经上述处理后，再将其保存在 -0.8℃的冰温环境中进行储藏。试验研究表明，经冰膜处理后的卷心菜表面仅出现了微弱冻害，2个月后会变成深绿色，但这一层被微冻的菜叶在室温下经4天升温，会慢慢地复原。经肉眼观察，可以恢复到本色。经过细胞组织分析表明，这层出现冻害的菜叶在细胞膜和细胞质之间仅有微小的空隙，细胞组织几乎没有损伤，这说明采用冰膜储藏方法保存低糖蔬菜可以保持其原有的特征，是一种有效的储藏方法。

5. 生鲜食品的微冻储藏

微冻储藏又叫部分冷冻或过冷却储藏，一般用于水产品的储藏。微冻储藏是将水产品的温度降到冻结点和冻结点以下 $1 \sim 2$℃进行保藏。作为水产品的主要腐败微生物，嗜冷菌在0℃生长缓慢，温度继续下降，生长繁殖受到抑制，低于 -10℃时生长繁殖完全停止。另外，经过微冻，鱼体中的水分会发生部分冻结，鱼体中的微生物中的水分也会发生部分冻结，从而影响微生物的生理生化反应，抑制了微生物的生长繁殖。因此，水产品微冻保鲜的保鲜期是4℃冷藏的 $2.5 \sim 5$ 倍。

冷链物流管理

6. 生鲜食品的解冻

生鲜食品的解冻是指将冻结的生鲜食品溶解，恢复到冻结前新鲜状态的过程。解冻可以看成是冻结的逆过程，对于作为加工原料的冻结品，一般只需升温至半解冻状态即可。

本章将在后续三节详细介绍生鲜食品的冷却、冻结和解冻。

◇【同步案例 5-1】

冷 链 遇 冷

高昂的成本之外，我国现有的农产品生产种植方式、消费习惯和消费水平等因素交叠在一起，使冷链备受冷遇。

理想状态下的全程冷链是什么样的？

2015年10月21日，《瞭望东方周刊》记者跟随生鲜电商沱沱工社的物流车辆，近距离观察了一次全程冷链的演示。

上午10点，沱沱工社位于北京平谷区马昌营镇的有机农场里，负责采摘的农场工人将两箱大葱搬进了预冷车间，并开始做第一步的产品检查和筛选。因为准备装货，为保证敞开车门的车厢内温度也能达到0℃左右，停放在门口的冷藏车温度被调至-5℃。100多箱冬瓜、油菜等包装好的蔬菜装车完毕之后，就被拉往顺义的仓储配送物流中心。在这里，它们将和肉、禽、蛋、奶及海鲜水产、粮油副食一样，经过一系列到货验收流程，然后根据各自温度要求被放置在不同温区。接下来，工作人员会按照系统自动拆分的客户订单，从各个温区内拣选货品，一一扫描出库，在封闭环境下完成装车，然后载往分拨中心。然后，多温联运的中转车会将产品送至配备冷链设施的各个配送站点，等待生鲜配送员取货，完成最后的送货上门。为了保证产品在最后的配送环节不脱冷，沱沱工社自己改装设计了一款冷藏三轮车，这款特制的电动车厢体内壁可放置最多9个蓄冷剂。借助车辆本身的保温效果和产品包装内的冰袋或蓄冷剂，能为"最后一公里"上个双保险。

在沱沱工社位于北京顺义的仓储中心，有冷冻、冷藏、恒温和常温4个不同温区，对应的温度分别为：-23~-18℃（存放冻肉、水产）、0~4℃（存放水果、蔬菜、乳制品）、5~10℃（存放蛋类、巧克力等）和25℃以下（粮、油等预包装食品）。此外，沱沱工社还即将上马"全程新鲜度管理系统"，通过网络为顾客提供商品的在途状态及在途温度。全程冷链及其背后的供应链管理系统，使得沱沱工社产品年均损耗率降至5%以内，接近美国、加拿大和日本等农业发达国家的水平。自建冷库、自营配送、人工、车辆和设备等尽管令沱沱工社每单的物流成本从50多元降至30多元，但这在行业内仍然很高。事实上，巨大的投入让全程冷链成了生鲜电商发展的最大障碍。在业内，实施标准的全程冷链的企业非常少，"断链"往往是我国冷链的常态。李万秋给本刊记者算了一笔账：仅就路途运输环节，以一辆载重8t的东风冷藏车为例，冷链运输蔬菜的冷藏车温度需要保持在1~5℃，如果全程控温，每100km比不开冷机多消耗5L汽油，折算成当前油价，约30元。如果再加上建设预冷库、购买冷藏及保温车的固定资产投入，就会比普通物流成本高出1倍以上。

中国物流与采购联合会冷链物流专业委员会秘书长秦玉鸣坦言，成本问题更重要的还是我国居民的收入水平不高,民众不愿意为冷链产生的附加成本埋单。"在中国,民众对产品价格的敏感度,要远远高于对质量的敏感度。"秦玉鸣对《瞭望东方周刊》表示。

也有业内人士认为,不应该完全用西方国家的标准来衡量我国的冷链行业。"一些附加值很低而又对温度不太敏感的商品,短期内很难实现全程冷链。"秦玉鸣表示。

北京众德物流研究所所长、中国食品工业协会冷链专家李万秋则认为,我国有很多"土"方法,虽然不及冷藏车,但也能解决一些问题,同时还可以降低运输成本。"例如,在果蔬运输的过程中,不一定要用冷藏车。与肉制品、奶制品和冷冻食品不同,果蔬对温度相对不敏感,而且稍有变质,颜色就会发生变化,很容易被消费者察觉,不会造成食品安全隐患。更重要的是,由于产品附加值低,果蔬的生产地很少有预冷设施。在源头没有预冷的情况下,如果后面的运输使用冷藏保温车,反而会导致更多蔬菜更快地变质腐坏。"李万秋说。据他介绍,蔬菜装车时一般都会留有专门的散热通道。这样,车辆从南方一路往北,刚上路时,南方温度高,车辆在行驶中带起的自然风,将蔬菜自身的热量慢慢散尽。到了北方,随着温度的降低,再蒙上帆布、棉被等进行保温。"从上海到北京,大概需要24h,这种方法可以将蔬菜的温度变化控制在1℃左右。"李万秋说。他还透露,目前北京市场上80%~90%的哈密瓜都是普通车运输过来的。为了保证哈密瓜不腐坏,一般在其六成熟时就完成采摘,然后运往北京。这也是大部分哈密瓜看着熟了口感却不十分好的原因。而冷藏车运输的瓜果一般是九成熟时采摘,口感自然要好一些。当然,同样是从新疆运送20t的哈密瓜到北京,冷藏保温车运输的成本是3.5万~4万元,而普通车运输只需要1.5万元,节省了一半多。(案例来源:刘砚青.冷链遇冷.瞭望东方周刊.2015年11月19日.)

问题:
1. 沱沱工社是如何实现全程冷链的?
2. 你认为生鲜食品需要全程冷链吗?

第二节 生鲜食品的冷却技术

一、生鲜食品冷却的目的

冷却是对水果、蔬菜等植物性食品进行冷加工的常用方法。采收后的水果、蔬菜等植物性食品仍是有生命的有机体,在储藏过程中还在进行呼吸作用,放出的呼吸热如果不能及时排出会使其温度升高而加快衰老过程。因此,水果、蔬菜自采收起就应及时进行冷却,以除去田间热和呼吸热,并降低其呼吸作用,从而延长其储藏期。例如,对于草莓、葡萄、樱桃、生菜和胡萝卜等品种,采摘后早一天冷却处理,往往可以延长储藏期半个月至一个月。但是,马铃薯、洋葱等品种由于收获前生长在地下,收获时容易破皮、碰伤,因此需要在常温下进行愈伤呼吸,养好伤后再进行冷却储藏。值得注意的是,果蔬类植物性食品的冷却温度不能低于发生冷害的临界温度,否则会破坏果蔬正常的生理机能,出现冷害。

冷却也是短期保存肉类的有效手段。国内外受到广泛关注的冷鲜肉又叫冷却肉、排酸肉、冰鲜肉，准确地说应该叫"冷却排酸肉"，就是严格执行兽医检疫制度，对屠宰后的畜胴体迅速进行冷却处理，使胴体温度（以后腿肉中心为测量点）在24h内降为0~4℃，并在后续加工、流通和销售过程中始终保持0~4℃的生鲜肉。由于始终处于低温控制下，酶的活性和大多数微生物的生长繁殖被抑制，肉毒梭菌和金黄色葡萄球菌等病原菌分泌毒素的速度大大降低。另外，冷鲜肉经历了较为充分的成熟过程，质地柔软有弹性，汁液流失少，口感好，滋味鲜美。同时，冷鲜肉在冷却环境下表面形成一层干油膜，不仅能够减少肉体内部水分蒸发，使肉质柔软多汁，而且可阻止微生物的侵入和繁殖，延长肉的保藏期限。冷鲜肉的保质期可达一星期以上。而一般热鲜肉的保质期只有1~2天。再者，经过冷却"后熟"以后，冷鲜肉肌肉中肌原纤维的连接结构会变得脆弱并断裂成小片断，会使肉的嫩度增加，肉质得到改善。如果想长期储藏，必须把肉类冻结，使温度降到-18℃或以下，才能有效地抑制酶、非酶物质及微生物的作用。另外，冷却肉与冻结肉相比较，由于没有经过冻结过程中水变成冰晶和解冻过程中冰晶融化成水的过程，因此在品质各方面更接近于新鲜肉，因而更受消费者的欢迎。发达国家的超级市场里基本上都是冷鲜肉，甚至提出不吃冻结肉的观点。随着消费者对食品安全和质量的重视，我国肉类行业也存在着由低温肉制品和冷鲜肉取代传统生鲜肉的消费趋势。我国少数大型肉类加工企业已经觉醒，如双汇、金锣等已经开设肉类连锁店，大批量生产并销售冷鲜肉。冷鲜肉经济、实惠、方便，深受消费者的欢迎，有放心肉之称，市场反应强烈，发展势头迅猛。

二、生鲜食品冷却的方法与装置

生鲜食品的冷却方法有真空冷却、差压式冷却、通风冷却、冷水冷却和碎冰冷却等。根据生鲜食品的种类及冷却要求的不同，可以选择合适的冷却方法。表5-5是几种冷却方法的一般使用对象。

表5-5　几种冷却方法的一般使用对象

冷却方法 \ 品种	肉	禽	蛋	鱼	水果	蔬菜
真空冷却				●	●	●
差压式冷却	●	●			●	●
通风冷却	●	●	●		●	
冷水冷却				●		
碎冰冷却		●		●	●	

1. 真空冷却的原理与设备

真空冷却又名减压冷却，是通过制造低压环境强迫水分从食品表面和内部快速蒸发以获取冷量的一种快速制冷技术。它的原理是水在不同压力下有不同的沸点，如在正常的101.3kPa下，水在100℃沸腾，当压力为0.66kPa时，水在1℃就沸腾。生鲜食品中的水在沸腾汽化时会吸收热量，从而达到冷却的目的。标准的真空冷却过程为：①把食品放进真空室，关上真空室的门并开启真空泵；②当压力达到与食品初始温度对应的饱和压力时（闪点），水分开始快速蒸发，并吸收大量热量使得食品迅速被冷却。闪点之

第五章 冷链加工与包装

前的制冷量很小,通常被忽略;③当真空室压力降到终压并维持一段时间之后,食品的最高温部分达到目标温度,真空冷却过程结束。

真空冷却不仅仅适用于生菜、蘑菇、卷心菜和菠菜等蔬菜,也适用于切花、烘焙食品、米饭、小块熟肉和水产品。近年来,茶叶蛋、豆腐、草莓、水果切片、面制品和水煮汤圆等生产商也都尝试着将真空冷却技术作为冷却替代技术之一。收获后的蔬菜经挑选、整理,装入打孔的塑料箱内,然后推入真空槽,关闭槽门,开动真空泵和制冷机。当真空槽内压力下降至 0.66kPa 时,水在 1℃ 下沸腾,需吸收约 2496kJ/kg 的热量,大量的汽化热使蔬菜本身的温度迅速下降到 1℃。因冷却速度快,水分汽化量仅为 2% ~ 4%,所以不会影响到蔬菜新鲜饱满的外观。真空冷却是蔬菜的各种冷却方式中冷却速度最快的一种。冷却时间虽然因蔬菜的种类不同稍有差异,但一般用真空冷却设备需 20 ~ 30min;差压式冷却装置需 4 ~ 6h;通风冷却装置约需 12h;冷藏库冷却需 15 ~ 24h。真空冷却设备具有冷却速度快、冷却均匀、产品品质高、保鲜期长、损耗小、干净卫生、操作方便、可包装后冷却等优点,但也存在设备初次投资大、运行费用高等缺点。

真空冷却设备的核心部件是真空室和真空泵。图 5-2 为真空快速冷却设备。

图 5-2 真空快速冷却设备

(资料来源:青岛环速科技有限公司真空快速冷却机,https://www.chinahuansu.com/lqjgs/。)

2. 空气冷却方式及其装置

真空冷却设备对表面水分容易蒸发的叶菜类,以及部分根菜和水果可发挥较好的作用,但对难以蒸发水分的苹果、胡萝卜等水果、根菜及禽、蛋等食品就不能发挥作用了。这些食品的冷却需要利用空气冷却及后面介绍的冷水冷却等。空气冷却的方式主要有以下三种:

(1) 冷藏间冷却 冷藏间冷却是指将需要冷却的食品放在冷却物冷藏库内预冷却,也称室内冷却。这种冷却主要以冷藏为目的,库内由自然对流或小风量风机送风。此种冷却方式操作简单,但存在冷却速度慢及冷却对象有限的缺点。这种方法一般只限于处理苹果和梨等产品,对易腐和成分变化快的水果、蔬菜则不适合。冷藏间冷却生鲜食品时,冷却与冷藏同时进行。

(2) 通风冷却 通风冷却又称空气加压式冷却。它与自然冷却的区别是配置了较大风量、风压的风机,所以又称为强制通风冷却。这种冷却方式的冷却速率比冷藏间冷却高,但不及差压式冷却。

(3) 差压式冷却 图 5-3 为差压式冷却装置。将食品放在出风口两侧,并铺上盖

冷链物流管理

布，使高、低压端形成 2~4kPa 压差，利用这个压差，使 -5~10℃ 的冷风以 0.3~0.5m/s 的速度通过箱体上开设的通风孔，顺利地在箱体内流动，用此冷风进行冷却。根据食品种类的不同，差压式冷却一般需 4~6h，有的可在 2h 左右完成。一般最大冷却能力为货物占地面积 70m^2，若大于该值，可对储藏空间进行分隔，在每个小空间设出气口。

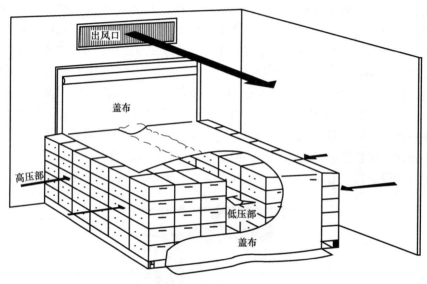

图 5-3　差压式冷却装置

差压式冷却具有能耗小、冷却速度快（相对于其他空气冷却方式）、冷却均匀、可冷却的品种多、易于由强制通风冷却改建而成的优点。但它也有食品干耗较大、货物堆放（通风口要求对齐）麻烦、冷库利用率低的缺点。

3. 冷水冷却及其设备

冷水冷却是指用 0~3℃ 的低温水作为冷媒，把被冷却食品冷却到要求温度。水和空气相比热容量大，冷却效果好。冷水冷却设备一般有三种类型：喷水式、浸渍式和混合式。

喷水式冷水冷却设备如图 5-4 所示。它主要由冷却水槽、传送带、冷却隧道、水泵

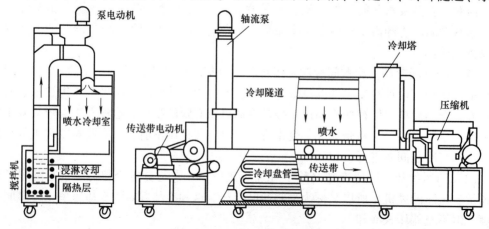

图 5-4　喷水式冷水冷却设备

第五章　冷链加工与包装

和制冷系统等组成。在冷却水槽内设冷却盘管，由压缩机制冷，使盘管周围的水部分结冰，因而冷却水槽中是冰水混合物，泵将冷却的水抽到冷却隧道的顶部，被冷却食品则从冷却隧道的传送带上通过，冷却水从上向下喷淋到食品表面。冷却室顶部的冷水喷头，根据食品不同而大小不同：对耐压产品，喷头孔较大，为喷淋式；对较柔软的品种，喷头孔较小，为喷雾式，以免由于水的冲击造成食品损坏。

关于浸渍式冷却设备，一般在冷水槽底部有冷却排管，上部有放冷却食品的传送带。将欲冷却食品放入冷却槽中浸没，靠传送带在槽中移动，经冷却后输出。冷水冷却设备适用于家禽、鱼、蔬菜、水果的冷却，冷却速度较快，无干耗。但若冷水被污染，就会通过冷水介质传染给其他食品，影响食品的冷却质量。

4. 碎冰冷却

冰是一种很好的冷却介质，冰融化成水要吸收 334kJ/kg 的相变潜热。用碎冰冷却生鲜食品时，碎冰与生鲜食品直接接触，冰在融化时从生鲜食品中吸收热量而使生鲜食品冷却。碎冰冷却主要用于鱼的冷却，此外它也可以用于水果、蔬菜等的冷却。图 5-5 是蔬菜的冰藏法。鱼类的冰藏法如图 5-6 所示。此方法操作简单、成本低，但冷却速度较慢。为了提高碎冰冷却的效果，应使冰尽量细碎，以增加冰与被冷却食品的接触面积。碎冰冷却中可以用淡水冰，也可以用海水冰，不过用海水冰冷却鱼类比淡水冰好，因海水冰的熔点比淡水冰低（-1℃），并有较强的抑制酶活性的作用，用海水冰保藏的鱼类可不失去天然色泽和硬度。海水冰可在渔船出海过程中在船上自行产生，有片状、柱状和雪花状等多种。用冰冷却的鱼不能长期保藏，一般只储藏 8～10 天，最多不超过 13～14 天。用防腐冰或抗生素冰可延长冷却鱼的储藏期。例如，用次氯酸钠冰冷却鱼，可保藏 17～18 天，但这类添加物不可随意添加。

图 5-5　蔬菜的冰藏法

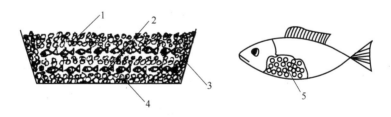

图 5-6　鱼类的冰藏法
1—盖冰　2—添冰　3—堆冰　4—垫冰　5—抱冰

三、生鲜食品冷却时的变化

（一）水分蒸发（干耗）

食品在冷却时，不仅食品的温度下降，而且食品中汁液的浓度会有所增加，同时食品表面水分蒸发，出现干燥现象。当食品中的水分减少后，不但造成质量损失（俗称干耗），而且使植物性食品失去新鲜饱满的外观，当减重达到 5% 时，水果、蔬菜会出现

冷链物流管理

明显的凋萎现象。肉类食品在冷却储藏中也会因水分蒸发而发生干耗，同时肉的表面收缩、硬化，形成干燥皮膜，肉色也有变化。鸡蛋在冷却储藏中，因水分蒸发而造成气室增大，使蛋内组织挤压在一起而造成质量下降。

为了减少水果、蔬菜类食品冷却时的水分蒸发量，要根据它们各自的水分蒸发特性，控制其适宜的湿度、温度及风速。表5-6是根据水分蒸发特性对果蔬类食品进行的分类。

表 5-6 根据水分蒸发特性对果蔬类食品进行的分类

水分蒸发特性	水果、蔬菜的种类
A型（蒸发量小）	苹果、梨、橘子、柿子、西瓜、葡萄（欧洲种）、马铃薯、洋葱
B型（蒸发量中等）	白桃、李子、无花果、番茄、甜瓜、莴苣、萝卜
C型（蒸发量大）	樱桃、杨梅、葡萄（美国种）、叶菜类、蘑菇、龙须菜

冷却储藏中肉胴体的干耗见表5-7。肉类水分蒸发的量与冷却室内的温度、湿度及气体流速有密切关系，还与肉的种类、单位质量表面积的大小、表面形状和脂肪含量等有关。

表 5-7 冷却储藏中肉胴体的干耗（%）

时间	牛	小牛	羊	猪
12h	2.0	2.0	2.0	1.0
24h	2.5	2.5	2.5	2.0
36h	3.0	3.0	3.0	2.5
48h	3.5	3.5	3.5	3.0
8天	4.0	4.0	4.5	4.0
14天	4.5	4.6	5.0	5.0

注：室内温度为1℃，相对湿度为80%~90%，气体流速为0.2m/s。

（二）冷害

在冷却储藏时，有些水果、蔬菜的品温虽然在冻结点以上，但当储藏温度低于某一界限温度时，果蔬正常的生理机能遇到障碍，失去平衡，这称为冷害。冷害症状随品种的不同而各不相同，最明显的症状是表皮出现软化斑点和核周围肉质变色，如西瓜表面凹斑、鸭梨的黑心病和马铃薯的发甜等。表5-8列举了一些水果、蔬菜发生冷害的界限温度与症状。

表 5-8 水果、蔬菜发生冷害的界限温度与症状

种类	界限温度/℃	症状
香蕉	11.7~13.8	果皮发黑，催熟不良
西瓜	4.4	凹斑，风味异常
黄瓜	7.2	凹斑，水浸状斑点，腐败
茄子	7.2	表皮变色，腐败
马铃薯	4.4	发甜，褐变
番茄（熟）	7.2~10	软化，腐烂
番茄（生）	12.3~13.9	催熟果颜色不好，腐烂

第五章　冷链加工与包装

另有一些水果、蔬菜，在外观上看不出冷害的症状，但冷藏后再放到常温中，就丧失了正常的促进成熟的能力，这也是冷害的一种。例如，如果将香蕉放入低于11.7℃的冷藏室内一段时间，拿出冷藏室后表皮变黑成腐烂状，俗称"见风黑"，而生香蕉的成熟作用能力则已完全失去。一般来讲，产地在热带、亚热带的果蔬容易发生冷害。必须强调的是，需要在低于界限温度的环境中放置一段时间后冷害才能显现。症状出现最早的品种是香蕉，而像黄瓜、茄子一般则需要10~14天的时间。

(三) 移臭（串味）

有强烈香味或臭味的食品，与其他食品放在一起冷却储藏，其香味或臭味就会传给其他食品。这样，食品原有的风味就会发生变化，使品质下降。有时，一间冷藏室内放过具有强烈气味的物质后，在室内留下的强烈气味会串给接下来放入的食品。要避免上述两种情况，就要求在管理上做到专库专用，或者在一种食品出库后严格消毒和除味。另外，冷藏库还具有一些特有的臭味，俗称冷臭，这种冷臭也会串给冷却食品。

(四) 生理作用

水果、蔬菜在收获后仍是有生命的活体，为了运输和储藏的便利，一般在尚未完全成熟时收获，因此收获后有一个后熟过程。在冷却储藏过程中，如果条件合适，水果、蔬菜的后熟作用仍能继续进行，体内所含的成分也不断发生变化。例如，淀粉和糖的比例变化、糖和酸的比例变化、果胶物质的变化及维生素C的减少等，还可看到香味、颜色、硬度的变化。

(五) 成熟作用

刚屠宰的动物的肉是柔软的，并具有很高的持水性，经过一段时间放置后，就会进入僵硬阶段，此时肉质变得粗硬，持水性也大大降低。继续延长放置时间，肉就会进入解僵阶段，此时肉质又变软，持水性也有所恢复。进一步放置，肉质就进一步柔软，口味、风味也有极大的改善，达到了最佳食用状态。这一系列变化是肉内进行的一系列生物化学变化和物理化学变化的结果。由于这一系列的变化，肉变得柔嫩，并具有特殊的鲜、香风味。肉的这种变化过程称为肉的成熟。这是一种受人欢迎的变化。由于动物种类的不同，成熟作用的效果也不同。对猪、家禽等肉质原来就较柔嫩的品种来讲，成熟作用不十分重要，但对牛、绵羊、野禽等，成熟作用就十分重要，它对肉质的软化与风味的增加有显著的效果，提高了它们的商品价值。但是，必须指出的是，成熟过程如果进行得太过的话，肉质就会进入腐败阶段，一旦进入腐败阶段，肉类的商品价值就会下降甚至丧失。

(六) 脂类的变化

冷却储藏过程中，食品中所含的油脂会发生水解、脂肪酸的氧化、聚合等复杂的变化，其反应生成的低级醛、酮类物质会使食品的风味变差、味道恶化，使食品出现变色、酸败和发黏等现象。这种变化进行得非常严重时，就被人们称为"油烧"。

(七) 淀粉老化

普通淀粉大致由20%的直链淀粉和80%的支链淀粉构成，这两种成分形成微小的结晶，这种结晶的淀粉叫β-淀粉。淀粉在适当温度下，在水中溶胀分裂形成均匀的糊状溶液，这种作用叫糊化作用。糊化作用实质上是把淀粉分子间的氢键断开，水分子与淀粉形成氢键，形成胶体溶液。糊化的淀粉又称为α-淀粉。食品中的淀粉是以α-淀粉

冷链物流管理

的形式存在的,但是在接近0℃的低温范围内,糊化了的α-淀粉分子又自动排列成序,形成致密的高度晶化的不溶性淀粉分子,迅速出现了淀粉的β化,这就是淀粉的老化。老化的淀粉不易为淀粉酶作用,所以也不易被人体消化吸收。水分含量在30%~60%的淀粉最易老化,含水量在10%以下的干燥状态及在大量水中的淀粉都不易老化。

淀粉老化作用的最适温度是2~4℃。例如,面包在冷却储藏时淀粉迅速老化,味道就变得很不好吃。又如,土豆放在冷藏陈列柜中储存时,也会有淀粉老化的现象发生。当储存温度低于-20℃或高于60℃时,均不会发生淀粉老化现象。

(八) 微生物增殖

食品中的微生物若按温度划分可分为低温细菌、中温细菌和高温细菌,其增殖的温度范围参见表5-9。在冷却、冷藏状态下,微生物特别是低温微生物,它的繁殖和分解作用并没有被充分抑制,只是速度变得缓慢了一些,其总量还是增加的,如时间较长,就会使食品发生腐败。

表5-9 细菌增殖的温度范围

类别	最低温度/℃	最适温度/℃	最高温度/℃
低温细菌	-5~5	20~30	35~45
中温细菌	10~15	35~40	40~50
高温细菌	35~40	55~60	65~75

低温细菌在0℃以下繁殖变得缓慢,但如果要它们停止繁殖,一般来说温度要降到-10℃以下。对于个别低温细菌,在-40℃的低温下仍有繁殖现象。

(九) 寒冷收缩

宰后的牛肉在短时间内快速冷却,肌肉会发生显著收缩,以后即使经过成熟过程,肉质也不会十分软化,影响品质,这种现象叫寒冷收缩。一般来说,快速冷却容易发生寒冷收缩,如牛肉、羊肉就很明显。一般来说,宰后10h内,肉温降到8℃以下,容易发生寒冷收缩现象。但这温度与时间并不固定,成牛与小牛,或者同一头牛的不同部位的肉都有差异。例如,成牛的肉温低于8℃,而小牛的肉温则低于4℃。按照过去的概念,肉类宰杀后要迅速冷却,但近年来由于冷却肉的销售量不断扩大,为了避免寒冷收缩的发生,国际上正研究不引起寒冷收缩的冷却方法。

◇知识窗

果蔬冷库干雾控湿保鲜技术

苏州大福食品公司与中科院华南植物园、南京农业大学等单位合作研发出的干雾控湿生物保鲜技术,在果蔬保鲜和降低储藏成本方面具有良好效果,其"干雾"系统既能保持高湿度,又能防止高湿度引起的落水、滴水现象,因而可保证果蔬的重量和新鲜品质。

该冷库干雾控湿保鲜系统由三部分组成:计算机控制终端、湿度调节感应系统和干雾喷雾器。计算机控制终端用于设定储藏所需的温度、湿度、干雾喷射时长与间隔等参数,具体依据客户需求而定,可记录湿度水平和干雾喷洒记录,以图表或表格方式呈现在显示屏上。湿度调节感应系统置于冷藏室内,用于感应室内湿度是否达标。湿度调节感应系统通过光纤技术,可控制高达95%~98%的相对湿度,一般来说,在如此高湿度条件下，其他湿度计会停止工作。比起一般湿度感应器，干雾控湿技术所使用的湿度计更精确、更可靠，完全受室外计算机控制，在密封的气调室内跟踪湿度水平：每4min为一个跟踪周期。干雾喷雾器通过压缩空气来产生"干雾"，干雾是极微小的水滴，其大小不超过10μm。这种小水滴在到达地面前，就已蒸发、进入空气。喷雾器将汽化水珠喷入空气中，以降低植物的蒸发速度。这些植物的表面依旧干燥，其水分被锁定在果蔬内部。干雾喷雾器1.5mm的大孔径不会像针眼喷雾器那样存在堵塞问题，并且喷雾器内没有可活动的零件，因而不会发生内部损坏无法维修的问题。空气压缩机可放在储藏室里面或外面，以保证其适宜的气调混合性。

精确的控湿技术是保证冷库中的果蔬产品品质新鲜的关键。一般的制冷系统会除去储藏室空气中的水分，但干燥的空气会加剧果蔬的蒸发和失水速度，导致果蔬等产品失重、经济价值降低。例如，土豆在储藏过程中，若不增加湿度，半年后，将损失10%~12%的重量。而干雾控湿保鲜系统可在果蔬表面不落水的前提下，将失重率降至2%。该控制系统可将相对湿度控制在95%~98%，并保证其新鲜品质。而仅凭通常的蒸发冷却和喷洒设施、统一遮盖措施，无法达到这一水平。

该保鲜技术可用在土豆、甜薯、胡萝卜、洋葱，以及猕猴桃和荔枝等多种果蔬产品的保鲜储藏过程中。其干雾喷射系统可安装在开放的流通室中，用箱子、袋子或大体积的容器盛放果蔬。系统的模块设计适用于各种型号的储藏室，很多储藏室可直接安装这种保鲜设备，改装费用很低。除具有上述优点外，果蔬冷库干雾控湿保鲜技术还可达到提升堆积高度、用作喷洒设施、防止冷冻结冰及保证商品市场价格的效果。（案例来源：中国食品报.2014年3月5日.）

第三节　生鲜食品的冻结技术

一、生鲜食品冻结的目的

生鲜食品冻结的目的是移去生鲜食品中的显热和潜热，在规定的时间内将生鲜食品的温度降到冻结点以下，使生鲜食品中的可冻水分全部冻结成冰。达到冻结终了温度后，生鲜食品送往冻结物冷藏间储藏。因为生鲜食品可近似看作溶液，而溶液在冻结的过程中，随着固相冰不断析出，剩余液相溶液的浓度不断升高，冻结点不断下降，其完全冻结温度远低于0℃。

对于生鲜食品材料，因含有许多成分，冻结过程从最高冻结温度（或称初始冻结温度）开始，在较宽的温度范围内不断进行，一般至-40℃才完全冻结（个别生鲜食品到-95℃还没有完全冻结）。目前，国际上推荐的冻结温度一般为-18℃或-40℃。冻结生鲜食品中微生物的生命活动及酶的生化作用均受到抑制，水分活度下降，冷冻生鲜食品可以做长期储藏。

生鲜食品在冻结过程中所含水分要结冰，鱼、肉、禽等动物性食品若不经前处理直接冻结，解冻后的感官品质变化不大，但水果、蔬菜类植物性食品若不经前处理直接冻结，解冻后的感官品质就会明显恶化。所以，蔬菜冻前需进行烫漂，水果要进行加糖或糖液等前处理后再去冻结。如何把食品冻结过程中水变成冰结晶及低温造成的影响降到最低，是冻结技术的关键。

二、生鲜食品冻结的方法与装置

（一）生鲜食品的冻结方法

1. 冻结的基本方式

按生鲜食品在冷却、冻结过程中放出的热量被冷却介质（气体、液体或固体）带走的方式进行分类，冻结方式有以下几种：

（1）鼓风式冻结　鼓风式冻结是用空气作为冷却介质，使其强制循环以冻结生鲜食品的方法。鼓风式冻结是目前应用最广泛的一种冻结方法。由于空气的表面传热系数较小，在静止空气中冻结的速度很慢，故工业生产中已不大采用。增大风速，能使冻品表面传热系数增大，这样冻结速度可加快。

（2）接触式冻结　接触式冻结的特点是将被冻食品放置在两块金属平板之间，依靠导热来降低食品温度。因为金属的热导率比空气的表面传热系数大数十倍，所以接触式冻结法的冻结速度快。它主要适用于冻结块状或规则形状的食品。

（3）半接触式冻结　半接触式冻结法主要是指被冻生鲜食品的下部与金属板直接接触，靠导热传递热量。上部由空气强制循环，进行对流换热，加快食品冻结。

（4）液化气体喷淋冻结　液化气体喷淋冻结又称深冷冻结。这种冻结方法的主要特点是将液氮或液态二氧化碳直接喷淋在食品表面进行急速冻结。用液氮或液态二氧化碳冻结生鲜食品时，其冻结速度很快，冻品质量也高，但要注意防止生鲜食品的冻裂。

（5）沉浸式冻结　沉浸式冻结的主要特点是将被冻生鲜食品直接沉浸在不冻液（盐水、乙二醇、丙二醇、酒精溶液或糖溶液）中进行冻结。由于液体的表面传热系数比空气的大几十倍，故沉浸式冻结法的冻结速度快，但不冻液需要满足食品卫生要求。

2. 快速冻结与慢速冻结

国际制冷学会对食品冻结速度的定义做了如下规定：食品表面至热中心点的最短距离与食品表面温度达到0℃后，食品热中心点的温度降至比冻结点低10℃所需时间之比，称为该食品的冻结速度 v（cm/h）。

快速冻结 $v \geq 5 \sim 20$ cm/h。

中速冻结 $v = 1 \sim 5$ cm/h。

慢速冻结 $v = 0.1 \sim 1$ cm/h。

目前国内使用的各种冻结装置，由于性能不同，冻结速度差别很大。一般鼓风式冻结装置的冻结速度为 $0.5 \sim 3$ cm/h，属中速冻结；流态化冻结装置的冻结速度为 $5 \sim 10$ cm/h，液氮冻结装置的冻结速度为 $10 \sim 100$ cm/h，属快速冻结装置。

（二）生鲜食品的冻结装置

1. 鼓风式冻结装置

鼓风式冻结装置发展很快、应用很广，有间歇式、半连续式、连续式三种基本形式。在气流组织、冻品的输送传递方式上均有不同的特点与要求，因此就有不同类型的冻结装置。下面介绍几种连续式鼓风冻结装置。

（1）流态化冻结装置　流态化冻结的主要特点是将被冻食品放在开孔率较小的网

第五章 冷链加工与包装

带或多孔槽板上,高速冷空气流自下而上流过网带或槽板,将被冻食品吹起呈悬浮状态,使固态被冻食品具有类似于流体的某些表现特性。在这样的条件下进行冻结,称为流态化冻结。

流态化冻结的主要优点为:换热效果好,冻结速度快,冻结时间短;冻品脱水损失少,冻品质量高;可实现单体快速冻结(IQF),冻品相互不粘结;可进行连续化冻结生产。

按机械传送方式的不同,流态化冻结装置可分为以下三种基本类型:

1) 带式(不锈钢网带或塑料带)流态化冻结装置。这是一种使用最广泛的流态化冻结装置,大多采用两段式结构,即被冻食品分成两区段进行冻结。第一区段主要为食品表层冻结段,使被冻食品进行快速冷却,将表层温度很快降到冻结点并冻结,使颗粒间或颗粒与传送带间呈离散状态,彼此互不黏结;第二区段为冻结段,将被冻食品冻结至热中心温度为 $-18 \sim -15$℃。带式流态化冻结装置具有变频调速装置,对网带的传递速度进行无级调速。蒸发器多数为铝合金管与铝翅片组成的变片距结构,风机为离心式或轴流式(风压较大,一般在490Pa左右)。这种冻结装置还附有振动滤水器、斗式提升机和布料装置、网带清洗器等设备。带式流态化冻结装置如图5-7所示。冻结能力为 $1 \sim 5t/h$。

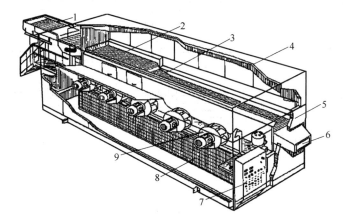

图5-7 带式流态化冻结装置
1—振动布料进冻口 2—表层冻结段 3—冻结段 4—隔热箱体 5—网带传动电动机
6—出冻口 7—电控柜及显示器 8—蒸发器 9—离心式风机

2) 振动式流态冻结装置。这种冻结装置的特点是被冻食品在冻品槽(底部为多孔不锈钢板)内,由连杆机构带动做水平往复式振动,以增加流化效果。图5-8为瑞典某公司生产的MA型往复振动式流态冻结装置。它具有气流脉动机构,由电动机带动的旋转式风门组成,按一定的速度旋转,使通过流化床和蒸发器的气流流量不断增减,搅动被冻食品层,从而更有效地冻结各种软嫩和易碎食品。风门的旋转速度是可调的,可调节至各种被冻食品的最佳脉动旁通气流量。

3) 斜槽式(固定板式)流态冻结装置。斜槽式(固定板式)流态冻结装置如图5-9所示,其特点是无传送带或振动筛等传动机构,主体部分为一块固定的多孔底板(称为槽),槽的进口稍高于出口,被冻食品在槽内依靠上吹的高速冷气流降温,并借助于具有一定倾斜角的槽体,向出料口流动。料层高度可由出料口的导流板进行调节,以控制冻结时间和冻结能力。这种冻结装置具有构造简单、成本低、冻结速度快、流化

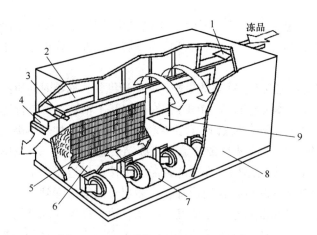

图 5-8 MA 型往复振动式流态冻结装置
1—布料振动器 2—冻品槽 3—出料挡板 4—出冻口 5—蒸发器
6—静压箱 7—离心式风机 8—隔热箱体 9—观察台

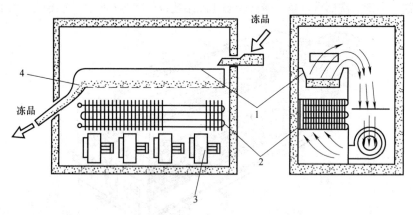

图 5-9 斜槽式（固定板式）流态冻结装置
1—斜槽 2—蒸发器 3—离心式风机 4—出料挡板

质量好和冻品温度均匀等特点。在蒸发温度为 -40℃ 以下、垂直向上风速为 6~8m/s、冻品间风速为 1.5~5m/s 时，冻结时间为 5~10min。这种冻结装置的主要缺点是：风机功率大，风压高（一般在 980~1370Pa），冻结能力较小。

（2）钢带连续式冻结装置　钢带连续式冻结装置是在连续式隧道冻结装置的基础上发展起来的，如图 5-10 所示。钢带连续式冻结装置换热效果好。被冻食品的下部与钢带直接接触进行导热换热，上部为强制空气对流换热，故冻结速度快。在空气温度为 -35~-30℃ 时，冻结时间随冻品的种类、厚度不同而异，一般在 8~40min。为了提高冻结速度，在钢带的下面加设一块铝合金平板蒸发器（与钢带相紧贴），这样换热效果比单独使用钢带要好，但安装时必须注意钢带与平板蒸发器的紧密接触。

另一种结构形式是用不冻液（常用氯化钙水溶液）在钢带下面喷淋冷却，代替平板蒸发器。这种形式虽然可起到接触式导热的效果，但是不冻液盐水系统需增加盐水蒸发器、盐水泵、管道和喷嘴等许多设备，同时需要解决盐水对设备的腐蚀问题。

由于网带或钢带传动的连续冻结装置占地面积大，人们进一步研究开发出多层传送

第五章　冷链加工与包装

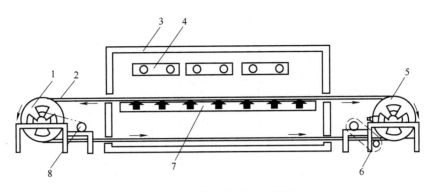

图 5-10　钢带连续式冻结装置
1—主动轮　2—不锈钢传送带　3—隔热外壳　4—空气冷却器　5—从动轮
6—钢带清洗器　7—平板蒸发器　8—调速装置

带的螺旋式冻结装置。这种传送带的运动方向不是水平的，而是沿圆周方向做螺旋式旋转运动，这就避免了水平方向传动因长度太长而造成占地面积大的缺点。

（3）螺旋式冻结装置　螺旋式冻结装置如图 5-11 所示。它主要由转筒、不锈钢网带（传送带）、空气冷却器（蒸发器）、传送带清洗器、变频调速装置和隔热外壳等部件组成。不锈钢网带的一侧紧靠在转筒上，靠摩擦力和转筒的传送力，使网带随着转筒一起运动。网带需专门设计，既可直线运行，也可缠绕在转筒的圆周上，在转筒的带动下做圆周运动。当网带脱离转筒后，依靠链轮带动。因此，即使网带很长，网带的张力也很小，动力消耗不大。网带由变频调速装置进行无级调速。冻结时间可在 20min 至 2.5h 范围内变化，故可适应多种冻品的要求，从食品原料到各种调理食品，都可在螺旋式冻结装置中进行冻结，这是一种发展前途很大的连续冻结装置。

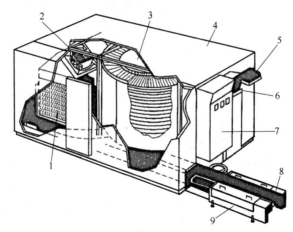

图 5-11　螺旋式冻结装置（单螺旋式结构）
1—蒸发器　2—轴流风机　3—转筒　4—隔热外壳　5—出冻口　6—变频调速装置
7—电器控制箱　8—进冻口　9—传送带清洗器

图 5-11 为单螺旋式结构，若不锈钢网带（传送带）很长，冻结装置将很高，操作不方便，并且冻品出冻时容易造成机械损伤。针对这个问题后来开发出了如图 5-12 所示的双螺旋式冻结装置，使冻品进、出时均处于相同水平位置，克服了上述缺点。

图 5-13 为双螺旋式冻结装置的实物示意图。

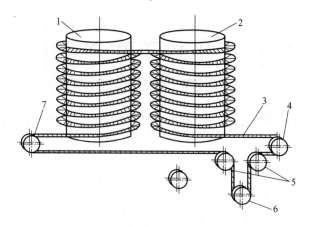

图 5-12　双螺旋式冻结装置的结构

1—上升转筒　2—下降转筒　3—不锈钢网带（传送带）　4、7—出冻链轮　5—固定轮　6—张紧轮

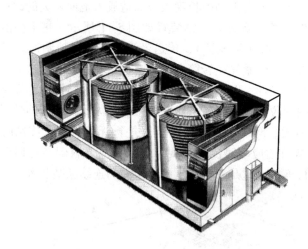

图 5-13　双螺旋式冻结装置实物示意图

（4）气流上下冲击式冻结装置　气流上下冲击式冻结装置如图 5-14 所示。它是连续式隧道冻结装置的一种最新型式，因其在气流组织上的特点而得名。在这种冻结装置中，由空气冷却器吹出的高速冷空气分别进入上下两个静压箱。在静压箱内，气流速度降低，由动压转变为静压，并在出口处装有许多喷嘴，气流经喷嘴后又产生高速气流（流速在 30m/s 左右）。此高速气流垂直吹向不锈钢网带上的被冻食品，使其表层很快冷却。被冻食品的上部和下部都能均匀降温，完成快速冻结。这种冻结装置是 20 世纪 90 年代美国约克公

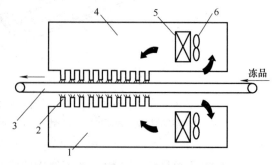

图 5-14　气流上下冲击式冻结装置

1、4—静压箱　2—喷嘴　3—不锈钢网带
5—蒸发器　6—轴流风机

第五章 冷链加工与包装

司开发出来的。我国目前也有类似产品,并且将静压箱出口处设计为条形风道,不用喷嘴,风道出口处的风速可达15m/s。

2. 接触式冻结装置

平板冻结装置是接触式冻结装置中最典型的一种。它由多块铝合金为材料的平板蒸发器组成,平板内有制冷剂循环通道。平板进出口接头由耐压不锈钢软管连接。平板间距的变化由油压系统驱动进行调节,将被冻食品压紧。由于食品与平板间接触紧密,并且铝合金平板具有良好的导热性能,故其传热系数高。当接触压力为 7~30kPa 时,传热系数可达 98~120W/(m^2·K)。

平板冻结装置按平板放置方向分为卧式和立式(主要应用于渔轮等冻结作业)两种基本类型。图5-15和图5-16分别是SKD铝合金平板冻结机的实物示意图和结构图。立式平板冻结装置的结构如图5-17所示。

图 5-15 SKD 铝合金平板冻结机实物示意图

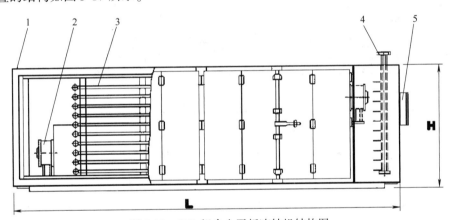

图 5-16 SKD 铝合金平板冻结机结构图

1—保温库板 2—冷库风机 3—铝平板搁架 4—供回集管 5—电控箱

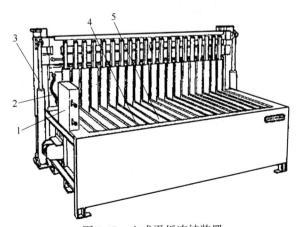

图 5-17 立式平板冻结装置

1—操纵箱 2—制冷剂软管 3—液压升降柱 4—冷冻板 5—冻结区

3. 液氮喷淋冻结装置

与一般的冻结装置相比,液氮或液态二氧化碳冻结装置的冻结温度更低,所以常称为低温或深冷冻结装置。这种冻结装置中,没有制冷循环系统,冻结设备简单、操作方便、维修保养费用低、冻结装置功率消耗很小、冻结速度快(比平板冻结装置快 5～6 倍)、冻品脱水损失少、冻品质量高。液氮喷淋冻结装置的结构如图 5-18 所示。它由三个区段组成,即预冷段、液氮喷淋段和冻结均温段。液氮的汽化潜热为 198.9kJ/kg,比定压热容为 1.034kJ/(kg·K),沸点为 -195.8℃。从沸点到 -20℃ 所吸收的总热量为 383kJ/kg,其中从 -195.8℃ 的氮气升温至 -20℃ 时,吸收的热量为 182kJ/kg,约与汽化潜热相等,这是液氮的一个特点。在实际应用时,这部分冷量不要浪费掉。液氮冻结装置的主要缺点是冻结成本高,约比一般鼓风冻结装置高 4 倍左右,主要是因为液氮的成本较昂贵,液氮的消耗量大。对 50mm 厚的食品,经 10～30min 即可完成冻结,冻结后食品表面温度为 -30℃,热中心温度达 -20℃,一般每千克冻品的液氮消耗量为 0.9～2kg。

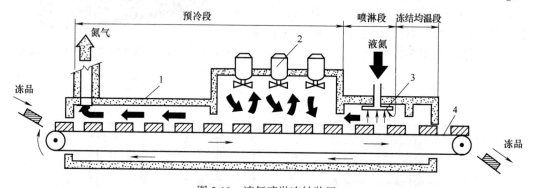

图 5-18 液氮喷淋冻结装置
1—隔热箱体 2—轴流风机 3—液氮喷嘴 4—传送带

还有一种液氮喷淋与空气鼓风相结合的冻结装置,被冻食品先经液氮喷淋,使其表层很快冻结,这样可减少脱水损耗;然后再进入鼓风式冻结装置,完成产品冻结过程。这样的冻结装置,可使冻结能力增大,液氮的消耗量也可减少。

三、新冷冻技术在食品中的应用

1. 被膜包裹冻结技术

被膜包裹冻结技术也叫冰壳冻结技术,其冻结过程包括被膜形成、缓慢冷却、快速冷却和冷却保存四个步骤。该方法具有较多的优点:食品冻结时形成的被膜可以抑制食品膨胀变形;限制冷却速度,形成的冰结晶细微,不会产生大的冰结晶;防止细胞破坏,产品可以自然解冻食用;食品口感好,没有老化现象。

2. 超声冷冻技术

超声冷冻技术是将功率超声技术和食品冷冻相互耦合,利用超声波作用改善食品冷冻过程。其优势在于超声可以强化冷冻过程传热、促进食品冷冻过程的冰结晶、改善冷冻食品品质等方面。超声波作用引发的各种效应,能使边界层减薄,接触面积增大,传热阻滞减弱,有利于提高传热速率,强化传热过程。研究表明,超声波能促进冰结晶的成核和抑制晶体生长。另外,超声冷冻技术仅仅在食品冷冻过程中施加超声波外场能量而无须添加任何添加剂改善品质,符合现代食品工业发展绿色食品的要求。有关超声冷冻技术的应用已有研究报道,如超声对制造冰冻糖果影响的研究表明,超声辐照所产生的冰晶体的粒度明显减少,在固体中分布更均匀,这就使冰冻糖果比常规产品更坚硬,并且使冰冻糖果与木质手柄结合得更牢固,增加了产品在消费者中受欢迎的程度。

3. 高压冷冻技术

利用压力的改变控制食品中水的相变行为,在高压条件(200~400MPa)下,将食品冷却到一定温度,此时水仍不结冰,然后迅速解除压力,在食品内部形成粒度小而均匀的冰晶体,而且冰晶体的体积不会膨胀,能够减少对食品组织内部的损伤,获得能保持原有食品品质的冷冻食品。

4. 冰核活性细菌冻结技术

对生物冰核的研究领域正不断拓宽和深入,已从冰核细菌发展到冰核真菌,目前已报道了4个属11个种冰核真菌,除3种为地衣真菌外,其余8种均属于镰刀菌属。利用冰核细菌辅助冷冻的优势在于:可以提高食品物料中水的冻结点,缩短冷冻时间,节省能源;促进冰晶体的生长,形成较大尺寸的冰晶体,在降低冷冻操作成本的同时,使后续的冰晶体与浓缩物料的分离变得容易;使食品物料在冰晶体上的夹带损失降低,提高了冰晶体的纯度,减少固形物损失。在待冷冻食品物料中添加冰核细菌的冷冻技术,在食品冷冻干燥和果汁冷冻浓缩中已有应用。

5. 生物冷冻蛋白技术

生物冷冻蛋白技术是在食品物料中直接添加胞外生物冷冻蛋白聚体。细菌胞外冷冻蛋白的活性比整个冰核细胞更高,可获得有序的纤维状薄片结构的冰晶体,有效地改善了冷冻食品的质地和提高了冷冻效率。

6. 即时冻结技术

即时冻结是由动磁场与静磁场组合,从壁面释放出微小的能量,使食品中的水分子呈细小且均一化状态,然后将食品从过冷却状态立即降温到-23℃以下而被冻结。采用这种技术处理的食品,由于最大限度地抑制了冰晶体膨胀,食品的细胞组织不被破坏,解冻后能恢复到食品刚制作时的色、香、味和鲜度,并且无液汁流失现象,口感和保水性都得到较好保持。

7. 减压冷冻技术

减压冷冻技术是由真空冷却、低温保存和气体储藏组成,它具有低温和低氧的特点,抑止了微生物生长和呼吸,减少了氧气和二氧化碳对食品的影响(损害)。因此,减压冷冻技术不仅有快速冷冻、延长保藏时间和提高储藏质量的优点,还可以延长食品的货架期。

四、食品冻结时的变化

(一)物理变化

1. 体积膨胀,产生内压

水在4℃时体积最小,因而密度最大,为1000kg/m³。0℃时水结成冰,体积约增加9%,在食品中体积约增加6%。冰的温度每下降1℃,体积收缩0.01%~0.005%。两者相比,膨胀比收缩大得多,所以含水分多的食品冻结时体积会膨胀。食品冻结时,首

冷链物流管理

先是表面水分结冰，然后冰层逐渐向内部延伸，产生的内压称作冻结膨胀压，纯理论计算其数值可高达 8.7MPa。食品越厚，食品的含水量越多，冻结膨胀压越大。当外层受不了这样的压力时就会破裂，逐渐使内压消失。例如，采用 $-196℃$ 的液氮冻结金枪鱼时，由于厚度较大，冻品发生龟裂就是内压造成的。食品厚度大、含水率高、表面温度下降极快时易产生龟裂。另外，压力还可能使内脏的酶类挤出、红细胞崩溃、脂肪向表层移动等，并因红细胞膜破坏，血红蛋白流出，从而加速肉的变色。日本为了防止因冻结内压引起冻品表面的龟裂，采用均温处理的二段冻结方式，先将鱼体降温至中心温度接近冻结点，取出放入 $-15℃$ 的空气或盐水中使鱼体各部位温度趋于均匀，然后再用 $-40℃$ 的氯化钙盐水浸渍或喷淋冻结至终点，可防止鱼体表面龟裂现象的发生。此外，冻结过程中水变成冰结晶后，体积膨胀使体液中溶解的气体从液相中游离出来，加大了食品内部的压力。冻结鳕鱼肉的海绵花，就是由于鳕鱼肉的体液中含有较多的氮气，随着水分冻结的进行成为游离的氮气，其体积迅速膨胀产生的压力将未冻结的水分挤出细胞外，在细胞外形成冰结晶所致。这种细胞外的冻结，使细胞内的蛋白质变性而失去保水能力，解冻后不能复原，成为富含水分并有很多小孔的海绵状肉质。严重的时候，用刀子切开其肉的断面像蜂巢，食味变淡。

2. 比热容

比热容是单位质量的物体温度升高或降低 1K（℃）所吸收或放出的热量。食品的冻结过程是内部水分转变为冰结晶的过程。构成食品的主要物质的热物理性质见表 5-10。由表 5-10 可以看出其中水的比热容是最大的，而食品的比热容大小与食品的含水量有关，因此，含水量多的食品比热容大，含脂量多的食品则比热容小。另外，对一定含水量的食品，冻结点以上比冻结点以下比热容大。比热容大的食品冷却和冻结时需要的冷量大，解冻时需要的热量也多。

3. 热导率

水在生鲜食品中的含量很高，见表 5-10。冰的热导率约为水的 4 倍，其他成分的热导率基本上是一定的。所以当温度下降时，随着冰结晶向食品内部的移动，食品的热导率增大，冻结加快。解冻时随着冰结晶由内向外逐渐融化成水，热导率减小，解冻变慢。此外，食品的热导率还受脂量的影响，含脂量高则热导率小。热导率还与热流方向有关，当热的移动方向与肌肉组织垂直时热导率小；平行时则大。

表 5-10 食品的热物理性质

物 质	密度/(kg/m³)	比热容/[kJ/(kg·K)]	热导率/[W/m·K]
水	1000	4.182	0.60
冰	917	2.11	2.21
蛋白质	1380	2.02	0.20
脂肪	930	2.00	0.18
糖类	1550	1.57	0.25
无机物	2400	1.11	0.33
空气	1.24	1.00	0.025

4. 冰结晶的分布

食品冻结时，冻结速度越快，冰晶体越大。动植物组织是由无数细胞构成的，水分

第五章 冷链加工与包装

存在于细胞内和细胞间隙,或结合、或游离。细胞内的水分与细胞间隙之间的水分由于其所含盐类等物质的浓度不同,冻结点也有差异。当温度降低时,那些和亲水胶体结合较弱或存在于低浓度部分中的水分,主要是处于细胞间隙内的水分,就会首先形成冰晶体。如果快速冻结,细胞内、外几乎同时达到形成冰晶体的温度条件,组织内冰层推进的速度也大于水分移动的速度,食品中冰晶体的分布接近冻前食品中液态水的分布状况,冰晶体呈针状,数量多,体积小,分布均匀。如果缓慢冻结,由于细胞外溶液浓度低,冰晶体首先产生,而此时细胞内的水分仍以液相形式存在,而同温度下水的蒸气压大于冰的蒸气压,在蒸气压差的作用下,细胞内的水分透过细胞膜向细胞外的冰晶体移动,使大部分水冻结于细胞间隙内,这样存在于细胞间隙内的冰晶体就不断增大,形成较大的冰晶体且分布不均匀。冻结速度与冰晶体形状之间的关系见表5-11。由于食品冻结过程中细胞汁液浓缩,引起蛋白质冻结变性,保水能力降低,使细胞膜的透水性增加。缓慢冻结过程中,因晶核形成数量少,冰晶体生长速度快,所以生成大冰晶。图5-19是不同温度下冻结西红柿细胞的状态。

表5-11 冻结速度与冰晶体形状之间的关系

通过$-5 \sim 0{}^\circ\!\mathrm{C}$的时间	冰结晶				冰层推进速度$I/(\mathrm{cm/h})$与冰移动速度$w/(\mathrm{cm/h})$的关系
	位置	形状	大小(直径/μm×长度/μm)	数量	
数秒	细胞内	针状	(1~5)×(5~10)	无数	$I \geqslant w$
1.5min	细胞内	杆状	(0~20)×(20~500)	多数	$I > w$
40min	细胞内	柱状	(50~100)×100以上	少数	$I < w$
90min	细胞外	块粒状	(50~200)×200以上	少数	$I \leqslant w$

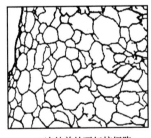
a) 冻结前的西红柿细胞

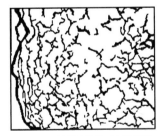
b) $-5{}^\circ\!\mathrm{C}$下缓慢冻结的西红柿细胞

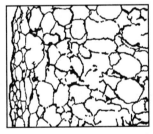
c) $-70{}^\circ\!\mathrm{C}$下快速冻结的西红柿细胞

图5-19 冻结西红柿细胞的状态

冰结晶的分布会影响食品解冻时流失液的多少。食品解冻时,内部冰结晶融化成水,如果这部分水分不能被组织细胞吸收,就会分离出来成为流失液。水分的流出是因为冻结过程中产生冰结晶,食品组织结构受到机械损伤造成的。一般来说,食品冻结速度快,冻藏温度高且波动大,冷藏时间越长,冰结晶就越大,对组织结构造成的机械损伤就越大。损伤严重时,组织细胞的间隙大,内部冰结晶融化成的水通过这些空隙向外流出;机械损伤轻微时,内部冰结晶融化的水因毛细管作用被保留在食品组织中,加压时才向外流失。一般来说,食品水分含量越高,流失液越多。例如,鱼比肉的流失液多,叶菜类比豆类的流失液多。经冻结前处理,如加盐、糖、磷酸盐,流失液少。食品原料切得越细小，流失液也越多。流失液的成分不仅是水，其中还包括能溶于水的蛋白质、盐类和维生素等成分。食品一旦发生体液流失现象，食品的质量、营养成分和风味也会损失，因此，流失液的产生率是评定冻结食品质量的指标之一。

5. 干耗

食品冻结过程中，食品中的水分从表面蒸发，造成食品的质量减少，俗称干耗。干耗不仅会造成企业很大的经济损失，还给冻品的品质和外观带来影响。例如，日宰2000头猪的肉联厂，干耗以2%或3%计算，年损失600多吨肉，相当于15000头猪。影响干耗的因素有：冻结室内空气与食品表面的蒸气压差、食品表面积、冻结时间、冻结室中的温度与风速等。

（二）组织学变化

植物组织一般比动物组织解冻时损伤大，原因是：①植物组织有大的液泡，液泡使植物细胞保持高的含水量，含水量高则结冰时损伤大；②植物细胞有细胞壁，动物细胞只有细胞膜，壁比膜厚又缺乏弹性，冻结时易胀破；③二者细胞内成分不同，特别是高分子蛋白质和碳水化合物的含量不同，它的有机物组成是不一样的。由于这些差异，在同样冻结条件下，冰结晶的生成量、位置和形状不同，造成的机械损伤及胶体的损伤程度也不同。

植物组织缓慢冻结时，最初在细胞间隙及微管束处生成冰结晶。同温度下细胞液的蒸气压大于冰的蒸气压，于是细胞内的水向细胞间隙的冰上移动，在细胞外冻结起来。这种在细胞外结冰引起的细胞脱水，对于植物来说，其还能生存，如果冷却速度快，在细胞内形成冰结晶，则植物要死亡，故植物细胞死亡与冰结晶在细胞内形成有关，而与冷却温度和冻结时间无关。植物因冻结致死后氧化酶活性增强会出现褐变，故植物性食品（如蔬菜）在冻结前还应经烫漂工序处理以破坏酶的活性，防止褐变。动物性食品因是非活性细胞，则不需要此工序。

（三）化学变化

1. 蛋白质变性

食品冻结后的蛋白质变化是造成质量和风味下降的原因，这是蛋白质变性所致。造成蛋白质变性的原因有以下几点：

（1）盐类、糖类及磷酸盐的作用　冰结晶生成时无机盐浓缩，使蛋白质变性。盐类中钙、镁等水溶性盐类能促进蛋白质变性，而磷酸盐等则能减缓蛋白质变性，按此原理将鱼肉搅碎，水洗以除去水溶性的钙盐、镁盐，然后再加5%磷酸盐（焦磷酸盐和多聚磷酸钠等量混合）和5%葡萄糖，调节pH到6.5~7.2进行冻结，效果较好。

（2）脱水作用　冰结晶的生成使蛋白质分子失去结合水，蛋白质分子受压集中，相互凝集。

（3）脂肪分解氧化产物的作用　脂肪对肌肉蛋白质的变性也有影响。脂肪水解产生游离脂肪酸，很不稳定，氧化产生低级醛、酸等产物，促使蛋白质变性。脂肪的氧化水解是在脂肪酶的作用下进行的，这些酶在低温下活性仍很强。

2. 食品的变色

食品在冻结时的变色主要是指水产品的褐变、黑变和褪色等。水产品变色的原因包

第五章　冷链加工与包装

括自然色泽的分解和产生新的变色物质两方面。前者如红色鱼皮的褪色等；后者如虾类的黑变、鳕鱼肉的褐变等。变色不但使水产品的外观变差，有时还会产生异味，影响冻品质量。

(四) 生物和微生物的变化

这里所指的生物主要是寄生虫和昆虫之类的小生物，它们经过冻结都会死亡。牛肉、猪肉中寄生的钩绦虫的胞囊在冻结时会死亡，猪肉中旋毛虫的幼虫在 -15℃下5天死亡。因此，冻结对肉类所带的寄生虫有杀死作用。有些国家对肉的冻结状态有规定，如美国对冻结杀死猪肉中旋毛虫的规定见表 5-12。联合国粮农组织（FAO）和世界卫生组织（WHO）共同建议，肉类寄生虫污染不严重时在 -10℃温度下至少存储 10 天。

表 5-12　美国对冻结杀死猪肉中旋毛虫的规定

冻结温度/℃		-15	-23.3	-29
不同肉的厚度所需时间	15cm 以内	20 天	10 天	6 天
	15~68cm	30 天	20 天	16 天

微生物包括细菌、霉菌和酵母菌。对食品腐败影响最大的是细菌，引起食物中毒的一般是中温菌，它们在 10℃以下繁殖减慢，4.5℃以下不繁殖。鱼类的腐败菌一般是低温菌，它们在 0℃以下繁殖减慢，-10℃以下则停止繁殖。

冰结晶阻止了细菌的发育、繁殖，但有的细菌产生的酶还有活性，尽管活性很小但还有作用。它使生化过程仍在缓慢进行，降低了产品品质。所以冻结食品的储藏期仍有一定期限。

冻结食品在冻结状态下储藏，冻结前污染的微生物数随着储藏时间的延长会减少。但各种食品差别很大，有的几个月，有的一年才能消灭。对冻结的抵抗力，细菌比霉菌、酵母菌强，不能期待利用冻结来杀死污染的细菌。这就要求在冻结前尽可能减少污染或杀灭细菌然后再进行冻结。

食品中大部分的水在 -10℃时已经冻结成冰，剩下溶液浓度增高，水分活性降低，细菌不能繁殖。所以，-10℃对冻结食品是个最高的温度限度。国际制冷学会建议为防止微生物繁殖必须在 -12℃下储藏，为防止酶及物理变化则必须低于 -18℃。

第四节　生鲜食品的解冻技术

一、生鲜食品解冻的概念

冻结食品在消费或加工前必须解冻，解冻可分为半解冻（-5~-3℃）和完全解冻，视解冻后的用途来选择。冻结食品的解冻是将冻品中的冰结晶融化成水，力求恢复到原先未冻结的状态。解冻是冻结的逆过程。作为食品加工原料的冻结品，通常只需要升温至半解冻状态。

解冻过程虽然是冻结过程的逆过程，但解冻过程的温度控制却比冻结过程困难得多，也很难达到高的复温速率。这是因为在解冻过程中，样品的外层首先被融化，供热

冷链物流管理

过程必须先通过这个已融化的液体层；而在冻结过程中，样品外层首先被冻结，吸热过程通过的是冻结层。由表 5-11 列出的冰和水的热物理性质的数据可见，冰的比热容只有水的一半，热导率却为水的 4 倍，导温系数为水的 8.6 倍。因此，冻结过程的传热条件要比融化过程好得多，在融化过程中，很难达到高的复温速率。此外，在冻结过程中，人们可以将库温降得很低，以增大与食品材料的温度差来加强传热，提高冻结速率。可在融化过程中，外界温度却受到食品材料的限制，否则将导致组织破坏。所以，融化过程的热控制要比冻结过程更为困难。

二、生鲜食品的解冻方法

解冻是指将冻结食品中的冰结晶融化成水，恢复到冻结前的新鲜状态。解冻也是冻结的逆过程，对于作为加工原料的冻结品，一般只需升温至半解冻状态即可。

解冻是食品冷加工后不可缺少的环节。由于冻品在自然条件下也会解冻，所以解冻这一环节往往不被人们重视。然而，要使冷冻食品经冻结、冷藏以后，尽可能地保持其原有的品质，就必须重视解冻这一环节。这对于需要大量冻品解冻后进行深加工的企业尤为重要。

在解冻的终温方面，作为加工原料的冷冻肉和冷冻水产品，只要求其解冻后适宜下一加工工序（如分割）的需要即可。冻品的中心温度升至 −5℃ 左右，即可满足上述要求。此时，冷冻食品内部接近中心的部位，冰结晶仍然存在，尚未发生相变，但仍可以认为解冻已经完成。解冻已不单纯是冷冻食品冰结晶融化、恢复冻前状态的概念，还包括作为加工原料的冷冻食品升温到加工工序所需温度的过程。

解冻后，食品的品质主要受两个方面的影响：一是食品冻结前的质量；二是冷藏和解冻过程对食品质量的影响。即使冷藏过程相同，解冻后食品的品质也会因解冻方法不同而有较大的差异。好的解冻方法，不仅解冻时间短，而且解冻均匀，食品液汁流失少、TBA 值（脂肪氧化率）、K 值（鲜度）、质地特性和细菌总数等指标均较好。不同食品应考虑选用适合其本身特性的解冻方法，至今还没有一种适用于所有食品的解冻方法。目前已有的解冻方法大致的分类见表 5-13。

表 5-13 解冻方法的分类

序 号	空气解冻法	水解冻法	电解冻法	其他解冻法
1	静止空气解冻	静水浸渍解冻	红外辐射解冻	接触传热解冻
2	流动空气解冻	低温流水浸渍解冻	高频解冻	超高压解冻
3	高湿度空气解冻	水喷淋解冻	微波解冻	喷射声空化场解冻
4	加压空气解冻	水浸渍和喷淋结合解冻	低频解冻	超声波解冻
5		水蒸气减压解冻	高压静电解冻	射频解冻

此外，还有其他的分类方法，如按照解冻速度的不同，可以分为慢速解冻和快速解冻；按照是否有热源，分为加热解冻、非热解冻，或者称为外部加热解冻和内部加热解冻等。下面介绍几种典型的解冻方法。

1. 空气解冻

空气解冻是以空气为传热介质的解冻方法，它又分为以下几种类型：

第五章 冷链加工与包装

(1) 静止空气解冻　静止空气解冻也称低温微风型空气解冻,它是将冷冻食品(如冻肉)放置在冷藏库(通常库温控制在4℃左右)内,利用低温空气的自然对流来解冻。一般冻牛胴体在这样的库内4~5天可以完全解冻。

(2) 流动空气解冻　流动空气解冻是通过加快低温空气的流速来缩短解冻时间的方法。解冻一般也在冷藏库内进行,用0~5℃、相对湿度在90%左右的湿空气(可另加加湿器),利用冷风机使气体以1m/s左右的速度流过冻品,解冻时间一般为14~24h。

(3) 高湿度空气解冻　高湿度空气解冻是利用高速、高湿的空气进行解冻的方法。该方式采用高效率的空气与水接触装置,让循环空气通过多层水膜,水温与室内空气温度相近,充分加湿,空气湿度可达98%以上,空气温度可在-3~20℃范围调节,并以2.5~3.0m/s的风速在室内循环。这种解冻方法使解冻过程中的干耗大大下降,而且可以防止解冻后冻品色泽变差。

(4) 加压空气解冻　铁制的筒形容器内通入压缩空气,压力一般为0.2~0.3MPa,容器内温度为15~20℃,空气流速为1~1.5m/s。这种解冻方法的原理是:由于压力升高,使冻品的冻结点降低,冰的溶解热和比热容减小,而热导率增加。这样,在同样解冻介质温度条件下,它就易于融化,同时容器内槽以上又有流动空气,这就将加压和流动空气组合起来,因压力和风速,使热交换表面的传热状态改善,使解冻速度得以提高。例如,对冷冻鱼糜,其解冻速度为正常气压室温25℃时的5倍。

2. 水解冻

水解冻是以水为传热介质的解冻方法。它与空气相比,解冻速度快,无干耗。水解冻的分类如下:

(1) 水浸渍解冻　水浸渍解冻主要有两种形式。一种为低温流水解冻,即将冻品浸没于流动的低温水中,使其解冻。解冻时间由水温和水的流速决定。另一种为静水解冻,即将冻品浸没于静止的水中进行解冻。其解冻速度与水温、冻品量和水量有关。

(2) 水喷淋解冻　利用喷淋水所具有的冲击力来提高解冻速度。选择对被解冻品最适合的冲击力的喷淋,而不是越猛烈越好。影响解冻速度的因素除喷淋冲击力外,还有喷淋水量、喷淋水温。喷淋解冻具有解冻快(块状鱼解冻30~60min)、解冻后品质较好、节省用水等优点,但这种方法只适用于小型鱼类冻块,不适用于大型鱼类。

(3) 水浸渍和喷淋结合解冻　将水喷淋和浸渍两种解冻形式结合在一起,可以提高解冻速度,提高解冻品的质量。

(4) 水蒸气减压解冻　水蒸气减压解冻又称为真空解冻。在低压下,水在低温即会沸腾,产生的水蒸气遇到更低温度的冻品时,就会在其表面凝结成水珠,这个过程会放出凝结潜热,该热量被解冻品吸收后温度升高而解冻。这种解冻方法适用的品种多,解冻快,无解冻过热。

3. 电解冻

以空气或水为传热介质进行解冻,是将热量通过传导、对流或辐射的方法,使食品升温,热量是从冷冻食品表面导入的,而电解冻属于内部加热。电解冻种类很多,具有解冻速度快、解冻后食品品质下降少等优点。

(1) 红外辐射解冻　红外辐射解冻在肉制品解冻中已有一定的应用,目前多用于

冷链物流管理

家用远红外烤箱中食品解冻。构成物质的分子总以自己的固有频率在运动,当投射的红外辐射频率与分子固有频率相等时,物质就具有最大的吸收红外辐射的能力,要增大红外辐射穿透力,辐射能谱必须偏离冻品主吸收带,以非共振方式吸收辐射能。这种方式对冻品深层的加热,主要靠热传导方式。

(2) 高频解冻　高频解冻是给予冷冻品高频率的电磁波来解冻的方法。它和红外辐射一样,也是将电能转变为热能,但频率不同。当电磁波照射食品时,食品中极性分子在高频电场中高速反复振荡,分子间不断摩擦,使食品内各部位同时产生热量,在极短的时间内完成加热和解冻。电磁波加热使用的频率为:一般高频波(1~50MHz)10MHz左右,微波(300MHz~30GHz)2450MHz或915MHz。实验表明,高频波比微波的解冻速度快,也不会发生如微波解冻那样使冻品局部过热的现象,高频感应还可以自动控制解冻的终点,因此比微波解冻更适用于大块冻品的解冻。

(3) 微波解冻　微波解冻与高频解冻原理一样,是靠物质本身的电性质来发热。这种方法利用电磁波对冻品中的高分子和低分子极性基团起作用,使其发生高速振荡,同时分子间发生剧烈摩擦,由此产生热量。它的优点是:速度快,效率高,解冻后肉的质量接近新鲜肉;营养流失少,色泽好,操作简单,耗能少,可连续生产。国家标准规定,工业上用较小频率的微波,只有2450MHz和915MHz两个波带。

(4) 低频解冻　低频解冻又称欧姆加热解冻、电阻加热解冻。这种方法将冻品作为电阻,靠冻品的介电性质产生热量,所用电源为50~60Hz的交流电。低频解冻是将电能转变为热能,通电使电流贯穿冻品容积时,将容积转化为热量。其加热穿透深度不受冻品厚度的影响。这与高频解冻、微波解冻不同,加热量由冻品的电导和解冻时间决定。低频解冻比空气和水解冻速度快2~3倍,但只能用于表面平滑的块状冻品解冻,冻品表面必须与上下电极紧密接触,否则解冻不均匀,并且易发生局部过热现象。

(5) 高压静电解冻　高压静电(电压5000~10000V)强化解冻,是一种有开发应用前景的解冻新技术。这种解冻方法是将冻品放置于高压电场中,电场设置在-3~0℃的低温环境中,以食品为负极,利用电场效应,使食品解冻。据报道,在环境温度为-3~-1℃下,7kg金枪鱼解冻,从中心温度-20℃升至中心温度-4℃约需4h,并且一个显著优点是内外解冻均匀。

谢晶等以马铃薯为原料研究了高压静电不同电场场强对其冻结和解冻的影响,结果表明,高压直流电场场强对马铃薯解冻过程的影响随着电场强度变化。目前,日本已将高压静电技术应用于肉类解冻上。该技术在解冻时间和解冻质量上优于空气解冻和水解冻,在解冻产量和解冻控制上优于微波解冻和真空解冻。

4. 其他解冻方法

(1) 接触传热解冻　接触传热解冻是将冷冻食品与传热性能优良的铝板紧密接触,铝制中空水平板中流动着温水,冻品夹在上下水平铝板间解冻。接触加热解冻装置的结构与接触冻结装置相似,中空铝板与冻品接触的另一侧带有肋片,以增大传热面积,同时装有风机。

(2) 超高压解冻　超高压是指范围在50~1000MPa的压力。超高压解冻具有解冻速度快的优点,而且不会有加热解冻造成的食品热变性;高压还有杀菌作用,解冻后液汁流失少,色泽、硬度等指标均较好。超高压解冻过程中影响因素主要是压力的大小和

第五章 冷链加工与包装

处理时间,压力越大,冻肉制品中心部位温度越低,但当温度低于-24℃或-25℃时,压力再高,冻肉制品也不能解冻。因此,从节省能源的角度考虑,完全没必要使用大于280MPa的压力。在解冻过程中,合理的加热是有必要的,能促进冰的融化,并且防止减压时发生重结晶。

(3) 喷射声空化场解冻 叶盛英等以冻结的猪肉为对象,对喷射声空化场解冻过程的解冻曲线、解冻肉品质进行了初步研究,并进行了解冻方法与空气解冻方法的比较。结果显示,对冻结肉解冻比用19℃空气解冻、18℃解冻水对冻结肉解冻要快。喷射声空化场功率为34.98W时,通过冰结晶融化带所用时间最短,解冻肉的肉汁损失率最低,但均比19℃空气解冻和18℃水解冻的大。喷射声空化场功率为33.88W时,解冻肉的色泽保持得最好。

(4) 超声波解冻 超声波解冻是利用超声波在冻肉内的衰减而产生的热量来进行解冻的。超声波在冷冻肉中的衰减要高于在未冻肉中的衰减,因此与微波解冻相比表面温度更低。从超声波的衰减温度曲线来看,超声波比微波更适用于快速稳定地解冻。理论计算表明,在食品不超温的情况下,超声波解冻后局部最高温度与超声波的加载方向、超声频率和超声强度有关。超声波解冻可以与其他解冻技术组合在一起,为冷冻食品的快速解冻提供新的手段。解冻过程中要实现快速而高效的解冻,可以选择适当频率和强度的超声波。

(5) 射频解冻 射频技术是指具有远距离传输能力的高频电磁波。近年来,法国、美国等公司的解冻设备开始使用基于27.12MHz的射频解冻系统,以解决微波解冻、高频解冻、远红外解冻和超声波解冻等存在的解冻不均匀、时间长和其他解冻质量问题。射频解冻的效果优于微波解冻和一般常用的解冻方法,具有很好的推广应用前景。由于射频功率较大,需要采用合理的密封屏蔽结构,但目前的结构设计屏蔽效果不是很理想,近场干扰相对较大,需要进一步改进完善。

◇【同步案例5-2】

鲜食玉米的储藏保鲜技术

鲜食玉米又称果蔬玉米,在国内外市场上十分俏销。它不仅鲜嫩香甜,而且营养价值高,其蛋白质、脂肪、维生素和糖等营养物质的含量都大大超过普通玉米。收获的鲜食玉米脱离母体后,籽粒养分含量发生变化,一是呼吸作用消耗籽粒中的可溶性糖类;二是可溶性糖类迅速转化为淀粉,使籽粒中可溶性物质迅速下降,失去商品性质。鲜食玉米的保鲜方法有以下几种:

1. 鲜食玉米的真空包装常温储藏保鲜

鲜食玉米的真空包装常温储藏保鲜是一种真空包装高温灭菌常温储藏的方法,储存期可达1年。基本工艺流程为:原料→去苞衣、除须→挑选→水煮→冷却、沥干→真空包装→杀菌消毒→常温储存。首先将鲜玉米穗去苞衣、除须,选择无虫口果穗在沸水中煮8min,捞出后冷却并沥干水分,单穗真空包装(真空包装机),然后高温高压灭菌。灭菌消毒可采用巴氏消毒法,即用蒸锅蒸半小时,隔2天后再蒸半小时;也可采用压力蒸汽灭菌消毒法,温度为125℃,压力为0.14MPa,10min。消毒完成后,检查包装有无破漏。将完好无损的包装装箱常温储藏。食用时也需开水煮10~15min。

冷链物流管理

2. 鲜食玉米的速冻保藏保鲜

速冻保藏保鲜是将鲜食玉米在 $-25℃$ 条件下快速冻结,包装后冷藏在 $-18℃$ 的条件下,这种方法可保质半年,是延长鲜食玉米供应期最有效的方法。基本工艺流程为:原料→去苞衣、除须→挑选→漂烫→冷却、沥干→速冻→包装→冷藏($-18℃$)。具体做法是将鲜玉米穗去苞衣、除须,选择无虫口果穗以沸水煮 8min 漂烫(可在漂烫水中加入 50‰ 的食盐和 2.5‰ 的柠檬酸,这样风味和色泽更好),然后迅速冷却(用冰水或常温水降温),沥干水分,放入 $-25℃$ 下进行速冻,冻结时间以整个玉米穗冻实为宜。然后用复合膜包装封口(单穗包装或 2~3 穗包装),置于 $-18℃$ 下冻藏,这种方法保质期可达半年。如果不要求长期储藏,计划 3~4 月上市销售,从生产成本角度考虑,可省去漂烫程序直接进行速冻储藏,食用时用沸水煮 20min 即可。

3. 鲜食玉米的低温冷藏保鲜

在常温下,采后的甜糯玉米含糖量迅速下降,试验表明,$30℃$ 下采后每天约有 60% 的可溶性糖转化为淀粉;$10℃$ 下每天约有 25% 的糖转化为淀粉;尽管 $0℃$ 的低温对糖转化过程有明显的抑制作用,但每天仍有 6% 的可溶性糖转化为淀粉。糖分的损失会明显影响鲜食玉米的特有风味和鲜嫩品质,所以鲜食玉米不能长时间储藏,更不宜在常温条件下久放。

鲜食玉米适宜的储藏温度为 $0℃±0.5℃$,相对湿度为 95%~98%,要点如下:

1)适时采收。适期采收对保证鲜食玉米的品质和延长储藏期都很重要。通常在玉米花丝稍干,玉米穗手握紧实,用指甲掐时玉米粒有丰富乳汁外流,味甜鲜嫩时采收为宜。

2)快速预冷。预冷是做好储藏的一个重要环节,对鲜食玉米来说尤其重要。要求在采收后 1~2h 将玉米穗迅速预冷至 $0℃$。适宜于鲜食玉米的快速冷却方法是真空预冷和冷水冷却,用真空预冷时要预先把玉米穗加湿,以防止失水;冷水预冷可采用喷淋的方式,冷却水温保持在 0~3℃,预冷后将玉米苞叶上的浮水甩干。

3)储藏。将预冷后的玉米穗剥去大部分苞叶,仅留一层内皮,装入内衬保鲜袋的箱内,每箱 5~7.5kg,扎口码垛储藏。注意码垛时要留出通风道,库温保持恒定,控制在 $0℃±0.5℃$ 内。用这种储藏方法时储藏期一般不宜超过 20 天。

问题:

1. 鲜食玉米低温冷藏保鲜中用到的各种冷加工技术包括哪些?关键点是什么?
2. 简述三种鲜食玉米的储藏保鲜方法的工艺流程,以及各自的优缺点。

第五节 冷链保鲜包装

一、冷链保鲜包装概述

(一)冷链保鲜包装的概念

《物流术语》(GB/T 18354—2006)中对包装的定义是:为在流通过程中保护产品、方便储运、促进销售,按一定技术方法而采用的容器、材料和辅助物等的总体名称;也指为了达到上述目的而采用容器、材料和辅助物的过程中施加一定技术方法等的操作活动。

第五章 冷链加工与包装

冷链保鲜包装就是通过采用适当的包装材料、容器和包装技术，最大限度地保持冷链产品本来鲜度与价值，也就是为了保鲜而采用的包装。

（二）冷链保鲜包装的功能

科学合理的包装不仅能保护商品免受或减少其在储运、销售、消费等流通过程中受到各种不利条件及环境因素的破坏和影响，还能为生产、流通和消费等环节提供诸多方便。同时，包装也是提高商品竞争能力、促进销售的重要手段。

冷链保鲜包装的功能和一般包装的功能一样，包括保护功能、方便功能和促销功能，但更主要的是保护功能。也就是说，冷链保鲜包装功能主要是最大限度地延长冷链产品的寿命和保护食品的品质，防止天然（自然）因素的破坏，以保护其内容、形态、品质和特性，其次才是实现其方便功能和促销功能。有时冷链保鲜包装只能实现其保护功能，达到货架寿命延长或保质的目的；而便利与促销可通过其他包装（如外包装或包装附件等）来实现。

衡量冷链保鲜包装功能的量化指标主要有形、质地、色、香、味、营养和污染残毒等。"形"是指通过冷链保鲜包装，生鲜食品到达规定的保质期或保鲜期后的外观形状与最初外观形状的差异，这种差异越小就说明其保鲜功能越强。"质地"则是指包装对象（物质）内部的成分所具备的物理特性，如内部密度、硬度、脆度及组织的粗糙度等。"质地"与前面的"形"是刚好相对的性能特征表现，一个是外表，一个是内部。"色""香""味"都是可由感官所能体会到的生鲜食品于保质期或保鲜期前后的指标。"污染残毒"是指在进行保鲜包装之后，不能因包装材料或包装辅料导致污染和残留有毒物质。

（三）冷链保鲜包装的安全与卫生

安全卫生是人们对包装的最基本要求。冷链保鲜包装材料的安全与卫生问题主要来自包装材料内部的有毒有害成分向包装内容物的迁移和溶入。这些有毒有害成分主要包括：材料中的有毒元素，如铅、砷等；合成树脂中的有毒单体、各种有毒添加剂及黏合剂；涂料等辅助包装材料中的有毒成分。

塑料作为食品包装材料已有几十年历史，因具有优异的包装性能而得到广泛应用，但塑料本身所具有的特性和缺陷，用于食品包装时会带来诸如卫生安全等方面的问题。例如，用于包装的大多数塑料树脂是无毒的，但它们的单体分子却大多有毒性，并且有的毒性相当大，有明确的致畸、致癌作用。当塑料树脂中残留有单体分子时，用于食品包装即构成了卫生安全问题。而塑料添加剂（增塑剂、着色剂和油墨、润滑剂、发泡剂和稳定剂等）一般都存在着卫生安全方面的问题，选用无毒或低毒的添加剂是塑料能否用作食品包装的关键。包装材料的安全与卫生直接影响包装食品的安全与卫生，为此世界各国针对食品包装的安全与卫生制订了系统的标准和法规，用于解决和控制食品包装的安全卫生及环保问题。

二、冷链保鲜的包装材料

食品包装在我国包装行业中占有非常重要的地位，是包装业的支柱产业。食品包装材料是指用于制造食品容器和构成食品包装的材料总称。根据世界包装组织（WPO）提供的信息，全球包装业营业额已逾5000亿美元。而其构成情况为：纸和纸板占32%，塑料占28%，金属占24%，玻璃占6%，包装机械占5%，其他占5%，位于前四位的是四大包装材料——纸、塑料、金属与玻璃，其总和占食品包装业营业额的90%左右。在日本，各种包装材料总消费量年均增长率为2.8%，其中纸和纸张消费量的年增长率为4.7%，金属为4.9%，玻璃为3.3%，而塑料则达到7.1%。这说明包装材料的发展仍以塑料材料发展最快，这种状况值得国内包装材料生产厂家关注。冷链保鲜包装材料的类型和传统包装材料一样多种多样，但其基材仍以传统包装材料的基材为主。而从创新与改进来说，复合材料与组合材料是冷链保鲜包装材料的重点。

冷链保鲜包装材料可以从材料的物理特性来划分：①片材类，包括塑料板材、瓦楞纸板、金属板材及复合板材等；②软材类，包括纸、塑料及金属等膜类与箔类柔性材料；③刚性类，包括玻璃、陶瓷及塑料与复合材料；④散材类，包括粉剂、水剂与气体等。

纸、塑料、金属、木材、玻璃、陶瓷及复合材料等是主要的传统包装材料。典型的包装材料和容器见表5-14。

表5-14 典型的包装材料和容器

包装材料	包装容器类型
纸、纸板	纸盒、纸箱、纸袋、纸罐、纸杯、纸质托盘和纸浆模塑制品等
塑料	塑料薄膜袋、中空包装容器、编织袋、周转箱、片材热成型容器、热收缩膜包装、软管、软塑料、软塑箱和钙塑箱等
金属	马口铁、无锡钢板等制成的金属罐和桶等，铝、铝箔制成的罐、软管和软包装袋等
复合材料	纸、塑料薄膜、铝箔等组合而成的复合软包装材料制成的包装袋和复合软管等
玻璃、陶瓷	瓶、罐、坛和缸等
木材	木箱、板条箱、胶合板箱和花格木箱等
其他	麻袋、布袋、草或竹制包装容器等

冷链保鲜包装材料发展较快的主要是纸包装、塑料包装、金属包装、玻璃及陶瓷包装四大类。木包装主要用于重型产品（如机电产品）的包装，其有逐渐被纸和塑料包装取代的趋势，再加上国际上强调环保与资源的问题，木包装一般情况下不提倡，故木包装用得越来越少，在此也不做研究；而陶瓷包装因制作工艺与速度等问题，用量也较少。

1. 传统包装材料

（1）塑料包装材料 塑料是以一种高分子聚合物——树脂为基本成分，再加入一些用来改善其性能的各种添加剂制成的高分子材料，相对分子质量通常在104以上。大分子特殊结构使其具有一系列特殊的性能，如化学惰性、难溶和强韧性等。塑料因其原料来源丰富、成本低廉、性能优良，成为近40年来世界上发展最快、用量巨大的包装材料。塑料包装材料及容器逐步取代了玻璃、金属和纸类等传统包装材料，是食品保鲜包装用得最多的材料与容器。而塑料保鲜膜是食品保鲜包装中最值得关注的方面。其缺点是对某些品种的食品还存在着某些卫生安全方面的问题，以及包装废弃物的回收处理对环境的污染等问题。我国用于食品包装的塑料也多达十五六种，如聚乙烯（PE）、聚丙烯（PP）、聚苯乙烯（PS）、聚酯（PET）、聚氯乙烯（PVC）、聚碳酸酯（PC）、乙烯-醋酸乙烯共聚物（EVA）、聚酰胺（PA）、聚偏二氯乙烯（PVDC）、聚醋酸乙烯酯

第五章 冷链加工与包装

（PVA）、乙烯-乙烯醇共聚物（EVOH）和离子键树脂等。其中高阻氧的有 PET、PA、PVDC、PVA 和 EVOH 等，高阻湿的有 PE、PP 和 PVDC 等；耐射线辐照的有 PS 等；耐低温的有 PE、EVA 和 PA 等；阻油性和机械性能好的有 PET、PA、离子键树脂等；既耐高温灭菌又耐低温的有 PET 和 PA 等。各种塑料的单体分子结构不同，聚合度不同，添加剂的种类和数量不同，性能也不同，即使同种塑料，不同牌号性质也会有差别。

◇【同步案例 5-3】

聚氯乙烯作为食品包装材料的危险性

聚氯乙烯（PVC）是经常使用的一种塑料，它是由聚氯乙烯树脂、增塑剂和防老剂合成的树脂。据了解，聚氯乙烯塑料制品在较高温度下会慢慢地分解出氯化氢气体，这种气体对人体有害。含铅盐防老剂的聚氯乙烯（PVC）制品和乙醇、乙醚及其他溶剂接触会析出铅，若聚氯乙烯包装容器盛装油条、炸糕、炸鱼、熟肉类制品和蛋糕等点心类食品，铅分子会慢慢扩散到油脂中去，对人体健康会产生极大的危害，并且废弃的聚氯乙烯燃烧会产生大量的二噁英、卤氢酸和铅等有害物质，对空气、土壤和水质等环境均造成不同程度的污染。因此，聚氯乙烯不宜作为食品包装容器。

问题：

常用的塑料包装材料哪些是无毒的？哪些是有毒的？

（2）纸质包装材料　作为食品保鲜包装材料，纸包装占有相当的比重。其包装容器的结构和形式多种多样，而且随着人们的求新心理与包装产品的不断推陈出新，这使得纸包装的种类层出不穷。特别是纸箱、纸袋、纸盘及纸托盘用于食品包装占了很大的比例，而且其比例正在扩大。

纸具有许多优良的特性，这些特性在食品保鲜包装上发挥了重要作用。主要表现如下：

1) 透气性。透气性是纸包装最大的保鲜特性。在保鲜包装中，鲜活食品具有呼吸作用，会产生呼吸热。纸包装可以让热气透出，从而防止食品腐烂。

2) 吸湿性。吸湿性又是纸包装的又一大保鲜优点，如超市中的鲜肉托盘包装，其可吸走鲜肉表面析出的少量水分，延缓鲜肉的变质。

3) 加入相关性原料与成分还可提高纸包装的保鲜性。例如，在纸箱内部加入中草药或抗氧化成分等，可大大提高食品的保鲜效果。

4) 韧性与保护性。纸包装表面具有韧性，同时有一定的厚度，这对食品特别是鲜活食品起到了保护作用。

（3）金属包装材料　金属材料是一种历史悠久的包装材料，用于食品包装已有近 200 年的历史。金属包装材料及容器是以金属薄板或箔材为原材料，再加工成各种形式的容器来包装食品。目前，金属包装材料及制品多用于加工农产品的包装。作为保鲜包装主要用作罐头农产品的包装，也有许多农产品半成品的包装使用金属包装。而最能体现金属保鲜包装的是一些周转箱及活鲜动物（鱼类及禽类）圈养容器（笼等）。另外，金属箔与纸复合材料被广泛用于农产品的保鲜包装，还有许多长途储运的农产品保鲜包装容器就离不开金属包装。

金属包装材料的优良特性如下：

冷链物流管理

1)优良的阻隔性能。金属材料具有阻气、隔光和保香等隔离性能。它对许多气体(O_2、CO_2 及水蒸气等)有阻隔效果,还能对包括紫外光在内的许多光线予以阻隔。这些都是保鲜所必需的性能。

2)良好的热传导性能。良好的热传导性体现在加热与散热。作为加热所需的特性表现为加热灭菌,使所包装物品不受包装的污染。而良好的散热可使热处理工序提高效率,并且合理的结构能使鲜活食品得以在包装中散去热量。

3)卫生安全性能。金属包装不易变质腐烂,也不易产生细菌,同时还可通过加热使表皮得以杀菌,最终使所要包装的物品得到良好卫生条件。

4)良好的保护性。强度和加工适应性是金属包装良好保护性的体现。金属包装可根据不同的包装物性能要求做成不同的结构和厚度,以提高强度,保护包装物。适应性是指金属可以适应大部分物品的包装要求进行设计、加工和处理,能适应物品的体积和形态制成相应的结构和大小。这些对于易腐、怕挤压和重压的产品包装储藏及运输是十分有意义的。

但是,金属包装材料的化学稳定性差、不耐酸碱,特别是用其包装高酸性食物时易被腐蚀,同时金属离子易析出而影响食品风味,在一定程度上限制了其使用范围。

(4)玻璃包装材料 玻璃是以石英石、纯碱、石灰石和稳定剂为主要原料,加入澄清剂、着色剂和脱色剂等,经调温熔炼再经冷凝而制成的一种非晶体材料。玻璃是一种古老的包装材料,用于食品包装已有3000多年的历史。罐头就是玻璃保鲜的典型包装。生鲜食品保鲜中能体现玻璃包装材料保鲜应用的是半成品或腌制品的包装,如泡菜类食品就多为玻璃或陶瓷容器包装,还有果汁类产品也多用玻璃包装。

玻璃自身的优点使其作为包装材料时显示出显著的特点:高阻隔、光亮透明、化学稳定性好、易成型。但玻璃容器重量大且容易破碎,这些缺点影响了它在食品包装上的使用与发展,尤其是受到塑料和复合包装材料的冲击。随着玻璃生产技术的发展,现在已研制出高强度、轻量化的玻璃材料及其制品。目前我国玻璃使用量占包装材料总量的10%左右,仍是食品包装中的重要材料之一。

2. 新型包装材料

(1)纳米包装新技术 在包装材料(如塑料及复合材料)中加入纳米微粒,可使其产生除异味、杀菌消毒的作用。现在一些企业就是利用这一技术特性,将纳米微粒加入到冰箱材料(塑料)中,生产出抗菌冰箱,大大延长了冰箱内食物的保存期。同样也可将纳米微粒加入纸、塑料及复合材料中用于包装食品,可延长包装食品的货架期。

(2)新型高阻隔包装材料 高阻隔包装材料是食品包装材料的发展趋势:非结晶性尼龙,其阻气性为尼龙的6倍;SaranHB,其阻气性为Saran膜的10倍;丙烯酸盐树脂;金属化镀膜。

新型高阻隔性塑料在国外已广泛使用,因为这种包装材料不仅可以增强对食品的保护,而且可以减少塑料的用量,甚至可以重复使用。对于要求高阻隔性保护的加工食品及真空包装、充气包装等,一般都要用复合材料包装。而在多层复合材料中必须有一层以上高阻隔性材料。现在国内常用的高阻隔性材料有铝箔、尼龙、聚酯、聚偏二氯乙烯等。随着食品对保护性要求的提高,阻隔性更好的EVOH(乙烯-乙烯醇共聚物)、聚乙烯醇等也开始应用。EVOH是一种链状结构的结晶性聚合物,集乙烯聚合物良好的加工

第五章 冷链加工与包装

性和乙烯醇聚合物极高的气体阻隔性于一体,是一种新型的阻隔材料。其阻气性比 PA(聚酰胺)高 100 倍,比 PE、PP 高 10000 倍,比目前常用的高阻隔性材料 PVDC 高数十倍以上。在食品包装方面,用 EVOH 制成的塑料容器完全可以替代玻璃和金属容器,可以解决如啤酒瓶爆炸伤人这样的全球性问题。

PEN(聚萘二甲酸乙二醇酯)将会给食品包装带来巨大的变化。PEN 的化学结构与 PET(聚对苯二甲酸乙二醇酯)相似,但刚性大大提高,阻氧性、阻水性比 PET 高数倍,而且紫外线吸收性好、耐水解性好、气体吸附性低,装过食品后不残留异味,可重复使用。

无机高阻隔微波食品包装材料将成为新宠。近几年研发的镀 SiO_x 材料是在 PET、PA、PP 等材料上镀一层薄的硅氧化物,它不仅有更好的阻隔性,而且有极好的大气环境适应性,阻隔效果几乎不受环境温度和湿度变化的影响。SiO_x 镀膜有高阻隔性、高微波透过性、透明性,可用于高温蒸煮、微波加工等软包装,也可制成饮料和食用油的包装容器。

(3) 可食性包装薄膜　可食性包装薄膜由多糖类物质合成,无毒副作用,既可食用又不影响被包装食品的性质。其中的主要成分是葡甘露聚糖,它吸水后可膨胀 100 倍,高弹性、高黏度、耐热、防水、防潮,食后即可消除饥饿,又不被人体吸收。可食性包装薄膜既可制成溶于水的薄膜,也可制成溶于温水而不溶于冷水的薄膜,还可制成耐热、可塑封的薄膜,可与食品一起煮烧,方便又卫生,保鲜作用极好。

目前已研制的可食性包装薄膜有:可食性淀粉包装膜,以玉米淀粉、马铃薯淀粉为主料,辅以可食性添加剂制成,用于糖果、果脯、蜜饯的内包装,其产品的抗机械拉力、韧性、透明度、速溶性都优于目前食品厂使用的糯米纸;可食性蛋白质膜,是以动物或植物蛋白为原料制成的蛋白质薄膜,既可减少抗氧化剂和防腐剂的用量,又能延长产品的货架期;另外,魔芋精粉及改性产物膜、纤维素及改性产物膜、甲壳素可食膜都是新型的可食性包装薄膜。

总之,冷链保鲜包装材料今后发展主流趋势是功能化、环保化和简便化。无菌包装采用高科技和分子材料,保鲜功能将成为食品包装技术开发重点;无毒包装材料更趋安全;塑料包装将逐步取代玻璃制品;采用纸、铝箔和塑料薄膜等包装材料制造的复合柔性包装袋,将呈现高档化和多功能化。社会生活节奏的加快将使快餐包装面临巨大的发展机遇。食品工业是 21 世纪的朝阳工业,食品包装材料更是飞速发展,食品包装材料领域一定能抓住这个商机发展壮大起来。

三、冷链保鲜的包装技术

(一) 冷却与冷藏包装技术

冷却与冷藏包装是将物品包装后处于冷却与冷藏温度下进行储藏的技术。它要考虑包装材料、包装工艺和包装环境等多种因素,特别是包装用的辅料不能在低温状态下降低其性能。冷却与冷藏包装的基础原理是鲜活产品在 0℃ 时处于低呼吸强度,即 0~5℃ 的环境下呼吸量很低。

冷却与冷藏包装应使生鲜食品的生命代谢过程尽量缓慢进行,使其生物反应速度降低,以保持其新鲜度。但在现代市场中,这种方法能满足市场流通的需要。

冷链物流管理

这种包装技术常用的材料有：

(1) 瓦楞纸箱　冷却与冷藏的大包装多为瓦楞纸箱。考虑冷却与冷藏低温的影响，纸板材料要求强度高，胶粘剂要求在低温条件下不失黏，同时考虑在印刷时会降低强度，因此印刷面积不宜过大，粘箱或钉箱也要求牢固。过去也有用木箱的情况，但现已逐渐少用。

(2) 塑料类包装材料　一般用于冷却与冷藏的小包装多为塑料包装。

1) 聚乙烯（PE）可制成袋或直接用其软材料对生鲜食品进行捆扎、裹包。

2) 玻璃纸（PT）可制成包装袋或直接用软材裹包。

3) PT加聚苯乙烯（PS）浅盘主要用于肉和蔬菜的超市包装冷藏。

4) PT加纸板浅盘主要用于新鲜净菜类的超市冷藏包装。

5) 收缩膜主要用于中小包装的扭结袋或热封裹包。

冷却与冷藏包装主要适用于果蔬产品、肉类鲜产品和鲜奶及鲜蛋等生鲜食品。特别是鲜肉的包装，应用冷却与冷藏技术后，其保鲜期大大延长，并且品质也大大提高，从而大大提高了鲜肉的价值。

(二) 物理包装技术

物理包装法的原理主要是利用光、电、运动速度和压力等物理参数对生鲜食品进行作用，使之对环境反应迟缓，改变其原来的生物规律，最终实现保鲜。这里重点介绍高压放电产生臭氧的保鲜方法和减压保鲜方法。

1. 臭氧保鲜包装技术

臭氧保鲜是当前在冷藏生鲜食品中应用得较多的一种物理方法。臭氧（O_3）是1840年被发现的，是氧的一种同素异形体，性质极为活泼。臭氧的生物学特征表现为强烈的氧化性和消毒效果上。它能杀死空气中的病菌和酵母菌等，对果蔬农产品表面病原微生物生长也有一定的抑制作用。但是臭氧无穿透作用、无选择特异性。臭氧的保鲜包装特性是利用其极强的氧化能力。臭氧极不稳定，易分解为初生态的氧原子和氧分子，即 $O_3 \rightarrow [O] + O_2$，$[O]$ 称为初生态氧原子，它的氧化能力极强。当初生态的氧原子和霉菌等微生物接触时，就会使微生物的细胞氧化并破坏，导致微生物死亡。有人认为臭氧能抑制酶活性和乙烯的形成，降低乙烯的释放率，并可使储藏环境中的乙烯氧化失活，从而延缓果蔬产品的衰老，降低腐烂率。臭氧对果蔬采后生理的影响还有待研究。

(1) 臭氧保鲜包装的应用效果　臭氧作为净化空气和生鲜食品的消毒剂，可以降低空气中的霉菌孢子数量，减缓墙壁和包装物表面的霉菌生长，减少储藏库内的异味，但它对防止腐烂无效。由于真菌潜伏的位置存在大量的还原性物质，臭氧在损伤组织处迅速失去活性，不可能抑制损伤处病原菌的侵染，阻止病原建立寄生侵染关系，更不能抑制潜藏在表皮下的病菌。因此，实际上臭氧对控制水果和蔬菜腐烂的作用不大，甚至无效。并且 $1.07mg/m^3$ 的臭氧就能引起莴苣和草莓损伤，$2.14mg/m^3$ 的臭氧就可损伤桃，$6.85mg/m^3$ 的臭氧引起苹果损伤。这样低浓度的臭氧对人体也有害。

(2) 应用中应注意的问题　①臭氧配合低温在生鲜食品保鲜包装上具有较好的效果。②臭氧可对冷库中储藏的生鲜食品进行杀菌，并可把某些腐败的有机物氧化，去除臭味和异味。试验表明，当臭氧浓度达到 $4 \sim 5mg/cm^3$ 时，环境中的霉菌可减少一半。

③臭氧难溶于水,并且穿透力弱,因此,在生鲜食品的保鲜包装时,应分别对生鲜食品均匀地摊放后,再进行臭氧处理,同时对包装材料与容器的内外进行臭氧处理后,马上进行包装。④最好对生鲜食品的储藏架或货架定期进行表面臭氧处理。⑤将臭氧、酶制剂和低温三者相结合会更有效果。

2. 减压保鲜包装技术

减压保鲜包装就是将包装的生鲜食品置于低压环境中储藏保鲜,也可简称减压储藏。这种储藏方法属于气调冷藏的进一步发展。具体方法就是将储藏环境(如储藏库)中的气压降低,造成一定的真空度,一般是降到10kPa之下。这种减压方法处理最先用于番茄和香蕉等水果上,取得成效后现已被用于其他生鲜食品的保鲜储藏。采用减压方法处理后,果蔬的保鲜期比常规冷藏延长几倍。该方法是一种具有广阔前景的保鲜包装技术。

(1)减压保鲜的原理 减压保鲜的原理是使包装储藏环境中的气压降低,便于生鲜食品(果蔬)组织中的气体成分向外扩散,使组织内或环境中的气体更新,从而抑制微生物生长,最终达到保鲜的目的。①降低气压。气压降低使空气中的各种气体组成成分的浓度都相应地降低。例如,气压降至正常的1/10,空气中的各种气体组成成分也降为原来的1/10,此时氧含量仅为2.1%,这就创造了一个低氧环境,从而可起到类似气调储藏的作用。②组织内气体向外扩散。减压处理能促使植物组织内气体成分向外扩散,这是减压储藏更重要的作用。组织内乙烯等有害气体向外扩散是保鲜的关键。植物组织内气体向外扩散的速度,与该气体在组织内外的分压差及其扩散系数成正比;扩散系数又与外部的压力成反比,所以减压处理能够大大加速组织内的乙烯向外扩散,减少内部乙烯的含量。据测定,当气压从100kPa降至26.7kPa时,苹果内部的乙烯几乎减少3/4。在减压条件下,植物组织中其他挥发性代谢产物,如乙醛、乙醇和芳香物质等也都加速向外扩散,这些作用对防止果蔬的后熟衰老都是极为有利的。并且一般是减压越多,作用越明显。减压保鲜储藏还可从根本上消除二氧化碳中毒的可能性。③消除气味物质在组织中的积累。减压气流法不断更新空气,各种气味物质不会在空气中积累。低压还可以抑制微生物的生长发育和孢子的形成,由此而减轻某些侵染性病害。在13.60kPa的气压下,真菌孢子的形成被抑制,气压越低,抑制真菌生长和孢子形成的效果越明显。减压处理的产品移入正常的空气中,后熟仍然较缓慢,因此可以有较长的货架期。减压储藏比冷藏更能够延长产品的储藏期,见表5-15。

表5-15 几种蔬菜在冷藏盒减压条件下的储藏期比较

种 类	储藏期(天)	
	冷 藏	减压储藏
青椒	16~18	50
番茄(绿熟)	14~21	60~100
番茄(红熟)	10~12	28~42
葱(青)	2~3	15
结球莴苣	14	40~50
黄瓜	10~14	41
菜豆(蔓生)	10~13	30

(2) 减压保鲜包装中存在的问题 如果在包装容器中减压，包装就变为了减压保鲜包装。目前，减压储藏也存在着一些不足之处。对生物体来说，减压是一种反常的逆境条件，会因此产生新的生理障碍，发生新的生理病害。产品对环境压力的急剧改变也会有反应，如急剧减压时青椒等果实会开裂。在减压条件下储藏的产品，有的后熟不好，有的味道和香气较差。由于减压储藏要求储藏室经常处于比大气压低的状态，要求储藏室或储藏库的结构是耐压建筑，在建筑设计上还要求密闭程度高，否则达不到减压目的，这就使得减压库的造价比较高。

（三）气调保鲜包装技术

1. 气调包装的定义

气调包装（MAP）的定义有很多种。国际上共用的气调包装定义为：通过改变包装内气氛，使食品处于不同于空气组分（78.8% N_2，20.96% O_2，0.03% CO_2）的气氛环境中，从而延长保藏期的包装。

根据上述定义，有很多种包装技术都可认为是气调包装，如真空包装、充气包装、气体气味吸收包装等。但随着技术的深入和演变，这些包装技术已成为独立体系。而更为确切地理解气调包装，则是先将包装内空气抽出后再充入所要求的气体，这种包装才是人们目前所认可的气调包装，即 MAP。

MAP（Modified Atmosphere Packaging）的英文含义是改善气氛的包装，它比较确切地表达了气调包装技术的定义；CAP（Control Atmosphere Packaging）的英文含义是控制气氛的包装，由于软包装材料的透气性和食品与包装内气体相互作用使包装内气氛不可控，因而被认为是误称。虽然国际上 MAP 与 CAP 有时通用，但包装业界已逐步统一将气调包装称为 MAP。MAP 有时也称为气体包装，包装内充入单一气体如氮气（N_2）、二氧化碳（CO_2）、一氧化碳（CO）、惰性气体，也可充入两种气体（如 CO_2/N_2）或两种以上（如 $O_2/CO_2/N_2$）的气体。而气体种类和组分可根据各类食品防腐保鲜要求确定。这种通过充入单一气体或多种混合气体来改变包装内气氛的气调包装是食品气调包装主要的包装形式。

2. 气调包装的技术原理

气调包装就是通过对包装中的气体进行置换，使食品得以在改善的气体环境中达到保质和保鲜目的的。该包装方法从产生至今已有几十年的历史。20世纪70年代，在西欧、日本已经普遍采用此包装于生鲜食品上。20世纪80年代以来，我国也开始采用此包装技术。消费者希望得到少用防腐剂等化学物质的无污染食品、在保质的前提下尽可能保鲜（颜色、味道、硬度），而且生产者、经营者也期望食品能有较长的货架寿命，气调包装满足了这样的需求。

气调包装的基本原理是用保护性气体（单一或混合气体）置换包装内的空气，抑制腐败微生物繁殖、降低生物活性、保持产品新鲜色泽及减缓新鲜果蔬的新陈代谢活动，从而延长产品的货架期或保鲜期。气调包装内保护气体种类和组分要根据不同产品的防腐保鲜要求来确定，这样才能取得最佳的防腐保鲜效果。

3. 气调包装方法

气调包装方法主要是根据包装产品特性、所用包装容器（材料）和包装后储运条件进行包装。具体方法是先清洁包装和包装产品，再抽出包装容器内的空气，紧接着充

第五章　冷链加工与包装

入配制的气调气体，封口，成型，最终装箱储运。其方法的关键在于根据产品特性选择包装材料和包装气体。如果包装已定，则关键就在于选择和配制气体（比例）。

4. 气调包装材料

气调包装常用材料有三大类：①纸箱类。一般配合冷库，多用瓦楞纸箱包装，主要用五层瓦楞纸板所制纸箱。同时箱内单个实体用纸或聚乙烯塑料薄膜进行裹包。②塑料类。多为单质的聚乙烯、聚氯乙烯制成的包装袋进行包装，聚氯乙烯主要用作大袋。③复合材料。以聚乙烯、聚氯乙烯薄膜为基材与纸箱复合，形成纸塑包装，另外也有用聚丙烯作为基材进行复合制袋的包装品。复合塑料类包装材料是应用最多的气调包装材料，其中，聚乙烯复合包装在小袋气调包装中应用最广。

为了保持包装内混合气体给定的浓度，食品气调包装的包装材料有以下几点要求：①机械强度。包装材料要有一定的抗撕裂和抗戳破的强度，尤其是包装新鲜的鱼和带骨的肉。②气体阻隔性。由于大多数塑料包装材料对 CO_2 的透气率比对 O_2 大 3～5 倍，所以食品气调包装要求采用对气体高阻隔性的多层塑料复合包装材料，高阻隔性的 PVDC 和 EVOH 是塑料复合包装材料的最佳阻隔层。③水汽阻隔性。为了避免包装产品因失水而损失重量，食品气调包装的包装材料要求有一定的水汽阻隔性。④抗雾性。大多数的气调包装食品都要求冷藏储藏或销售，包装内外温差使水分在包装膜内产生雾滴影响产品外观，因此必须采用抗雾性塑料包装材料，使包装内水分不形成雾滴。⑤热封性。为了保持包装内的混合气体，包装袋或盒的封口要求有一定强度，而且完全密封、无泄露。聚乙烯的热封性最可靠。

不过，新鲜果蔬的包装中，需要从大气中补充包装内被果蔬有氧呼吸所消耗的 O_2，从包装内排出果蔬呼吸所产生的过多的 CO_2，因此要求采用透气性的塑料包装材料，而不是阻气性的包装材料。

（四）生物包装技术

生物技术包括传统生物技术与现代生物技术两部分。传统生物技术是指已有的制造酱、醋、酒、面包、奶酪、酸奶及其他食品的传统工艺；而现代生物技术则是指以现代生物学研究成果为基础、以基因工程为核心的新兴学科。当前学者们谈论的生物技术均指现代生物技术。现代生物技术主要包括基因工程、细胞工程、酶工程、发酵工程和蛋白质工程。这五项工程中，最有希望用于食品包装领域的是酶工程。

生物酶是一种催化剂。它可用于食品包装而产生特殊的保护作用，因为研究表明，食品（包括很多生鲜食品和农副产品）都是由于生物酶的作用而变质和霉烂的。将现代生物技术用于食品包装也就是"以酶治酶、以酶攻酶"而实现其包装作用。生物酶用于农产品包装是生物技术在食品包装上的典型应用。生物酶在农产品包装上的应用主要就是制造一种有利于农产品保质的环境。它主要根据不同农产品所含酶的种类而选用不同的生物酶，使农产品所含不利于农产品保质的酶受到抑制或降低其反应速度，最终延长农产品的货架期。

生鲜食品的生物酶保鲜包装技术就是将某些生物酶制剂用于生鲜食品的保鲜包装。其技术工艺体现在三个方面：酶钝化处理；生物酶制剂处理；包装装料密封处理。酶钝化处理是利用空气放电的方式产生臭氧和负离子，使生鲜物料表面的酶钝化。其作用是使生鲜食品表面酶的活性降低，使之对周围环境失去灵敏性，降低其呼吸强度，以提高

冷链物流管理

其保鲜效果。生物酶制剂处理是配制酶为主要原料的组合剂,将这种酶组合剂与被包装产品一起装入包装中。包装装料密封处理是将包装材料、被包装产品、酶组合剂用密封或非完全密封方式进行包装。

◇ 关键术语

冷却（Cooling）

冻结（Freezing）

冷藏（Cold Storage）

冰温储藏（Ice-temperature Storag）

微冻储藏（Partial Freezing Storag）

解冻（Thawing）

◇ 思考题

1. 生鲜食品低温保藏的原理是什么？
2. 什么是冷却？有哪些冷却方法？有哪些冷却装置？
3. 冷却和冻结有什么区别？冷藏和冻藏有什么区别？
4. 食品冷却时会发生哪些变化？如何避免寒冷收缩？
5. 什么是淀粉老化？为什么要防止淀粉老化？怎样控制淀粉老化？
6. 强制通风式和差压冷却装置的区别是什么？

◇ 综合案例

"盒马鲜生"的冷链供应链

2017年1月阿里巴巴"盒马鲜生"诞生,它是电商巨头孵化的生鲜超市,线上线下结合的代表。盒马鲜生对其生鲜产品冷链的良好管理,使其成为目前生鲜电商领域少有的几家能盈利的企业之一。盒马鲜生在103个国家售卖超过3000多种商品,其中80%是食品,生鲜产品占到20%,未来将提升到30%。店内零售区域主要分为肉类、水产、蔬果、南北干货、米面油粮、休闲食品、烟酒、饮料、烘焙、冷藏冷冻、熟食、烧烤及日式料理等区域。

对于生鲜行业,供应不仅仅要把东西从A点送到B点,还要确保从A到B到运送过程中的温度、湿度和物理碰撞,物流过程很长。传统B2C电商的冷链物流是从总仓分拣打包后送到配送站,再送到消费者手中,涉及仓储、检货、打包、配送、支线配送等多个环节。在这一模式下,货物需要一件件分拣后装进泡沫箱,不仅拣货效率低,中间还需要用到很多耗材,如冰块、冰袋等,同时分拣箱占物流车的空间,对配送站的冷链要求也很高,一单的配送成本在28~30元。盒马鲜生采用从总仓直发门店的B2B模式,到门店后按品类归类储藏。有订单时在各工位的员工接到指令后,在管辖区域拣出相关货品,通过悬挂链系统接力拣货,10min完成打包出货。这是一种B2B2C的模式,冷链配送环节少,一单的配送成本只有B2C模式的1/3。冷链成本降低,效率提高,这才使得生鲜电商有了盈利的空间。

第五章　冷链加工与包装

盒马鲜生的生鲜产品冷链系统主要由原材料、运输、储存、加工和包装等过程组成，核心部分流程图如图5-20所示。

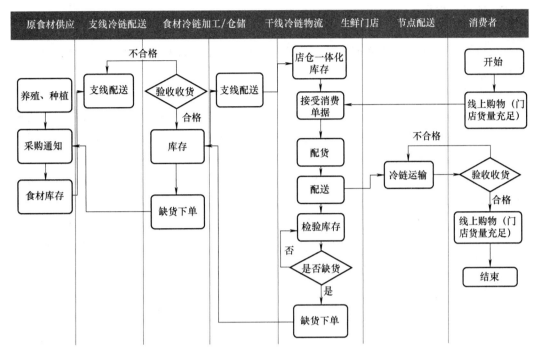

图5-20　盒马鲜生生鲜产品冷链系统核心部分流程图

1. 原料供应环节

原料供应环节主要通过物流运输单与原料的供应单进行车货同步的信息绑定，该过程用手机App的扫描功能可以直接实现，前提是物流单据和原料包运单元必须贴有条码标签。

新鲜是消费者对生鲜商家的主诉求，为此，盒马"日日鲜"主打"只卖一天"的概念。日日鲜供应的蔬菜均是当天从蔬菜基地直运过来的。这一概念不仅传达的是当天供应，更是当天食用，采用供一家三口食用的小包装，如蔬菜一盒300多克，根据不同菜品采取1~4元的定价，每天的包装都采用星期一到星期日的醒目标志。

盒马"日日鲜"的背后比拼的也是供应链的功夫。通常我国的农产品到超市，中间会经过三五层的中间商，生鲜基本采用外包模式。外包的好处是没有风险，但是所有的损耗都由供应商买单，供应商的售价中包括了20%的损耗率、20%左右的毛利及超市方的毛利，所以价格高是必然的。为此，盒马鲜生重构价值链，建立买手制，在全球直采，买断商品，去除额外的费用，采用成本加20%毛利的定价方式，形成盒马的性价比优势。这一定价方式在海鲜类产品中体现得尤为明显。

另外，生鲜难做的另一个原因是鲜活海鲜的存活率不高，品质难控，季节不同、产地不同，口感也会不同，极大地拉升了企业的运营成本。盒马鲜生的海鲜逐步往生产端迁移，如在阿拉斯加海域找到拥有海域捕捞权的帝王蟹供应商直采，用保温箱保存12~24h，让帝王蟹休眠。盒马鲜生通过专业的服务商进行全程温度环境控制，到达国内后

冷链物流管理

重新入水散养再分送至各家门店。舟山也是盒马鲜生的海鲜直采点，靠规模优势直接与生产端对接。

2. 加工质检环节

加工质检环节通过生产订单及商品批次作为数据关联要素，形成商品的批次化管理，采用 GS1 的储运包装单元编码体系进行包装批次的追溯信息采集，形成商品的生产追溯信息。

3. 成品运输环节

成品运输环节是将生产检验合格后的产品运输至盒马鲜生门店的环节，整个过程主要通过扫描成品物流单据和 SSCC（系列货运包装箱代码）进行车货信息同步，车辆的温湿度、位置等信息通过单据、车号、时间等与商品信息进行关联，形成成品冷链运输数据。

运输环节采用冷链车进行，整个过程每隔 5s 定时采集一次信息。温湿度信息的采集主要依赖冷链车载设备及温湿度传感器，车辆的位置信息采集使用基于北斗导航系统建立的 GIS 系统。车载设备与系统后台的数据传输依靠 4G 网络，网络不畅通路段，终端设备采用离线方式进行温湿度记录，在有信号时进行续传数据，保证整个过程的数据无间断传输。车载设备可以选择温度的上下限，如果环境温度超过设定的上下限，后台检测系统会及时提供报警信息，报警信息包括车辆、运输单据、运输公司、商品批次和超温时间段等，以便及时跟进处理。

4. 门店环节

商品到达门店后需要进行前店和后仓的不断链温度检测，采用智能空调系统进行环境数据采集，所得数据需要结合消费环节形成重要的温控追溯数据。

5. 消费配送环节

目前盒马鲜生的"3 公里半小时配送"已经达到了冷链最后一公里配送不断链的时效要求。配送员通过保温箱进行产品保存，通过配送单据进行门店与消费者的信息关联，形成最后的配送数据，至此整个供应链数据形成完整的一条数据链。盒马的 3 公里半小时配送现在也成为行业的标准。盒马鲜生从接单到装箱开始配送仅需 10min 左右。为此，盒马鲜生门店内采用了全自动物流模式，从前端体验店拣货到后库装箱，都由物流带传送。线上订单具体配送流程为：系统接收到线上订单后，拣货员根据移动手持终端（PDA）显示订单，前往零售区或仓储区拣货，放入专用拣货袋，将拣货袋放至传送起点，通过自动传输系统把商品传送到后台 300 多平方米的合流区，后台将拣货袋装入专用的配送箱，用垂直升降系统送到一楼出货。拣货袋分为两种，一种是灰色印有盒马鲜生商标的普通布袋，另一种是黑色内含锡箔纸的保温、保湿布袋，以保证生鲜在配送过程中保持新鲜。（案例来源：邓涛，陈玲，陈晗曦，等. 以"盒马鲜生"为例基于 GS1 的生鲜产品冷链供应链研究［J］. 中国自动识别技术，2018（4）：69-73. 钱丽娜，董枳君. 2018，得生鲜者得天下［J］. 商学院，2018（3）：44－49.）

问题：

1. 说明盒马鲜生的冷链环节。
2. 盒马鲜生冷链系统中哪些重要措施保证了产品的新鲜度？哪些是与本章内容相关的冷链技术？

第六章 冷链运输

◇学习目标

理解冷链运输的含义及其对象,了解冷链运输的特点、分类、温湿度及气体成分条件;掌握冷链运输的温度跟踪和监控,以及冷链运输的未来发展趋势。

◆引例

中铁特货运输打造铁路冷链运输优势,吸引顾客目光

紧扣内蒙古乳业特色,中铁特货运输有限责任公司呼和浩特分公司深入开展"强基达标、提质增效"主题教育活动,积极适应市场变化,全力推进各项攻关,实现了区域铁路冷藏货物运输翻番的目标。中铁特货呼和浩特分公司组织专职人员开展市场调研,走访伊利、蒙牛两大乳品企业,挖掘冷藏货源,掌握冷藏市场变化,了解客户需求,并向两大企业介绍铁路冷链运输优势,建立日常沟通微信群机制,与两大客户企业紧密沟通,推出"一口价"政策,吸引伊利、蒙牛两大企业客户重归铁路。2017年年初,该公司成功签订伊利集团月均使用B22型冷藏车50组的订单,比2016年平均每月增加了10组,蒙牛集团也将运量增加到月均20组冷藏车,实现冷链运量稳固增长的良好局面。

与此同时,针对伊利、蒙牛两大企业大量货物的发送地集中在柳州、广州和海口等南方地区的情况,中铁特货呼和浩特分公司一方面向中铁特货公司提出申请,争取优惠政策,另一方面派人加强与两大企业协商,提出B22型冷藏车组整列开行建议,并将"一口价"政策根据企业货物运量大小调整为"阶梯式一口价"政策,赢得了两大客户的好评。

第一节 冷链运输概述

运输是连接冷链各个环节的纽带。发达国家易腐食品的冷藏运输率已超过50%,其中美国、日本和西欧等国家超过80%。我国每年因丢弃腐烂食品而造成的浪费达到700亿元人民币,占食品生产总值的20%左右,其中很大一部分发生在运输环节。

一、冷链运输的介绍

冷链运输是指在运输全过程中,无论是在装卸搬运环节,还是变更运输方式或变更

冷链物流管理

包装设备等情况,都让货物始终保持一定温度的运输。冷链运输可以是公路运输、水路运输、铁路运输、航空运输,也可以是多种运输方式组成的综合运输。它主要涉及铁路冷藏车、冷藏汽车、冷藏船和冷藏集装箱等低温运输工具。在冷藏运输过程中,温度波动是引起货物品质下降的主要原因之一,所以运输工具应具有良好的性能,在保证规定低温时,更要确保温度的稳定,这对于远途运输尤其重要。

二、冷链运输的产品

冷链运输的产品主要分为三大类:

(一) 鲜活易腐品

鲜活易腐品是指在一般运输条件下易于死亡或变质腐烂的物品,如蔬菜、水果,肉、禽、蛋,以及水产品、花卉产品。此类货物在运输和保管过程中应采取特别的措施,保持一定湿度和温度,以保证其鲜活或不变质。

(二) 加工食品

食品加工就是将原粮或其他原料经过人为的处理过程,形成一种新形式的可直接食用的产品,或者制成更美味或更有益的产品。加工食品包括:速冻食品;禽、肉、水产等包装熟食;冰激凌和奶制品;快餐原料。

(三) 医药品

医药品是指用于预防、治疗、诊断人们的疾病,有目的地调节人的生理机能,并规定有适应证或功能主治、用法和用量的物质,包括中药材、中药饮片、中成药、化学原料药及其制剂、抗生素、生化药品、放射性药品、血清、疫苗、血液制品和诊断药品,如各类针剂、药剂等。很多医药品的流通都需要冷链运输。

三、冷链运输的作用

(一) 冷链运输是冷链物流系统的重要环节

冷链物流系统是以冷冻工艺学为基础,以制冷技术为手段的低温物流系统。它涵盖冷藏、冷链运输、冷链配送与冷藏销售等过程。

冷链运输通过低温减少货物的新陈代谢,抑制微生物的生长,以保持冷链产品的良好外观、新鲜度和营养价值,从而保证货物的商品价值,延长货架期。鲜活易腐货物在运输中的损失,除少部分是因途中照料不周或车辆不适造成外,大多数都是因为发生腐烂造成损失。

如同运输是物流系统中的主要干线一样,冷链运输也是冷链物流系统中连接各个冷链节点的重要环节,而且是冷链系统中的难点环节。

(二) 冷链运输可以实现冷链产品的时空位移,调节市场需求

冷链产品的生产区域在我国分布十分广泛,运输流向按照不同的自然地理环境划分极为复杂。例如,南菜南果的北运及四川、湖南、湖北等地的冻肉外运等,在运转过程上突破了时空限制。冷链运输的对象中,很多产品在生产供应上具有强烈的地域限制,如各地特产,但其消费分布在全国甚至世界各地,冷链运输能打破这种地域限制,连接生产与消费。

随着我国经济的快速发展和繁荣昌盛,城市化进程的加速,人民群众消费水平的提

高、生活节奏的加快,人们对各种加工食品,如调理食品、冷冻食品和方便食品的要求更高,需求趋向于多品种、小批量、高品质。同时,食品业的各业种和厂家在质量、价格和新产品等方面的竞争日益激化,迫切需要冷链运输发挥改变时空的作用,将冷链产品快速、安全地送到顾客餐桌上,并起到调节品种、适应不同季节变化与稳定物价的作用,加速冷链产品从实物到价值的转换,将冷链变成价值链。

(三) 冷链运输可以降低冷链产品在运输过程中的损耗,节约资源

冷链产品在整个供应链的各个环节都可能产生损耗,主要是由于冷链运输环节操作不当,导致产品质量下降、重量损失、数量减少。例如,果蔬在储运过程中的损耗体现在三个方面:微生物活动导致腐烂造成数量上的损失;蒸发失水引起重量的损失;生理活动的自我消耗引起的营养、风味变化造成商品品质上的损失。产品质量和价值的损失造成客户满意度的下降和品牌信誉的下降,整个冷藏供应链上的生产商、运输商和经销商都会受到供应链利润减少的影响。

在许多地区,农产品生产是当地的主要经济来源。农产品从农场到餐桌,即从生产者到消费者,不可避免地进行一次或多次集散,由于没有足够的冷链运输能力和科学的冷链运输方法,许多生鲜农产品不得不在常温下流通,流通中的巨大损失势必会使生产受到限制。例如,广东和广西的香蕉就有"香蕉大丰收,运输不畅使人愁"而不得不砍掉香蕉树改种粮食的历史,使得当地的自然优势得不到充分发挥。

◇知识窗

冷链运输必须依靠冷冻或冷藏等专用车辆进行,冷冻或冷藏专用车辆除了需要有一般货车相同的车体与机械之外,必须额外在车上设置冷冻或冷藏与保温设备。在运输过程中要特别注意必须是连续的冷藏,因为微生物活动和呼吸作用都随着温度的升高而加强,如果运输中各环节不能保证连续冷藏的条件,那么货物就有可能在这个环节中开始腐烂变质。在运输时,应该根据货物的种类、运送季节、运送距离和运送地方确定运输方法。在运输过程中,尽量组织门到门的直达运输,提高运输速度,温度要符合规定。为保持冷冻货物的冷藏温度,可紧密堆码,水果、蔬菜等需要通风散热的货物,必须在货件之间保留一定的空隙,以确保货物的完好。

第二节 运输模式及其特征

一、公路冷链运输

公路冷链运输是指使用专门的公路冷藏运输装备进行易腐货物运输的方式。公路冷链运输的相关设施设备包括冷藏汽车、保温汽车和保鲜汽车。公路冷链运输以其机动灵活、方便快捷等特点,成为冷链产品运输的重要组成部分。在发达国家,公路冷链运输的比例已达到 65% ~85%。

(一) 技术经济特点

1. 适应性强、机动、灵活

冷藏汽车(见图 6-1)具有使用灵活、建造投资少和操作管理方便等特点。它是冷

冷链物流管理

链运输中重要的、不可缺少的运输工具。它既可以单独使用于冷链产品的中短途直达运输，也可以配合铁路冷藏车、水路冷藏船和航空运输进行短途接运和换装。公路冷链运输可以减少中转环节及装卸次数，实现"门到门"的运输，在经济运距之内可以深入城乡，直达销地。在无水路和铁路运输的偏远城镇或工矿企业，更突显公路运输的优势。公路运输在时间上的机动性也较大，对货物的批量大小有很强的适应性。

图 6-1　冷藏汽车

2. 送达速度快，货损货差小

冷链产品对小批量的订单频率、时效性要求特别高。公路冷链运输灵活方便，不需要中途倒装，中短途运输送达速度快，有利于保持冷链产品的质量，加速流动资金的周转。

3. 技术经济指标好，技术改造容易

为更好地适应社会发展对公路运输的要求，冷链运输车在装货吨位、品种和技术性能等方面正在向多温制冷、低能源消耗方向发展。

4. 能耗高，污染环境

车辆制冷消耗能源多，运行持续性较差，运输成本高昂，尤其是长途运输的单位运输成本比铁路或水运的运输成本高。

5. 其他特点

公路冷链运输因运量有限，适合小批量的运输；受气候、自然灾害和突发事件等不可控因素及城市交通管制等因素制约较大，其及时性和稳定性差；路面不平时，车体振动大，产品易受损伤。

（二）适用范围

从世界范围来看，各国公路运输的适用范围与其技术经济发展水平、经济结构、自然条件及居民消费水平有着密切的联系。

由于公路所具有的技术经济特征，冷藏汽车在中短途运输中的效果最突出。冷藏汽车短途运输通常在 50km 以内，短途运输效果好是因为其站场费用低，经济灵活。中途运输在 50～200km，长途运输则在 200km 以上。在长途运输方面，冷藏汽车设备购置成本高昂，途中耗用燃料多、人员费用高、设备折旧率高，因此并不占优势。

公路冷链运输的主要功能之一是补充和衔接其他冷链运输方式。例如，在不具备铁路、水路运输设施的区域，担负铁路、水路运输达不到的区域及起点与终点的接力运输。在某些特殊地区，虽有水路或铁路运输，但由于受自然地理条件等因素制约，公路冷链运输的合理运距为 100～200km。对于冷链产品，由于其价值较高，而且公路运输速度较快，不必换装，可减少货损，并可直达冷链产品的产区与销售地，因此，采用冷藏汽车直达运输的经济运距可达 1000km 左右。此外，基于大型突发事件或公共事件的应急需要，也常常采用公路冷链运输方式进行紧急救援。

（三）公路冷藏运输车的工作原理

我国冷藏汽车几乎全部采用机械制冷方式。其原理是利用蒸汽压缩式制冷机组制冷，即利用氟利昂汽化吸热对车内货物进行冷却。考虑到氟利昂对环境的危害，许多机

第六章 冷链运输

械冷藏车生产厂家已对氟利昂制冷剂进行了替换。因为液氮、二氧化碳需要适时充注制冷剂，但能提供充注服务的营业场所非常少，所以不如机械制冷方式方便，而且蓄冷板制冷装备体积较大，占用较大的空间和装载质量，因此很难在较短时间取代机械制冷。

机械冷藏车车内温度分布均匀，并且可以根据需要调节温度。但是其结构较为复杂，包括制冷装置、温度控制器和热力膨胀阀等，并且这些装置容易出现故障，维修费用也较高。此外机械冷藏车的价格较高，大容量机械冷藏车的冷却速度较慢且需要及时融霜。

机械冷藏车除了常用的单一冷藏温度的车型外，还有可以运送两种以上不同类型货品的多温区冷藏车，如图 6-2 所示。-18℃ 及以下用于冷冻食品；2℃ 左右用于冷藏食品；13℃ 左右用于对冷冻敏感的产品。

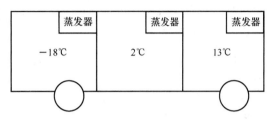

图 6-2　多温区冷藏车

不同的温度区间使用分隔门隔开，车身可以设置多个侧门，气密性很高。各个分隔部分可以同时采用不同的蒸发温度，为多种产品提供适宜的冷藏温度。在为多个门店配送批量小、品种多的冷冻冷藏食品时，应采用多温区冷藏车，以满足食品的多种温度需求，还可以提高冷藏车配送的效率，一次出车可以完成多个任务。多温区冷藏车特别符合快餐店和独立的食品杂货商的运输要求。

根据压缩机动力来源的方式划分，机械冷藏车可以分为主发动机式和复发动机式。主发动机式是指压缩机和汽车共享一台发动机，在中小型货车短距离运输时较常使用。复发动机式是指压缩机本身具有发动机的机械冷藏车。

机械冷藏车（见图 6-3）主要采用强制通风装置。空气冷却器（蒸发器）一般安装在车的前段，冷风沿着车的顶部向后流动，从车的四壁下到车底部，再从底部间隙返回车的前端。这种通风方式使货物四周被冷空气包围，外界传入车内的热量直接被冷风吸收。机械冷藏车壁面上的热流量与外界温度、车速、风力及太阳辐射有关。行驶过程中，主要影响因素是空气流动。此外，在同一外部条件下，不同吨位的冷藏车的耗冷量也不尽相同。

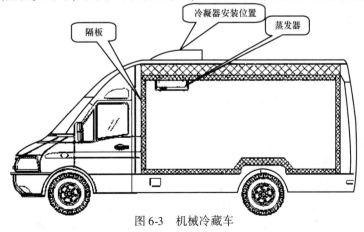

图 6-3　机械冷藏车

二、铁路冷链运输

铁路冷链运输是指运用铁路冷链运输工具在铁路上进行的冷链产品运输。铁路冷链

冷链物流管理

运输工具包括机冷车和铁路冷藏集装箱等。

铁路上的机械保温车（简称机保车，如图6-4所示）可调设不同温度，低温状况下为机冷车。由于机冷车车组容量大，不适应鲜活易腐货物销售市场向小批量、多批次方向发展的需求，而且车辆使用年限较长，机组设备老化，车辆自重大，运输付费和运用成本较高。我国有几种主要的机冷车型号，各型号车型的参数见表6-1，但现在铁路只有200组B22型机冷车在执行着冷藏运输业务，而B21型、B23型和B10型机冷车都已经淘汰当作代棚车使用。

表6-1 机冷车的参数

车型	车辆载重/t	车内长度/mm	车内宽度/mm	车内高度/mm	车内温度/℃	最高速度/（km/h）
B21	45.5	18000	2550	2000	-22~14	120
B22	46.0	18200	2500	2300	-22~14	120
B23	45.5	18000	2560	2300	-22~14	100
B10	38.0	17300	2554	2300	-22~14	120

实践中，铁路运输除了使用特殊机车外，更多使用普通机车搭载冷藏集装箱的形式来完成铁路冷链运输。冷链集装箱具有更好的灵活性，与其他运输形式也能更好衔接，具体介绍见后面内容。

◇知识窗

近来比较流行的"门到门"生鲜配送，以及小区的牛奶等配送也采用保温箱，以防止在配送过程中因货物温度回升而使质量受到影响。而有的商家，为了更好地保证货物的质量，还会采用在保温箱内装入冰袋或冰盒等方式，以保证持续低温。冰袋、冰盒一般采用塑料包装，内部充注蓄冷剂，蓄冷剂的成分可以是多元醇和水的混合液，它的蓄冷量往往是纯水冰的3~6倍，所以可以吸收更多的热量。也有的直接采用干冰制作冰袋。冰袋和冰盒有一次性的，也有可重复利用的，把使用过的冰袋、冰盒再放回冰箱或冷冻容器内进行冷冻，即可"恢复"制冷能力。

（一）技术经济特点

1. 适应性强，运输能力大

铁路冷链运输适用于分布在不同生产领域的冷链产品的运输，具有较高的连续性，适合于各类不同重量和体积的冷链产品的双向运输。铁路是大宗、通用的运输方式，铁路运输能力取决于列车重量和每昼夜线路上通过的列车对数。列车载货运输能力比汽车和飞机高许多，目前采用的机械式铁路制冷设备能担负大量冷链产品的运输任务。机械保温车车体隔热、密封性能好，并且安装了机械制冷设备，具有与冷库相同的效应，能创造适宜的储运条件，较好地保证品质、减少损耗。

2. 运送速度较高，运输成本较低

对于常年消费的生产性、季节性较强的大宗冷链产品，托运者十分重视冷链运输的大量性、连续性、低廉的运价及运送速度。运输成本中固定资产折旧费所占比重较大，而且与运输距离长短、运量大小密切相关。运距越大，运量越大，单位成本就越低。一般而言，铁路的单位运输成本比公路运输和航空运输的运输成本低，甚至比内河航运还低。

3. 安全性高，能耗小，受环境污染程度小

众所周知，在各种现代化运输方式中，以按单位旅客人数和货物吨位计算的事故率

第六章 冷链运输

来衡量,铁路运输的安全性是很高的。铁路机车车辆单位功率所能牵引的重量约比汽车高10倍,因此铁路单位运量的能耗同样比汽车运输小。在环境污染方面,对空气和地表的污染最为明显的是汽车运输,喷气式飞机、超音式飞机等运输工具可造成更为严重的噪声污染。相比之下,铁路运输对环境和生态平衡的影响程度较小,特别是电气化铁路的影响更小。

4. 运价上缺乏灵活性,内部比价不尽合理

一是冷链产品受季节性、运输质量、时效性影响大,在不同的季节、不同的运输质量和运输期限下,市场价格相差较大。二是铁路运价相对固定,形成旺季不能提价增收、淡季价高赶走货源的局面,不利于拓展易腐货物的运输市场。这是由于铁路运输的运价一般都由铁道部门规定,无法随意调整运价。

5. 运输工具不适应市场要求

20世纪后期,我国冷链运输一直以加冰冷藏车为主。随着冷链产品运输市场的变化,大宗货物量减少,加冰冷藏车的运用受到制约,车辆使用率大幅下降。同时,受车辆需要中途加冰的技术限制,货物运抵速度大大降低,无法满足冷链产品的时效性要求,加冰冷藏车目前已经被淘汰。而成组的机械冷藏车一次装载量过大,单节机械冷藏车的技术状态不良,导致运量急剧下降,铁路冷藏运输严重亏损。冷链产品的运输不同于普通货物的运输,需要配备精良的冷链运输装备和运输管理机制,如此才能有效地实现货物的质量保障和运输的经济效益。

(二)适用范围

在幅员辽阔的大陆国家,铁路运输是陆地交通运输的主力。即使是在工业发达且面积小的岛国,铁路运输仍然占有一席之地。在我国冷链产品生产区域分布广泛、运输流向复杂的情况下,铁路冷链运输方式适用于中长距离、高频率、稳定的大宗冷链产品运输,以及城际间冷链产品运输。

(三)铁路冷链运输车的工作原理

前文提及,目前铁路冷链运输主要采用机冷车,机冷车制冷温度低(可达-18℃),车内温度分布均匀,运输速度快,能够较好地保持货物的质量。机冷车相比以前的加冰冷藏车,扩大了运输产品的种类。早期我国主要从德国进口以R12为制冷剂直接吹风冷却的冷藏车,即B17型机冷车,近来应用较多的型号是B22。

机冷车一般以车组形式出现,如图6-4所示。是以五节为一组的冷冻物货车,由一节发电车和四节保温车车厢构成。每辆货物车设有两套相同的制冷加热机组。这种方式

图6-4 机冷车组

冷链物流管理

虽然运输量较大，但是缺乏一定的灵活性，因此限制了机冷车的发展。机冷车通过发电车发电提供电力，并供给其余四节的车厢进行冷冻工作。机冷车的车内温度一般控制在 $-30\sim14℃$，车内承受环境温度为 $-45\sim45℃$。

◇ **知识窗**

2017 年 8 月 31 日上午 10 点 30 分，由中铁集装箱运输有限责任公司携手济南铁路局组织开行的冷藏集装箱铁路国际班列，缓缓驶出农中站，向哈萨克斯坦第一大城市阿拉木图方向奔去。这是中国铁路首次开行的全列冷藏集装箱国际班列。

此次开行的冷藏集装箱国际班列，搭载了山东金乡生产的大蒜，经由阿拉山口口岸直达哈萨克斯坦第一大城市阿拉木图，全程运行近 5000km，历时 12 天。该班列编组 40 辆，在中国铁路总公司的领导下，由济南铁路局、中铁集装箱公司、中铁快运公司等单位强强联合，主动面向市场，开展精准营销，组织有效货源，给予运力支持，提供世界最先进的 45 英尺铁路冷藏集装箱和国际联运全程物流服务，确保了班列的顺利开行。

三、航空冷链运输

航空冷链运输主要是指利用具有货舱的飞机或全货机，装载与其相兼容的 ULD（Unit Load Device，一种航空运输中的集装设备）或制冷集装箱（见图 6-5），借助冷却媒介、控温运输工具和相关的辅助材料完成空中运输。

在航空领域较少应用传统的制冷系统，多采用制冷集装箱进行航空运输。而制冷集装箱的温控效果好，一般有托盘和密闭集装箱两种形式，但是托盘比较容易使货品遭受损害。

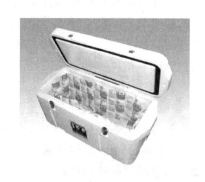

图 6-5　制冷集装箱

制冷集装箱由于受到飞机机舱形状的严格限制，选择面较小。可采用的材质有铝质、聚碳酸酯聚合物及高冲击成型聚合物，近年来广泛使用的材料还有纤维板及各种塑料凳。由于 ULD 在等待装卸时经常会暴露在太阳底下，还应避免使用吸热材料。为了维持易腐货物的温度，一些制冷集装箱采用简单的隔热层（仅在壁面添加保温材料，以达到减弱温度变化的目的）。隔热层分临时性和永久性两种。永久性隔热层采用较厚的保温材料，具有较好的保温效果，此类集装箱又分为主动式和被动式两种，至于采用主动式还是被动式系统，主要取决于易腐货物的价值。主动式制冷集装箱一般采用干冰作为制冷剂，并采用自动调温控制的换热器。这种换热器可以更加均匀地分配气流，避免内部出现冷或热的集中区域，当环境温度超过产品温度 8℃ 时，该类系统可以发挥最大功效，特别是对于那些冷冻货品。被动式制冷集装箱只是在内部装上干冰或一般的冰，必须上报给航空公司，因为高浓度的二氧化碳会产生危险，与其相类似，一般的冰融化产生的水也容易引发危险。

航空冷链运输是通过装载冷藏集装箱进行联合运输的。除了使用标准的集装箱外，小尺寸的集装箱和一些专门行业非国际标准的小型冷藏集装箱更适合于航空运输，因为它们既可以减少起重装卸的困难,又可以提高机舱的利用率,对空运的前后衔接都能带来方便。飞机只能运行于机场与机场之间,冷藏货物进出机场需要其他方式的冷链运输来配合。因此,航空冷链运输一般是综合性的,采用冷藏集装箱,通过汽车、铁路、船舶等联合运输,不需要开箱倒货,可实现"门到门"快速不间断冷环境下的高质量运输。为确保冷链运输的可靠性,最重要的是正确地准备集装箱,严格产品包装及搬运流程。

(一) 技术经济特点

1. 高速性,机动灵活性

航空冷链运输是所有运输方式中速度最快的一种,不受地形地貌、山川河流的影响,只要配备机场和航路等基本设施,即可开辟航线。倘若使用直升机,其机动性更大,特别是在大型突发事件和灾害事件中,直升机作用更大。目前,航空冷链运输主要运输的鲜活易腐货物有鲜花、植物、水果、新鲜肉类、海鲜和疫苗等。

2. 运量小,运价高,成本高,温控效果较差

由于航空运输对所运物品的种种限制,航空冷链运输的发展缓慢。此外,飞机的动力系统不能向冷藏集装箱提供电源或冷源,空运集装箱的冷却方式采用液氮和干冰。在航程较短、飞行时间较少的情况下,需要对冷链产品进行适当预冷后再进行保冷运输。由于高空温度低、飞行时间短,货物的品质能较好地保持。相反,在航程较远、飞行时间较长的情况下,易腐货物的品质会受到影响。

目前,航空运输主要采用干冰冷却方式,但干冰作为制冷剂具有一定的局限性:控温精度不高,没有加热功能,需要特殊的加冰站等。但是凭借速度快的优点,一些急救药品常选择采取航空冷链运输。随着我国医疗事业的发展,新型疫苗、药品和血液制品的运输将会越来越多地采用航空冷链运输。在进口果蔬、肉类等生鲜食品的需求进一步增大的现代社会,航空冷链运输的重要地位逐渐凸显。

(二) 适用范围

航空冷链运输是所有运输方式中速度最快的一种运输方式,适用于冷链产品的长途运输,包括国际、国内运输。随着消费者对冷链产品时效性要求的提高,以及对易腐货物食品的鲜度和风味需求的增加,航空冷链运输的需求越来越大。通常,航空冷链运输用来运输新鲜娇嫩、易受机械损伤而变质、附加值较高、需长距离运输或出口的冷链产品,包括:①名贵花卉、珍稀苗木;②部分生鲜山珍海味,以及特种水产养殖的苗种、观赏鱼;③某些生化制品、药品及特种军需物品等。

【同步案例6-1】

武汉新增4条"小龙虾航线",湖北小龙虾48h内运抵全国

又到了吃虾季,作为小龙虾产销大省,湖北的小龙虾除了满足本地市场外,武汉新增4条"小龙虾航线",湖北小龙虾起水后48h可飞抵全国。这4条航线由京东物流联合各航空公司开设,运输鲜活小龙虾及熟制小龙虾产品,全国近70个城市可在48h内收到新鲜出水"坐飞机"而来的鲜活小龙虾。

"小龙虾的运输对时效要求特别高。"京东物流华中区物流开放部小龙虾项目负责人介绍,京东物流2018年首次开通监利、洪湖和潜江等湖北区域小龙虾养殖重点县市

冷链物流管理

的专用航空线路，整个小龙虾运输过程采用"冷链车+航空"的运输矩阵，可实现小龙虾出水后48h内抵达全国各地，其中湖北省内若干城市可实现次晨达。

"根据虾农的起水捕捞时间，先安排冷链物流车上门接货，在本地进行快速包装、打单、分拣后运往武汉，再通过武汉'小龙虾航线'空运到全国各个区域，配送给商家。"项目负责人告诉记者。湖北是小龙虾产销大省，省会城市武汉航空货运辐射能力强，将武汉作为运输中转站，交通便利，方便小龙虾运输。潜江三乐农业科技有限公司总经理李红卫也表示，如果采用普通陆运方式运输小龙虾，损耗高达30%~40%，而采用"冷链车+航空"的运输方式，路途中的损耗可降至10%以内。（案例来源：长江日报，http://www.hb.xinhuanet.com/2018-05/16/c_1122838097.htm.）

问题：
试说明为何小龙虾可用"冷链车+航空"的方式？是否符合经济效益原则？

四、水路冷链运输

水路冷链运输是指在水路运输中使用专门的温控冷链装备进行易腐货物运输的方式。按其航行的区域，大体可分为远洋运输、沿海运输和内河运输三种类型。用于水路的运输工具主要分为两大类：一类是冷藏集装箱船；另一类是冷藏船或冷藏舱（见图6-6）。冷藏船一般被用来运输大宗冷链货物，而冷藏集装箱船一般运输高附加值的小批量冷链货物。

图6-6 冷藏船

（一）技术经济特点

1. 运输能力大，运输距离远

水路运输通常适用于大批量、远距离运输的货物。大型冷库之间，在条件许可的情况下往往采用水路运输。而从大型冷库到分销冷库或消费者之间，往往采用其他运输方式。冷链物流中进出口货物几乎全部都是通过水路完成的。在国内贸易中，南北线路的易腐货物也有一部分是由水路送达目的地港口的。

2. 投资省，运输成本低

海上运输航道的开发几乎不需要支付费用，内河运输需要花费一定费用以疏浚河道，但相比修筑铁路的费用少很多。尽管水运的站场费用很高，但因其运载量大、运程较远，因而总的单位成本较低。此外，由于运载量大、配员少，因而劳动生产率较高。例如，一艘20万t油船只需配备40名船员，平均每人运送货物5000t。

第六章 冷链运输

3. 运输工具是传统的冷藏船与冷藏集装箱船并存

冷藏船运输最大的缺点是装船和卸船在常温下进行，容易导致货损，难以保证易腐货物的运输质量。并且易受季节和气候条件的影响，要求港到港运输且要有专业码头装卸。另外，航线双线不平衡，返回空载率高，其灵活性远小于冷藏集装箱船。冷藏船一般运送货物批量大、足期、足航线的货物。

4. 冷藏船运输连续性差，运输速度慢

受地理条件限制和季节影响，冷藏船运输连续性差、运输速度慢，联运中需要中转、装卸，也会增加货损。并且具有较高的"断链"风险，因为货物的装卸会不可避免地暴露于环境温度下。

5. 冷藏集装箱船的优点是可小批量运输，受季节影响较小

与传统的冷藏船相比，冷藏集装箱船可装卸港口、码头多，运输范围可到内陆市场或原产地。到港后，冷藏集装箱船比较容易找到反向的运输货源，返航时的空载率小，在上下游衔接方面比传统的冷藏船具备优势，可直接从集装箱船到集装箱货车上，实现"门到门"运输。

（二）适用范围

水路冷链运输适合于冷链货物的近距离运输、大宗耐储运的易腐货物及其加工制品的长途运输。在水路冷链运输中，易腐食品占主导地位。我国生鲜农产品与食品的进出口贸易中，大部分需要水路冷链运输方式进行运送。

远洋运输不仅是国际贸易的主要运输方式，也是发展国民经济的重要组成部分。某些资源缺乏而工业发达的国家，主要依靠海运来维持其经济的发展。例如，日本的水产品对水路冷链运输方式依赖性很大。沿海运输作为国家综合运输体系的重要组成部分，既是沿海城市之间，以及沿海城市通过海河、海陆联运与内地之间进行冷链货物运输的通路，也是为冷链货物远洋运输提供支线服务的重要环节。

（三）水路冷链运输船的工作原理

冷藏船一般都配置有制冷装置，方便对水产品进行冷却和冻结，而冷藏船的每个舱壁和舱门都是气密结构，隔热材料可以是泡沫塑料、铝板聚合物等。舱体之间互相隔离独立，不同舱体可以装载不同温度要求的水产品。冷藏船多采用氨或氟利昂制冷系统。冷却方式一般采用冷风冷却，这种冷却方式冷却速度快，温度容易控制，但是货物干耗较大。舱体的温度波动一般控制在±0.5℃内。由于冷藏船行驶环境比较复杂，对制冷设备的可靠性、抗压性、抗振动性和抗冲击性要求更为严格，考虑到航海的特殊性，要求设备耐蚀性强并可以在规定范围内的倾斜条件下工作。冷藏船的空间有限，制冷装置设计结构相对紧凑。冷藏船设备制冷量较大，温度调节范围要满足加工运输要求，水产品所需温度越低，制冷系统的制冷量要求越大。

五、冷藏集装箱运输

严格来说，集装箱只是一种运输工具，是一种标准化的运输工具，可通用于上述各种运输方式。冷藏集装箱具有一定的隔热性能，能保持一定低温，如图6-7所示。按制冷方式分类，冷藏集装箱可分为保温集装箱、外置式保温集装箱、内藏式冷藏集装箱、液氮和干冰冷藏集装箱。

冷链物流管理

图 6-7　冷藏集装箱

（一）技术特点

1. 适应性强，便于装卸搬运

冷藏集装箱具有足够的强度，可长期反复使用，途中转运时，箱内货物不需要换装。冷藏集装箱适用于一种或多种运输方式运送。冷藏集装箱具有快速装卸和搬运的装置，在使用中可以实现整箱吊装机械化装卸作业。其装卸效率高，在冷链运输的起点和终点便于冷链货物的装卸，装卸转运时间短。

2. 调度灵活，周转速度快

冷藏集装箱能满足批量灵活的运输需求，也适合小批量冷链货物。箱内温度可在一定范围内调节。箱体上还设有换气孔，性能良好的冷藏集装箱的装箱温度误差可以控制在 1℃ 之内，避免温度波动对质量的影响，实现"门到门"运输，避免"断链"。例如，冷藏集装箱可利用大型拖车直接开到果蔬产地预冷库，产品预冷后直接装入箱内，使果蔬处于最佳的储运条件下，保持新鲜状态，直接运往目的地。这种优越性是其他运输工具不能比的。

3. 按市场需要供货，保证市场销售价格稳定

用冷藏集装箱运货，到达目的地后若市场供大于求，可继续制冷，等市场有需求时再卸货上市，可实现高价出售。而其他冷链运输工具就很难实现这种操作。

（二）适用范围

冷藏集装箱适用于各类冷链货物的冷藏储运，可在世界范围内流通使用，是陆海空冷链运输工具中发展最快、应用最多的重要运输工具，并具有冷链运输通用性和国际标准化的特点。

冷藏集装箱适应冷链货物外贸发展，可增加外汇收入。国际食品市场对易腐食品的数量与质量要求相当高，没有先进且具有一定规模的冷链运输工具，食品的运输质量很难保证。例如，新西兰苗圃业不仅出口叶菜、观赏植物，还出口季节性和常绿的苗木，新西兰用海运代替空运，使用 ISO 冷藏集装箱，不仅大大降低了运费，而且保证了销路。可以说，没有冷藏集装箱就没有蓬勃发展的新西兰出口业。

（三）冷藏集装箱的工作原理

冷藏集装箱一般配备制冷系统、制氮机、二氧化碳脱除机、乙烯脱除机、加湿装置、温度记录装置和电子信息控制装置等。冷藏集装箱在构造上（图 6-8），将控制冷藏集装箱内部温度的感温探头分别设置在回风口处和供风口处。在蒸发器下方的是供风口，其上方的是回风口。供风口的温度波动较大，而回风口的温度波动较小。冷藏集装

第六章 冷链运输

箱在实际运行过程中，当冷藏集装箱设定为冷冻状态时（-10℃以下），回风口的感温探头控制开关起作用；如果冷藏集装箱的温度设定在冷藏状态时（-10℃以上），供风口的感温探头起作用。实际上供风口的温度是由外至里反映的，而回风口的温度是由里至外反映的。两者的温度在测试的过程中必然产生1~2℃的差异。冷藏集装箱被设置为冷冻制冷状态时，恰好是回风口上的感温探头在起作用，因此，温度记录表盘上记录的温度更接近冷冻状态的箱内温度；而设置冷藏制冷状态时，却是供风口上的感温探头在起作用，温度记录表盘上记录的温度较之冷藏状态下箱内温度有一定偏差，温度记录表盘反映的温度倾向于制冷机发出的供风温度。冷藏集装箱的隔热要求和温度条件的国际标准见表6-2。

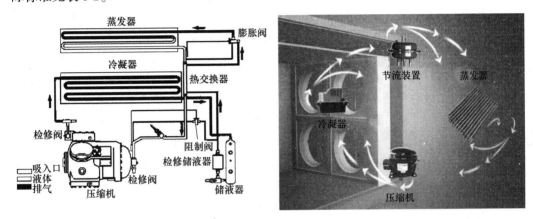

图6-8 冷藏集装箱的制冷构造及工作原理

表6-2 冷藏集装箱的隔热要求和温度条件的国际标准

设 备	箱体传热系数/[W/(m²·K)]	箱内温度/℃	外界温度/℃
液态制冷剂喷射装置	0.4	-18	38
机械制冷装置	0.4	-18	38
冷冻/加热	0.4	-18/16	38/-20

【同步案例6-2】

"一带一路"中冷藏箱成明星产品

在"一带一路"倡议下，亚欧大陆各国贸易更加密切，物流需求快速增长。在国际贸易中，80%以上的贸易依赖于集装箱，以前国际贸易中的冷货运输主要靠标准冷藏箱通过远洋海运运输，时间非常长，铁路运输虽可缩短近一半的运输时间，但受客观条件限制，直接使用标准冷藏箱运输冷链产品存在诸多困难。

依靠多年的特种冷藏集装箱研发经验和市场敏感度，青岛中集特种冷藏设备有限公司敏锐地捕捉到了"一带一路"铁路冷链运输所蕴藏的巨大市场机遇。

"为'一带一路'打造的几款冷藏箱是我们公司的明星产品。"青岛中集特种冷藏设备有限公司营销副总监张艳峰告诉记者，该系列集装箱是根据中欧班列客户需求定制研发的，包含"一带一路"多式联运恒温箱、蓄能箱和花卉运输箱等系列产品，率先解决了中欧班列保温运输难题，开创了冷藏箱可长途铁路运输花木等植物的历史，实现

冷链物流管理

了"冻品+鲜活"全品类物品运输。

"这几款产品经过创新设计,满足了'一带一路'中欧班列铁路运输的要求。"提起"一带一路"冷藏集装箱,张艳峰如数家珍。"一带一路"恒温箱是专为超低温、超远途打造的,中欧班列路途约1万km,在经过哈萨克斯坦、俄罗斯等地区会出现 -50℃的恶劣天气,并且中途为集装箱加油不便,而青岛中集特种冷藏设备有限公司的集装箱可以在无人值守的情况下连续运转20天,箱内温度可以恒定保持在-25~25℃的任意温度。"一带一路"蓄能箱专为冬季向欧洲运输电子产品设计。电子产品对低温敏感,在冬季的亚欧大陆上进行铁路运输时,温度太低会让电子产品受损,而蓄能箱则利用相变能,在从我国出发时吸收周围热量并储存,通过低温地区时释放能量,做到零污染、零排放,保持箱内温度恒定在-15℃左右。"一带一路"花卉箱则开创性地通过控制新风,保证欧洲郁金香等特色花卉产品在运输过程中品质不变。

这些特种冷藏集装箱一般会从青岛、成都、重庆和上海等地乘国际班列出发,或者途经新疆阿拉山口进入中亚,或者经过内蒙古满洲里抵达俄罗斯莫斯科,有的还将到达德国等欧洲国家进行货物集散,45ft(1ft=0.304m)的超宽特种冷藏箱还成了中铁中欧班列的热门产品。截至目前,有超过1000台青岛中集"一带一路"冷藏箱搭乘国际班列飞驰在亚欧大陆上,特种冷藏箱的销售额也借此实现历史性突破。同时,为了抢抓"一带一路"中的物流运输行业发展机遇,青岛中集特种冷藏设备有限公司先于国家标准,在行业内率先使用环戊烷环保发泡材料替代141B的传统发泡工艺,并获得国家环保部项目专项奖励。他们推出的轻量化CRC系列冷藏箱、环保冷藏箱等系列产品均处于全球领先水平。(案例来源:青岛日报/青岛观/青报网,http://www.dzwww.com/shandong/sdnews/201805/t20180528_17426094.htm.)

问题:冷藏集装箱的采用对于我国发展冷链输运的影响是什么?

第三节 冷链运输的温湿度及气体成分条件

一、冷链运输的温度条件

温度对于食品等冷链产品的品质影响是巨大的。在世界上的某些区域,大多是在热带和亚热带地区,农产品采收后由于处理技术落后造成的损失不计其数。适当的温度管理对于延缓农产品的腐烂极为重要,也是最为简便的措施。

从总体上看,储运果蔬产品的环境温度越低,保质期越长。例如,芦笋是相当易腐的食物。一些研究结果表明,芦笋的储运温度一般以0~2℃为宜,芦笋在运输过程中的温度越高,其品质的损失越大。将芦笋置于模拟运输的环境温度中,在20~25℃的情况下,芦笋的储藏期缩减到只有2天;在高于25℃的情况下,芦笋会在短时间内出现萎蔫现象。然而也有例外,尤其是一些产于温带、亚热带和热带地区的水果和蔬菜,如木瓜、西红柿、黄瓜和灯笼椒等,其对低温环境相当敏感,易受到伤害,这种状况常发生在低于15℃而高于冻结点的温度条件下。

冷害可对植物组织造成永久的或不可逆转的损伤。冷害是对温度敏感的水果或蔬菜

第六章 冷链运输

所处的环境温度低于某温度临界值造成的。决定冷害的损伤程度的因素包括温度、暴露于低温环境中的时间（无论是连续的还是间歇的）、农产品的老化程度（未成熟或成熟）及作物是否对低温敏感。受到冷害损伤的农产品在刚离开冷藏环境时，冷害的症状往往并不明显，而将其置于非冷藏环境中后，冷害症状开始逐渐显现。冷害症状表现为：表面损伤、组织水渍化、内部变色和组织损伤等。常见的症状如果皮上有变色的腐蚀斑点，通常是由于表皮下的细胞受损而造成的。高度的水分流失会加剧腐蚀斑点的产生。果肉组织变褐也十分常见。未成熟就被采摘的水果在冷藏后，或是无法成熟，或是成熟不均，又或是成熟缓慢。而且往往会在几个小时内迅速腐烂。另外，冷害还会使水果产生异味，并且在口味上发生变化。因此，不同的产品有着不同的储存和运输温度，这在《易腐食品控温运输技术要求》（GB/T 22918—2008）中有明确规定。对于冻结的食品，如速冻食品、水产品、肉类和冷饮类等，国际上通行的储藏温度是 $-18℃$ 以下，考虑到运输环境的复杂性，允许温度略有上升，但最高不能超过 $-15℃$；对于新鲜的水果和蔬菜，则应根据具体品类保持在适宜的温度范围内。

二、冷链运输的湿度条件

大多数水果和蔬菜中含有80%的水分，而某些水果和蔬菜，如黄瓜、生菜和甜瓜含有约95%的水分，这使其外观饱满且口感清脆。但这些蔬果在采收后，水分的蒸发流失非常快，尤其是绿叶蔬菜，如菠菜和生菜。这就导致了农产品的快速萎蔫，使蔬菜组织硬化且不美观，导致其不适宜食用。并且水分流失还减少了农产品可销售的重量。这种生命组织水分的流失被称为蒸腾作用。蒸腾速度必须降到最低限度以避免产品的萎蔫和重量的减轻。当冷藏环境被设定在推荐温度和湿度时，蒸腾速度可以较好地得到控制。

相对湿度是最常见的用来表示空气湿度的参数。随着温度的升高，空气的含水能力也增加。因此，空气在10℃、相对湿度为90%的含水量比0℃、相对湿度为90%的含水量更多，然而如果两间储藏室的相对湿度同为90%，10℃的储藏室中农产品的失水率约为0℃条件下的2倍。因此，在同等相对湿度的情况下，高温条件的失水率更高。对每个产品而言，相对湿度的推荐值可以减缓水分的流失，也可以抑制微生物的过快滋长。

和其他气体一样，水蒸气也是从高浓度区域流向低浓度区域的。几乎所有水果和蔬菜的内环境中相对湿度都不低于99%，而外环境的相对湿度通常较低。因此，若将农产品置于相对湿度低于99%的环境中，植物组织中的水分就会蒸发。一般空气越干燥，所储藏的农产品的失水率就越高。虽然水分只流失了3%~6%，但足以对许多农产品造成品质上的损害，并有可能造成许多易腐水果和蔬菜萎蔫或干枯。

当某些蔬菜处于27℃、相对湿度为81%的不利环境中时，每天的水分流失会非常高，如芦笋达8.4%，食荚菜豆达4%，切去根头的胡萝卜达3.6%，甘蓝达3.2%，切去根头的甜菜达3.1%，黄瓜达2.5%，西葫芦达2.2%，西红柿达0.9%，笋瓜达0.3%。

还有一个影响失水率的主要因素，即产品的表面积。表面积较大的产品的水分蒸发流失更多。所以，在其他因素相同的情况下，生菜的水分流失会比水果更快。

水果或蔬菜的表面组织和内部组织的类型对失水率也有着重要的影响。许多种类的作物，如西红柿、辣椒或阳桃，外表面有一层阻碍水蒸气通过的蜡质层。在采收前，这

冷链物流管理

层保护膜对维持组织中的高水分含量发挥了重要作用，这对农作物的正常代谢和生长是必要的。组织受到的机械损伤会在很大程度上加速产品的失水。作物表面受到碰撞损伤，将导致更多的气体物质通过其表面的受损区域。而切割损伤往往比碰撞损伤更加糟糕，因为它完全破坏了作物表面的保护层，并且使内部组织直接暴露于大气环境中。

因此，在鲜活食品的运输过程中，相对湿度也需要严加控制。但由于冷链运输装备一般不具有调节湿度的功能，所以水果和蔬菜通常以内包装的形式进行密封，以增大相对湿度。通常情况下，相对湿度应在90%以上。

三、冷链运输的气体成分条件

和人体一样，水果和蔬菜也是生命体征结构。它们在被采收之后，仍会继续呼吸。呼吸作用是植物主要的代谢过程，其原理是生物体内的有机物，如淀粉、糖、有机酸分解后转化为简单的化合物，如二氧化碳和水。这一过程是释放能量的过程。呼吸强度（又称呼吸速率）是生物组织新陈代谢的一个显著标志，因此可以作为农产品储存时间的参考指标。随着环境温度的升高，植物的呼吸强度提高，而产品的保存期限则相应缩短。一般来说，水果或蔬菜的呼吸强度越高，其易腐程度也越高。常见的水果和蔬菜的呼吸强度等级见表6-3。

表6-3 常见的水果和蔬菜的呼吸强度等级

呼吸强度 [mg/（kg/h）]	产　品
相当高：$CO_2 > 60$	芦笋、番荔枝、黄秋葵、西番莲
较高：$40 < CO_2 < 60$	洋蓟、菊苣、蘑菇、豌豆、甜玉米
中等：$20 < CO_2 < 40$	鳄梨、豆芽
低：$CO_2 < 20$	苹果、白菜、香瓜

根据水果在成熟和后熟过程中呼吸形态和乙烯生成率划分，可分为跃变型或非跃变型水果。跃变型水果在成熟时，呼吸强度和乙烯生成率大幅度增加；而非跃变型水果在成熟时，呼吸强度和乙烯生成率仍保持较低的水平。

植物产生的乙烯是一种天然的有机物。植物中乙烯用于控制植物的生长、成熟和老化。跃变型和非跃变型的水果可以进一步根据其对乙烯的反应程度和水果在成熟期的乙烯生成率来区分。所有水果在生长过程中都会产生少量的乙烯。而在成熟期，跃变型水果会比非跃变型水果产生更多的乙烯。

农产品产生乙烯的多少与其腐败性没有联系，然而防止这类食品与乙烯直接接触，可减缓其"死亡"。这是因为，食品释放的乙烯及排放的其他气体（包括机械设备如叉车产生的尾气，以及香烟烟雾或其他烟雾）可能会积聚在一个封闭的房间里，造成食品过快成熟。因此，不建议把乙烯生成率较高的农产品和对乙烯高度敏感的农产品（见表6-4）进行混合储存和运输。乙烯对蔬菜的不利影响见表6-5。

表6-4 产生乙烯的农产品和对乙烯敏感的农产品

产生乙烯的农产品	对乙烯敏感的农产品
苹果、杏、鳄梨、香瓜、樱桃、桃、梨、柿子、梅子、木瓜、西红柿	香蕉（未成熟）、青花菜、白菜、胡萝卜、黄瓜、茄子、绿叶蔬菜、辣椒、菠菜

表6-5 乙烯对蔬菜的不利影响

农产品	乙烯对蔬菜伤害的表现	农产品	乙烯对蔬菜伤害的表现
芦笋	口感变老	茄子	外皮脱落，加速变质
豆	颜色发黄	生菜	锈斑病
花椰菜	泛黄，菜花脱落，口味变坏	马铃薯	发芽
甘蓝和白菜	泛黄，菜叶脱落	甘薯	变色，有异味
胡萝卜	口味变苦涩	萝卜	韧性增强
黄瓜和西葫芦	加速软化，变黄	西瓜	果肉软化变质，果皮变薄

适当控制储运环境的气体成分，有利于延长水果和蔬菜的货架期。采用冷藏与气调相结合的方法，可使新鲜水果和蔬菜的保鲜时间大大延长。此外，气调也可用于蛋类和肉类等的保鲜。常见果蔬的气调条件见表6-6。

表6-6 常见果蔬的气调条件

果蔬名称	冷藏温度/℃	相对湿度（%）	O_2 含量（%）	CO_2 含量（%）	储藏期（天）
苹果	0	90~95	3	2~3	150
梨	0	85~95	4~5	3~4	100
樱桃	0~2	90~95	1~3	10	28
桃	-1~0	90~95	2	2~3	42
李子	0	90~95	3	3	14~42
柑橘	3~5	87~90	15	0	21~42
哈密瓜	3~4	80	3	1	120
香蕉	13~14	95	4~5	5~8	21~28
胡萝卜	1	81~90	3	5~7	300
芹菜	1	95	3	5~7	90
黄瓜	14	90~93	5	5	15~20
马铃薯	3	85~90	3~5	2~3	240
香菜	1	95	3	5~7	90
西红柿	12	90	4~8	0~4	60
蒜薹	0	85~90	3~5	2~5	30~40
菜花	0	95	2~4	8	60~90

第四节 冷链运输温度与监控

温度监视和跟踪能够让客户了解冷链货物在冷链流通中所处的条件和位置。温度监控设备主要监控冷藏/冷冻设备（如冷藏货车、低温仓库）的运行性能及冷链货物在运输过程中不同环境下的温度。监视跟踪冷链货物能够获得产品的整个温度历史记录，包括产品中转和在途运输。监视冷藏/冷冻设备的附加好处是能够及时发现冷藏/冷冻设备的运行问题，如储存空间的温度偏离设定值，并及时解决。

一、货物监视设备

1. 手持温度检测器/传感器

手持温度检测器/传感器是冷链运输中应用最多的基本设备。它们具有各种各样的

冷链物流管理

形式，包括使用热电偶的无线探测器和一些新型电子温度计。它们需要手工操作来获取数据，包括将探头插入货物中或手工打开电子温度计。这些设备具有准确、易用、相对便宜和方便购买等特点。

2. 圆图记录仪

圆图记录仪发明于100多年前，通常被称为帕罗拖图。设备在图纸上显示数据曲线并定期存档。这是采集和存储数据的简单方法，因为圆图记录仪可以被设计到各种各样的设备里面。这种方法的缺点是：经常需要人手动更换纸和笔；设备记录需妥善保存；自动化程度不高，有时会出现机械故障并导致记录不准确。

3. 电子温度记录器

温度记录器有多种类型，包括单个构造和具有硬接线的探头设备。一些设备可以利用机械、模拟或电子手段与控制系统连接。大多数设备利用可以感应设备的热电偶，然后用各种各样的方式进行存储和显示。有一些记录器可直接在本地设备上显示温度，而另外一些则将数据传送到远程显示设备上。不过这些设备通常也会存储数据，并提供计算机程序的数据读取接口，也可以包含打印设备或与打印设备相连以打印温度记录。

和其他的冷链监视技术一样，这种设备也具有各种各样的形式。例如，安装在各种冷藏设备上面的固定设备，如冷藏库、冷藏运输车或冷藏零售柜。也可以是移动式设备，主要用来跟踪易腐货物，从供应链的发货地到接收地进行全程监视。无论固定式或移动式监视设备，都可以重复使用。

4. 货物温度记录器

在冷链中使用最广泛的是货物温度记录器。这种记录器很小，由电器提供能量，可以跟随货物记录温度。它们具有多种存储容量，可根据具体需求选择，并可进行测温频率和警报数据界限的更改。用户在货物装载出发的时候，将温度记录器装在运输空间内或与货物包装在一起。在运输过程中，环境温度超过设置温度时，警报器会发出警报。温度记录器的时间和温度数据可以通过数据接口和桌面软件下载到计算机中，还可以用一些网络软件对数据进行处理以适应多种场景的应用。温度记录器的准确度较高，冷藏时误差为 $0.6℃$，冷冻时误差为 $1.1℃$。大多数设备使用的不是一次性电池，而电池寿命取决于具体使用情况（如记录和下载频率），一般在1年左右。一些制造商销售一次性产品，这些产品的电池是可以更换的，通常具有更好的精度和电池寿命，能够适应一些要求较高的货物，如药品。这种一次性温度记录器使用完毕后，由厂家提供回收服务。

5. 产品温度记录的射频识别（RFID）标志

一般来说，RFID可分为下列三种类型：

（1）被动射频识别标志　射频识别技术和条码技术比较相似。它由连接在微处理器上的天线构成，里面包含了唯一的产品识别码。当用户激活标志的感应天线时，标志将返回一个识别码。和条码不同的是，射频识别可以容纳更多的数据，不需要可见的瞄准线即可读取数据，并允许写入计算机。使用射频识别标志的最大问题是成本，每个射频识别标志大概需要5美分。也有一些新的制造技术能够在很大程度上降低成本。射频识别技术还面临着可读性的挑战。含有金属和水的产品会减弱射频波，导致数据不可识别。2.4GHz波段的食品识别标志不适合在水分较多的环境里使用，因为水分子在

2.4GHz时发生共振,并且吸收能量,导致信号减弱。

(2) 半被动温度感应射频识别标志 半被动温度感应射频识别标志一般保持休眠状态,被阅读器激发后会向阅读器发送数据。和主动式标志不一样,半自动标志具有较长的电池寿命,并不会有太多的射频频率干扰。另外,数据传输有更大的范围,对半被动标志来说可以达到10~30m,而被动标志则只有1~3m。

(3) 主动温度感应射频识别标志 主动温度感应射频识别标志同样有电池,不过跟半被动标志不一样,它们主动发送信号,并监听从阅读器传来的响应。一些互动识别标志能更好地改变程序,转变成半被动标志。

射频识别标志能够提供更为自动化的冷链监视程序。它可以贴在托盘上或货物的包装箱上(使用何种方式由成本决定),保存的温度记录在经过阅读器时被下载。阅读器可以放置在冷链运输的开始节点及中间的交接站。主动式温度感应射频识别标志为冷链温度监视提供了100%保存数据的解决方案。

二、冷链温度监控

为了维持高效、完整的冷链,需要在储藏、处理和运输全过程进行温度控制,在低温存储设施和加工配送中心都需要安装温度监视系统。这些系统需要提供数据采集和警报等功能,确保货物能够一直处在温度合适的环境中。

1. 温度监视系统

自动型温度监视系统包括中央监视系统和网络数据记录系统。中央监视系统在各设备上装有远程感应器,组成一个网络并与输入设备连接。中央监视系统通常要满足特定的监视和记录功能需要,可以和远程监视、警报和报告系统整合在一起。另外一种类型是网络数据记录系统,其由多个数据记录器与各个设备相关联,每个记录器都有自己的感应器、存储器、时钟和电池,独立地记录各个设备的数据,并与计算机网络相连。这些网络的规模和配置都非常灵活,能让操作员简单地添加记录器或将一个记录器从一个位置移动到另外一个位置,同时实现重要监视、报警和数据采集功能。

2. 监视和数据采集

实时数据采集的能力(容量和速度)反映了一个监控的监控能力和对故障反应的及时性。一些标准和认证规范对数据的采集容量和速度进行了规定。管理设备的职员也需要实时地获取这些信息,以确保冷链信息的完整性,并能够在故障发生时迅速维护。许多先进的系统和硬件能够同时允许本地监视和远程监视,本地监视通过与PC连接而实现,远程监视则利用有线或无线网络实现。

3. 温度控制规程

温度控制系统需要一个合适的规程,例如需要利用一个温度读取设备来读取冷藏或冷冻区域的温度,并按照规程整合所有温度记录。这些规程规定温度监控不仅包含产品的温度记录,同时也要记录运输工具(包括拖车、货车、容器及有轨车等)的温度。规程还要求记录产品从一个处理环节转换到另一个处理环节的时间,例如从运输车到零售商或其他物流中心的时间。这些步骤对保证冷链的完整性非常重要,一旦出现问题,能够迅速找到问题发生的时间和地点。规程还规定,操作人员需要定时对温度计或其他设备进行校准,并对这些校准操作进行记录。校准记录包括所有的设备,并能查到每次

冷链物流管理

的校准时间。通常使用冰水对温度计进行校准，此时温度计的读数应该是0℃。

4. 温度与湿度测量采样布置

合理的温度与湿度测量采样布置能够准确地反映货物所处的环境或冷藏设备所处的工作状态。

设计这个方案时，操作人员需要首先查明关键的布置区域。在很大的开放式冷冻/冷藏区域中，有几个区域温度特别容易波动。例如，距离顶棚或外近的空间容易受到外界温度的影响；当冷藏门打开时，外界温度会对门附近的区域造成很大的影响。棚架、支架或集装架子区域，因为阻挡了空气循环，可能会有较高的温度点。上述重要区域均需要使用设备进行监视。同时为了进行对比，在冷藏/冷冻区域的出口区域、外部区域和冷藏/冷冻区域的不同高度区域都需要使用设备进行测量监视。许多设备的设计者还建议在蒸发器的回风处放置温度计，这样能够比较准确地反映室内空气的平均温度。在出口设置温度计，其读数通常比回风口低2~3.5℃。

在冷藏库中，一般推荐操作人员每隔900~1500m的直线距离放置一个监视设备。如果冷库由小的冷藏/冷冻室单元组成时，应该在每个单元放置监视设备。一旦安装后，温度监视设备应该尽可能多地取样，以避免激烈的温度变化。但是取样也不能过于频繁，以免带来大量多余的数据。一般来说，每隔15min进行一次采样是比较合理的。

三、监控规范与实例

1. 我国冷链的温度监控规范

随着我国冷链市场的迅速发展，东部沿海发达地区的一些运作模式已逐步与国际接轨，也制定了一些冷链规范，其中对温度监控提出了较为明确的要求。

（1）国家标准　我国颁布的《易腐食品控温运输技术要求》（GB/T 22918—2008）是国家统一执行的专业类六项冷链标准之一。该标准对易腐食品冷链运输的相关术语和定义、运输基本要求、装载要求、运输途中要求、卸货要求和转运接驳要求做出了详细规定。该标准适用于易腐食品的公路、铁路和水路等运输方式，以及上述各种方式的多式联运的运输管理。

（2）行业规定　我国政府于2005年颁发的《疫苗流通和预防接种管理条例》中明确指出，从事疫苗批发经营的企业必须具有保证疫苗质量的冷藏设施、设备和冷藏运输工具，具有符合疫苗储存、运输管理规范的管理制度，应对冷链设施、设备和冷藏运输工具定期检查、维护和更新，以确保其符合规定要求。同时，进行疫苗接种的单位也需要具有符合疫苗储存、运输管理规范的冷藏设施、设备和冷藏保管制度。此后在2006年卫生部颁布的《疫苗储存和运输管理规范》的第十六条中明确了温度记录的要求，规定疫苗储存必须有温度记录，同时要求疾病预防控制机构、疫苗生产企业、疫苗批发企业应对运输过程中的疫苗进行温度检测并记录。记录内容包括疫苗名称、生产企业、供货（发送）单位、数量、批号及有效期、启运和到达时间、启运和到达时疫苗的储存温度和环境温度、运输过程中的温度变化、运输工具名称和接送疫苗人员签名。可以看出，在疫苗的储存和运输中，温度监控是强制的。

（3）地方标准　2007年上海市出台了我国冷链物流的第一个地方性标准《食品冷链物流技术与管理规范》（DB31/T 388—2007），对食品的冷链流程、冷藏储存、批发

第六章　冷　链　运　输

交易、配送加工和销售终端等流通环节的温度控制质量及卫生管理要求提出标准。该规范明确要求运输使用的冷藏车、保温车的车厢外部应设有能够直接观察的测温仪；同时测温记录应该在货物交接时提供给接货人员。还规定了货物中转的时间限制，如冷冻产品应在15min内，冷藏产品应在30min以内装卸完毕。该规定还对食品冷链环节的温度控制进行了非常详细的规定。为了满足规范要求，必要的监视与记录技术和工具在食品冷链中应予以保证。因此可以预测到，随着规范的贯彻实施，冷链物流设备中详细的温度记录、实时的温度监控设备将随之普及。

2. 固定冷藏设备的监控实例

某公司的冷冻设备监控中心在产品的某些关键部件上安装了温度或其他参数的传感器，同时连接通信设备向监控中心发送实时监控数据。监控中心采用的监控手段多种多样，包括利用传统电话线拨号的方式建立点对点连接，将数据从设备传送至服务器；也可以采用电信公司提供的有线互联网络或移动通信公司的无线网络的通信方式进行数据记录的传输和警报信息的发送。这些系统不仅提供了监视功能，而且在某些特殊场合能够实现远程控制。通过远程监控，客户的售后服务得到了极大改善。所有出现的设备故障都能够在第一时间获取信息，并及时派遣工程人员进行处理或进行远程诊断处理，使得设备运行的可靠性得到保障。

3. 移动运输设备和产品温度监控实例

某公司在疫苗的运输中采用了非常完善的温度监控措施，所有疫苗都在2~8℃的环境下运输。在运输过程中，使用了TESTO公司的温度记录仪，对疫苗的配送起始时间和到达时间，以及这个过程中的温度变化曲线，都做了详细的记录，在很大程度上保证了疫苗运输的安全。我国食品行业的一些大型企业拥有成熟的低温冷链运输队伍。例如，肉制品、乳制品行业的企业，拥有自己的低温运送车队，并具有良好的运输调度系统。从产品出厂到消费者，一直让产品处于低温状态，同时在运输过程中也利用温度记录仪进行全程温度记录。

良好的物流体系需要完善的设备和操作能力强的实施者，同时也需要良好的监控系统进行管理。冷链中的温度需要进行全程监控。目前，我国的冷链市场还处于起步阶段，冷链运营者往往在冷藏/冷冻设备上有较大的投入，而温度监控跟踪作为一个附件容易被忽略。随着食品安全的社会重视程度的不断提高、标准法规的健全，以及与国际接轨的趋势，国外广泛应用的冷链温度监控必将在国内得到越来越多的应用。冷链经营者、温度监控提供商及温度监控设备研究机构应该做好充分的准备。

第五节　冷链运输的未来发展趋势

冷链的发展势不可挡，我国也由沿海往内陆推动相关的冷链活动。对于冷链运输目前的发展情况，本节提出未来冷链运输发展的可能性及趋势。

一、智能化

冷链物流系统将朝着智能化方向发展。在易腐货物的冷链运输中，将广泛采用自

冷链物流管理

动化技术、计算机技术、数字控制技术等新技术，优化冷藏运输设备结构，提高设备的可靠性和自动化水平。运输温度自动控制技术等先进技术将成为冷链物流系统未来发展的趋势，无线互联网技术、条码技术、RFID、GPS（Global Positioning System，全球定位系统）、GIS（Geographic Information System，地理信息系统）基于互联网的通信技术将在冷链运输中发挥越来越重要的作用。先进的冷链企业将会更加重视公司的冷链信息化建设，以提高自身的竞争力。同时依托现代前沿网络技术——物联网资源，建立冷链追溯查询信息系统，构建易腐货物冷链物流信息备案制度，最终实现政府相关部门、冷链物流行业及物流企业对易腐货物冷链物流活动的检测、监督和控制。

◇**知识窗**

随着大数据时代的到来，利用"互联网＋大数据"思维来发展已经成为物流行业的共识，保温箱也越来越智能化。例如，为满足新版GSP对数据可追溯的要求，中集冷云公司推出了具有实时上传温度、湿度、地理位置和行驶轨迹等信息，以及现场打印卷标功能的智能保温箱。其原理为，在各个物流节点安装温度记录设备并实时采集保温箱的温度和位置信息，通过GPRS网络基站将数据实时上传至数据服务器并可靠保存，利用设备构建供应链可视化平台，实现PC和手机端访问、实时监控温度位置、超温报警响应、订单环节展示和数据记录导出等功能，最大限度地帮助物流企业节省人力、物力和财力。

二、专业化

冷链相关产业将越来越多地选择专业化的第三方冷链物流服务。目前在美国、日本和欧洲等经济发达国家和地区，专业物流服务已形成规模。第三方冷链物流服务有利于制造商降低流通成本，提高运营效率，并将有限的资源和精力集中于自身的核心业务上。随着冷链物流系统的完善与发展，越来越多的易腐货物生产商都实行物流业务外包，希望得到专业化的第三方冷链物流服务。专业化的第三方冷链物流企业能够整合物流资源，整合物流网络，合理有效地控制物流成本，减少易腐货物流通的时间。先进的专业冷链物流企业具备集约化、集团化、规模化的发展能力，通过建立冷冻冷藏产品加工配送中心，推进集约化和共同配送，通过推进生鲜农副产品市场化运作等重点项目，促进冷链行业的发展。

三、多元化

冷链运输企业将不断地提高多元化的增值服务。目前，冷链运输企业基本上可以提供仓储、分拣、冷链运输和市内配送等服务。一些冷链运输企业提供的服务范围更加广泛，涉及采购、库存管理和数据分析等增值服务。根据易腐货物冷链物流的要求，基于冷链运输企业自身的技术优势，可以为生鲜农产品类、食品类易腐货物提供快速检测服务。

四、标准化

标准化是指包括易腐货物的原料基地生产、预冷、加工、储运、储运温度控制、食品

第六章　冷链运输

安全及检测、标签、环境及服务等一系列涵盖整个冷链物流节点的标准和良好的操作规范。同时，以 GAP（Good Agricultural Practice，良好农业规范）、GVP（Good Veterinarian Practice，良好兽医规范）、GMP（Good Manufacturing Practice，良好生产规范）、HACCP（Hazard Analysis Critical Control Point，危害分析与关键控制点）、ISO（International Standardization Organization，国际标准化组织）为基础，制定易腐货物冷链物流全程质量与安全控制技术规程，实现"从田间到餐桌"的安全控制。

◇知识窗

2017 年出台的《交通运输部关于加快发展冷链物流保障食品安全促进消费升级的实施意见》中提及，为了加快完善冷链物流设施设备，不符合相关标准要求的设备不允许投入冷链物流市场，引导高耗能、低效率、不合规的冷藏保温车加快退出市场。其次，为做好冷藏保温车辆的年度审验，明确对冷藏保温车辆及其温控、制冷设备等的性能要求和检验方法，并纳入营运车辆综合性能检验，确保温控、制冷设备性能合格。再次，鼓励多温层冷藏车、冷藏集装箱、冷藏厢式半挂车、低温保温容器等标准化运载单元及轻量化、新能源等节能环保冷藏保温车型在冷链物流中推广使用，提高冷链物流装备的专业化、标准化、轻量化水平。最后，加快建设具有仓储、集配、运输等功能于一体的公共服务型冷链物流园区，加快面向农产品生产基地，特别是中西部农产品规模较大地区的冷链物流园区的建设。

五、环保化

冷链运输的污染具有流动、分散、种类多等特点，包括运输工具尾气排放造成的大气污染、船舶燃料泄漏及垃圾排放造成的水污染等。制冷设备采用的制冷剂是造成全球气候变暖的原因之一，制冷剂对臭氧层有破坏作用且回收不彻底。采用清洁能源、低碳排放，以及使用环保型的制冷剂是冷链运输的发展趋势。

◇关键术语

冷链运输（Cold-chain Transportation）
保冷车（Insulated Vehicles）
冷冻车（Refrigerated Vehicles）
冷冻货柜（Refrigerated Container）
铁路冷链运输（Railway Cold-chain Transportation）
公路冷链运输（Highway Cold-chain Transportation）
运输管理系统（Transportation Management System）

◇思考题

1. 何为要采用冷链运输？
2. 各种不同的冷链运输方式有何优缺点？
3. 运输条件包括哪些方面？不同类别的易腐货物的运输条件有何差异？
4. 简要阐述冷链温度监控系统有哪些作用。

冷链物流管理

◇ 综合案例

蒙牛的冷链物流运作

1999年8月，内蒙古蒙牛乳业（集团）股份有限公司在呼和浩特和林格尔县一片荒地上成立。创办伊始，蒙牛以"先建市场，后建工厂"的市场策略迅速开创了市场局面，并以举国瞩目的"蒙牛速度"迅猛发展。2001年，蒙牛提出了"中国乳都"的概念，坚持以先进文化为方向，以草原文化为底蕴，以昭君文化为特色，以企业文化为核心，建设"乳都文化"，实现中国乳都的社会、经济、文化效益的最佳结合的目标。通过在生产车间设计参观通道等方式展示蒙牛牛奶、冰激凌等消费者所喜爱的产品的生产、加工到成品的全线生产流程，从而展现蒙牛企业文化，让广大消费者了解蒙牛，信任蒙牛，热爱蒙牛。近几年的乳业市场风起云涌，在常温市场竞争风靡之后，低温市场又逐渐成为一个新亮点。国内以伊利、蒙牛和光明为代表的三家企业在冷链运作方面各有所长。低温产品的市场被公认为是企业在其发展冷链运作的一个新的挑战。在众多的乳业品牌中，蒙牛的低温市场增长率是同行的5倍。蒙牛是如何做到这一巨大的市场份额的呢？下面我们来看看蒙牛在低温市场上的运作。

低温市场首先看的是产品，在乳业市场主要产品就是酸奶。运作酸奶产品，考验的是企业新品研发、冷链建设、渠道管理三大能力。蒙牛来自大草原，从市场上看，蒙牛要如何突破冷链配送的瓶颈，把产自大草原的酸奶送到更广阔的市场呢？这是蒙牛考虑的问题。酸奶的保质期短，一般是14~21天，而且对冷链要求非常高。从牛奶挤出运送到车间加工，直到运到市场销售，全过程都必须保证在2~6℃储存。建设冷链配送系统需要冷藏罐和冷藏车等，人力、物力成本投入非常大。但也有企业将此项业务外包给物流公司，从而降低投入、运作成本，风险相对也能降低。蒙牛起家伊始大胆采取了"先建市场、后建工厂"的发展战略，通过虚拟联合，蒙牛投入品牌、管理、技术和配方，与内蒙古自治区内的八家乳品企业合作开始了创业旅程，甚至将工业制造行业中的OEM方式运用到了乳品行业。现在，布局全国的蒙牛仍然离不开OEM方式，在目前暂时无法突破冷链配送瓶颈的前提下，OEM方式也仍然有其存在的必要性。如何控制其中的质量风险？即使是蒙牛这样的乳业巨头，也不得不面对这个问题。而且酸奶的生产工艺比液态奶的制作工艺更复杂，要求更高，质量风险也就更大。目前一些大型超市与蒙牛建立长期的合作关系，由蒙牛直接配送，利用蒙牛的运输工具直接将产品送达超市的冷柜，避免在运输过程因产品变质而给超市造成重大损失、影响蒙牛信誉。随着合作的进展，与客户建立起的合作关系趋向稳固，以及操作经验的不断积累，通过对生产商自有冷链资源、社会资源和自身资源的不断整合，蒙牛建立起科学的、固定化的冷链物流管理和运作体系。蒙牛在其每个零售终端投放冰柜，以保证其低温产品的质量。至于由北京销往各地的低温产品，全部选择汽运，虽然成本较铁路运输高出很多，但在时间上能有保证。通常，超市在低温产品超过生产日期3天后就会拒绝进货，所以蒙牛必须保证其产品在2~3天到达终端。蒙牛减少物流费用的方法是尽量使每一笔单子变大，形成规模后，在运输的各个环节上就都能得到优惠。对于保质期很短的低温产品，运输半径的减小可以缩短运输时间，这就要求生产厂房离销售终端越近越好。蒙牛的原则是

第六章 冷链运输

鲜奶不走出草原,而杯装酸奶则可以在其他地区建厂,采用当地周边奶源。综上所述,蒙牛之所以在低温市场的市场份额率能达到同行的 5 倍,是因为其每个环节的设计都是合理且有效的,并且针对不同的问题有不同的解决方案。这就是蒙牛。

问题:
1. 阐述冷链运输对于不同产品类型的重要性。
2. 阐述蒙牛是如何达到全程冷链温度监控的。
3. 为何蒙牛多采用公路(汽车)冷链运输?其优势何在?
4. 蒙牛如何靠冷链运输过程提升其竞争优势?

第七章 冷链配送

◇ 学习目标

掌握冷链配送的定义、特点及冷链系统的构成要素；了解发达国家冷链物流配送的发展经验；掌握冷链配送的流程、基本要素。了解冷链配送的典型模式及其选择，会用冷链配送优化模型解决车辆路径问题。

◆ 引例

关于冷链配送不得不知的六大内幕

一、全程冷链并非真的全程

几乎所有的生鲜电商都会打出"全程冷链"的口号，但没有一家能真正实现，因为采用专业冷藏物流车配送入户成本相当高，每单物流费至少50元。国内各大电商采用的是"二段式"半程冷链，即城市之间用冷链车运输，落地配（或同城配送）仅采取保温箱配送上门。半程冷链如果严格执行，也能达到很好的冷藏效果，不过在实际操作中，很多承运驾驶员为省油费，只在运输的装卸货两头开启冷机制冷，运输途中会关掉冷机。据冷链行业内统计，80%以上的驾驶员都曾这么做过。

二、冷链包装简陋

严格来说，落地配的冷链箱内部包含蓄冷剂、防撞气垫和冰盒，这种特质的冷链箱价格一般在300元左右，所以冷链箱一般由第三方冷链物流公司提供。例如，顺丰冷链的配送员一般会将箱子回收，并不会留给买家。在实际配送中，很多商家无法消化顺丰的冷链成本，只能自己用干冰+泡沫箱的保温方式包装（泡沫箱售价为2~4元，干冰批发价为8元/kg，最多能保持50h）。这种自备冷链的配送方式，并没有走第三方冷链物流，而是直接走普通物流渠道，而且因为干冰的存在不能走空运（顺丰有自己的飞机），只能靠物流车运送，所以速度并不会很快。也就是说，如果送货员送完货后连箱子一起留给买家，这就意味着所配送的生鲜货物是用泡沫箱包装的，中途也没有冷链车保障，生鲜的具体品质如何完全取决于干冰的挥发程度。

三、冷链退货难

由于泡沫箱包装最长只能维持50h，商家在发货的时候会限定区域，超出区域不接受订单。即便如此，要在两天内将生鲜货物送达，还是有些挑战的，稍微出一点差错，如分拣到错误的城市，货就泡汤了。最重要的是，一旦发生退货行为，意味着生鲜也将变质，商家将血本无归。这种情况下，商家自然不会主动"背锅"。如果是因为物流公司送货延迟，导致货物融化、漏袋等问题，商家通常以售前"消

第七章　冷链配送

费提醒"为由拒绝理赔。商家通常会声明，因消费者和物流公司延误收货，导致货品变质，"概不负责"。而物流方则声明只负责运送，具体包装和保温措施问题由商家自行负责。双方都不负责，那么谁来承担后果？更何况买家退货需要与送货员和商家进行沟通，如果中间存在争议或误会，那么最终只能"吃哑巴亏"了。

四、必须第一时间签收

如果冷链送货员到了买家家门口，而买家却不在家怎么办？这个问题难倒了一大片冷链物流公司，快递员既不能将货物带回（没有冷冻仓），也不能擅自决定退货，只能将货物寄存在小区快递箱中。如果买家收货延迟，那么货物可能已经变质，或者货物送达的时候已经变质，但自己存在收货不及时行为。责任主体之间不确定因素太多，就容易产生矛盾，所以冷链电商的差评率要比一般电商高。

五、冷链车设计不合理

冷链车听起来挺高大上的，其实可以简单理解为"冰箱+车厢"，通过制冷机制冷保持车厢内的低温环境。看上去没什么问题，但是各类蔬果、肉类、海鲜和冷饮等不同品类货物，对储藏温度的要求也不一样，而冷链车只能取一个温度值，温度过低可能会冻坏果蔬。货物虽然装在不同的冷链箱内，而且有两层泡沫板分隔，但箱内货物还是会受到外界环境的影响。如果运输路途较长，那么车厢内的温度会趋于一个稳定值，所有货物都是在这个温度下保鲜、冷藏或冷冻的。

六、"断链"加速细菌繁殖

如鲜肉，其保存温度在$-2 \sim 2℃$，这种情况下大多数微生物的生长繁殖都能被抑制，肉毒杆菌和金黄色葡萄球菌等病原菌分泌毒素的速度也降低。冰袋能提供的温度最低达到$-22℃$，但冰袋并不是恒温的，而是具有一个不断升温的过程，非常不稳定，一旦发生断链行为，如驾驶员关闭制冷机或宅配时间过长，细菌将加速繁殖，超过$5℃$鲜肉会彻底变质。最可怕的是融化之后再次冷冻，不仅会导致食物变形（冻成一坨冰）、口感变差，还隐藏了生鲜已经变质并含有病菌的事实，如果买家不慎食用，轻则拉肚子，重则病毒感染而生病。

第一节　冷链配送概述

冷链是由在低温环境中加工、运输与配送、储存、销售四个主要作业环节组成的，相比发达国家冷链配送的成熟运作，我国冷链配送起步较晚，最近几年来鲜活农产品的物流配送理念在我国开始受到重视并在实践中得到大力发展。

配送是冷链物流中一个极其重要的环节，生鲜易腐食品从生产者到最终消费者的过程中，有80%以上的时间在配送上，冷链配送是处于非冷库环境中需要温度控制较长的一个环节。由于生鲜食品易腐变质的特性，其必须在流通的全过程中持续保持适宜的温度，并迅速周转，因此冷链物流必须使加工、运输、仓储和销售等所有环节紧密衔接，并配以合适的设备，统一管理，方能确保生鲜产品的质量。提高冷链配送的效率，

冷链物流管理

意味着降低冷链产品在此过程中变质的风险，因此，冷链配送问题就成为冷链物流研究中的关键。

从当前的实践看，冷链配送是冷链物流系统中最为薄弱的一环，其集约化程度低、接货标准不一等一系列问题都在考验着冷链物流企业的生存与发展。

一、冷链配送的定义

冷链配送是指在经济合理范围内，根据客户要求，在低温环境中对保鲜、冷冻等冷链产品进行拣选、加工、包装、分割和组配等作业，并按时送达指定地点的物流活动。

从配送活动的实施过程上看，冷链配送包括两个方面的活动：

1）"配"是对货物进行集中、分拣和组配。

2）"送"是以各种不同的方式将货物送至指定地点或客户手中。

可以对冷链配送归纳出以下几个特点：

第一，冷链配送不是一般概念的送货，也不是生产企业推销产品时直接从事的销售性送货，而是从物流节点至客户的一种特殊送货形式。

第二，冷链配送不是供应和供给，它不是广义概念的组织资源、订货、签约、进货、结算及对物资处理分配的供应，而是以供应者送货到客户的形式进行供应。

第三，冷链配送不是消极的送货、发货，而是在全面配货的基础上，充分按照客户的要求进行服务，它是将"配"和"送"有机地结合起来，完全按照客户要求的数量、种类、时间等进行分货、配货、配装等工作。

第四，冷链配送是一项有计划的活动。配送需要根据客户的需要，以及从事配送的企业的能力，有计划地开展送货活动，以满足客户的需要。

配送通常包含短距离、小批量、高频率的运输。如果单从运输的角度看，它是对干线运输的一种补充和完善，属于末端运输、支线运输。它以服务为目标，以尽可能满足客户要求为优先。从日本配送运输的实践来看，配送的有效距离最好在 50km 半径以内，国内配送中心、物流中心，其配送经济里程大约在 30km 以内。冷链配送由于配送对象的易腐性和时效性，配送经济里程的体现更加明显。

配送是以现代送货形式实现资源的最终配置的经济活动。从这个角度看，概括了四点：

第一，配送是资源配置的一部分，根据经济学家的理论，因而是经济体制的一种形式。

第二，配送的资源配置作用是"最终配置"，因而是接近客户的配置。接近客户是经营战略至关重要的内容。美国兰德公司对财富杂志 500 强的一项调查表明，"经营战略和接近客户至关重要"，证明了这种配置方式的重要性。

第三，配送的主要经济活动是送货，这里面强调现代化送货，表述了和旧式送货的区别。其区别以"现代"两字概括，即现代生产力、劳动手段支撑的，依靠科技进步的，实现"配"和"送"有机结合的一种方式。

第四，配送在社会再生产过程中的位置，是处于接近客户的那一段流通领域，因而有其局限性。配送是一种重要的方式，有其战略价值，但是它并不能解决流通领域的所有问题。

第七章 冷链配送

◇【同步案例 7-1】

麦当劳的冷链物流

麦当劳利用夏晖设立的物流中心，为其各个餐厅完成订货、储存、运输及分发等一系列工作。这个物流中心恰似一个具有造血功能的"心脏"，每时每刻不断地向分布于大江南北的各家麦当劳餐厅输送着新鲜血液，使得整个麦当劳系统得以正常运作。通过它的协调与连接，每一个供应商与每一家餐厅达到畅通与和谐，为麦当劳餐厅的食品供应提供最佳的保证。例如，为了满足麦当劳冷链物流的要求，夏晖公司在北京地区投资5500多万元人民币，建立了一个占地面积达 $12000m^2$ 的世界领先的多温度食品分发物流中心，其中干库容量为2000t，里面存放麦当劳餐厅用的各种纸杯、包装盒和包装袋等不必冷藏冷冻的货物；冻库容量为1100t，设定温度为 -18℃，存储着派、薯条和肉饼等冷冻食品；冷藏库容量超过300t，设定温度为 1~4℃，用于生菜、鸡蛋等需要冷藏的食品。冷藏和常温仓库设备都是从美国进口的设备，设计细致而精心，目的是为了最大限度地保鲜。在干库和冷藏库、冷藏库和冷冻库之间均有隔离带，用自动门控制，以防止各库的热气冷气互相干扰。干库中还设计了专用的卸货平台，使运输车在装卸货物时能恰好封住对外开放的门，从而防止外面的灰尘进入库房。该物流中心配有先进的装卸、储存、冷藏设施，5~20t 多种温度控制运输车达40余辆，中心还配有计算机调控设施用以控制所规定的温度，检查每一批进货的温度。从设立至今，夏晖设在北京的物流中心已向麦当劳餐厅运送货物近1000万箱。

问题： 结合本案例，谈谈冷链配送到底是什么。

二、冷链配送的特点

冷链物流是一项复杂的系统工程，整个过程中的节点多、技术要求高，为达到以较低成本满足较高服务水平，进而促进销售的目的，需要冷链各环节之间紧密结合，高度协调，优化资源管理等。由于不同冷链产品具有不同的特性要求，冷链物流要针对不同的冷链产品提供与之相对应的物流配送，合理的配送服务在冷链供应中起着决定性的作用。冷链物流配送货物与普通物流相比较具有以下特征：

1. 冷链产品的易腐性

冷链物流配送的货物通常比较容易腐坏，在运送的过程中由于各种原因导致冷链产品品质逐渐下降，其中"温度"是影响其品质最重要的因素。生鲜食品从生产到消费的全过程中，每个环节都有不同的温度要求。通过将食品品质的保鲜最长时间与温度的关系进行量化，以此指导实际运作非常有意义。冷链发展较为成熟的美国针对多种食品，调查保存温度和所经过的时间对食品品质所造成的影响，即"时间-温度变化下的品质耐性"（Time-Temperature Tolerance，T.T.T.）公式。在现实运作中，可按照该公式估算生鲜食品的品质随时间和温度的改变而下降的情形。

2. 冷链产品的时效性

确保在客户指定的时间内交货是客户最重视的因素，也是配送运输服务的充分体现。冷冻、冷藏食品可保存的时间比较短暂，在运输过程中，运输距离越远、时间越长就越难以保证食品的新鲜度。对于生命周期短的生鲜食品，运送时间增加，产品新鲜度

冷链物流管理

降低，从而导致食品销售量的下降，造成一定的经济损失，这些损失应该由物流商承担。因此生鲜食品销售商为了达到较高的服务水准，在货物到达销售端时，往往会有时间窗的限制，限制运送者必须在事先约定的时段送达。因此，事先规划配送路线，考虑时间窗的限制，不仅可降低运输企业的营运成本，还可以提高销售商的服务水准，满足客户的需求，实现双赢。

3. 冷链配送的沟通性

配送属于直面客户的末端服务，它通过送货上门服务直接与客户接触，是与客户沟通最直接的桥梁，代表着公司的形象和信誉，在沟通中起着非常重要的作用，所以，必须充分利用配送运输活动中与客户沟通的机会，巩固和发展公司的信誉，为客户提供更优质的服务。

三、冷链配送系统的构成要素

冷链配送系统的构成要素主要包括配送对象、冷库、配送车辆和路径。

1. 配送对象

配送对象主要是指适合应用冷链配送的商品，常见的如食品和药品等。

第一大类为食品，具体可分为以下几种：

冷藏食品，如生鲜蔬菜（叶菜类、截切生鲜蔬菜）、果汁、牛乳、乳饮料；日配品（豆腐、乳制品）、加工肉品（香肠、火腿）等适于在 0~7℃ 保存的食品。

冰温食品，如畜肉品（牛肉、猪肉、羊肉）、禽肉品（鸡肉、鸭肉）、水产品（鲜鱼、贝类）等适于在 -2~2℃ 保存的食品。

冷冻食品、冰品，如冷冻蔬果、冷冻调理食品（水饺、包子、比萨）、冰激凌等适于在 -18℃ 以下保存的食品。

超冷链食品，如生鱼片等适于在 -50℃ 以下保存的食品。

一般来说仅分为冷藏食品（含冰温食品）与冷冻食品（含冰品、超冷链食品）两种。

第二类为药品，通常是对储存和运输配送有一定温控要求的药品，如疫苗。

2. 冷库

冷库作为保持稳定低温并用来储藏冷冻食品的仓库，在冷链配送系统中是重要的物流据点。现代冷库功能变革后，并不仅限于进行货物储存，还可以进行温度控制下的配送加工，并进行冷链配送，是配送系统中不可或缺的重要构成要素。

3. 低温配送车辆

目前采用的低温配送车辆主要是指采用自带压缩机组的冷藏车。冷藏车制冷的优点是能保持较长时间的低温，冷藏车车厢容积多为 1500L 以上。这对于疫苗、样品与低温食品等多次少量配送的货物配送存在很大的制约性。这种低温物流制冷方式主要应用于大批量低温货物的长途配送。

4. 路径

这是指冷链运输工具经行的道路，例如城市道路。

四、欧美国家冷链物流配送的发展经验

发达国家由于早在 20 世纪七八十年代就经历了鲜活农产品供大于求的阶段，经过

第七章　冷链配送

长期的发展，已经形成适合其国情的鲜活农产品现代物流配送业。美国农产品种类繁多，农产品发展长期稳定，农产品相关的市场比较繁荣，这使其拥有一个庞大的且高效灵活的农产品冷链物流配送体系。现在，美国基本形成了从冷链食品加工、分拨、仓储到配送等所有环节的完善的食品冷链物流体系，包括冷链物流标准体系、管理体系等各个环节。荷兰是欧洲食品冷链物流发展的典型代表，充分利用了它位于欧洲中心这一有利的区位优势，成为欧洲的配送中心。欧美发达国家冷链配送的经验总结如下：

1. 食品冷链物流配送专业化、规模化程度高

由于美国农业生产的主要模式是中小型农场，美国在一定程度上很方便使农产品物流实现规模化。20世纪80年代末，在美国从事农产品物流的人员是从事农业人员的4倍之多，在农产品冷链物流行业中拥有一批专业的人员。以蔬菜为例，专业化的生产物流早已形成。而且在冷链物流的配送过程中，社会服务体系非常完善，多数农产品批发销售给工厂，直接销售的很少。销售合作社、农商联合体、农产品信贷公司、批发商、代理商、零售商等作为连接农产品供需的物流主体，整个国家拥有的合作社有6000个左右。

2. 冷链配送基础设施完备

美国拥有十分完备的交通运输设施，公路、铁路和水路四通八达。生鲜食品的装卸搬运主要采用螺旋式输送机、斗式提升机及可移式胶带运输机等。欧洲拥有健全的物流基础设施，特别是拥有完善的航空运输网络。以荷兰为例，该国以鲜活农产品闻名世界，其冷链物流高效快捷。斯希波尔机场和鹿特丹港是荷兰冷链物流通往欧洲"门户"的两个非常重要的支柱，通过这两个支柱运往欧洲各地的生鲜农产品占到58%以上。鹿特丹港靠近荷兰重要的果蔬种植区的，周边高速公路纵横交错，而且拥有发达的通往内地的水路运输网络。生鲜配送加工中心作为连接鲜活农产品供应链上、下游的关键性节点，在欧美发达国家鲜活农产品物流配送中发挥着重要的枢纽作用。例如，在荷兰，农产品市场附近大都建立起生鲜配送加工中心，该中心在收到鲜活农产品之后根据交易的具体情况、条件和规范，对农产品进行分类、调制、分割、包装和储藏，最后及时配送到各个客户手中。

3. 配送过程信息化程度高

欧美国家大多数的大宗食品或包装商品都使用条码，以此来帮助企业对销售信息进行收集，所使用的条码也让企业对所生产商品的物流状况和模式有较好的了解，进而有效地管理食品冷链物流活动。追踪系统在冷链物流的配送过程及追踪相关信息过程中体现了其价值。例如，可以对农场养殖禽畜的免疫记录、饲养记录和健康记录等进行追踪。

◇知识窗

西方发达国家冷链物流发展现状

一、全球化的发展趋势

"对生鲜食品的需求正在增长，这就需要加大创新力度，克服容量和基础设施的限制，并减少干扰风险，以确保质量的提供。"Lineage Logistics 物流公司销售与业务开发

冷链物流管理

执行副总裁蒂姆·史密斯（Tim Smith）说。满足这些要求而不会导致库存或成本上升，这给供应链的每个环节增加了压力。随着中国等地的中产阶级人数不断增加，他们对绿色食品越来越感兴趣，促进了冷链物流的全球化发展。消费者现在要求更高端的产品，如阿拉斯加鳕鱼，它们必须经过很长的物流距离，还要确保新鲜度和质量。冷链物流的新需求除了生鲜食品，还体现在制药行业上。许多药品会被运往全球市场，其物流条件必须符合每个国家的法规，并保持最严格的要求，这促使许多制药行业企业在整个供应链中提高实践水平。

二、产品质量要求苛刻

对质量和消费者体验的强化意味着整个食品冷链物流的冷藏仓库必须保持多达五个不同的温度区域。对传统食品的冷链物流而言，这意味着避免物流过程中发生的质地和口味变化，以及减少蛋白质（如鱼）的加工量。另一个快速增长的行业是制药业，需要特别注意的是控制恒温。这些药品通常包括更多的高价值活性成分，具有更短的保存期限和更严格的温度要求。

三、规则的重新制定

全球化的食品与药品安全现状促使着各国政府加强对生产和供应链的监管。2013年11月，欧盟（EU）关于人用药品良好分销规范的指导方针生效，将温度要求延伸到物流环流，并将覆盖面扩大到包括非处方药。在欧盟，大约80%的药品需要控制温度的物流。

美国也采取了类似的做法，以加强食品和药品行业的监管。召回制度必须是可靠和高效的，不仅要迅速遵守更严格的规定，而且要通过隔离特定批次的产品来限制范围。2011年通过的美国食品和制药管理局以预防为重点的《食品安全现代化法案》，就是对此做出的最好解释。如何面对这种监管，是冷链物流的共同主题。生产与制造商正在制定更严格的要求，第三方物流和其他供应商正在努力取得额外的证书。

第二节　冷链配送的基本要素及流程

一、冷链配送的基本要素

冷链配送是根据客户的订货要求，在冷库或配送中心等物流节点进行货物的集结与组配，在恰当的温度控制下将货物送达客户的全过程。冷链配送包括以下环节：

1. 集货

将各个客户所需的各种物品按品种、规格和数量从冷库中拣选出来并集中，以便进行运输、配送作业。集货是配送的准备工作或基础工作，它通常包括制订进货计划、组织货源和储存保管等基本业务。

2. 分拣

将集货形成的物品按配送路线车辆分开，分别堆放到指定的装卸点。它是将货物按品名、规格和温控等要求进行分门别类的作业。分拣是配送不同于一般形式的送货及其他物流形式的重要的功能要素，也是决定配送成败的一项重要的支持性工作。

3. 配货

这是指按客户需要的品种规格、货品温度控制要求及车辆的装载容量组配起来，以便装载和配送运输。

4. 配装

配装可以大大提高送货水平，降低送货成本，同时能缓解交通流量过大造成的交通堵塞，减少运次，降低空气污染。在车辆载重及容量允许的前提下，应尽量把温度控制需求相同的、多客户的货物装在同一辆冷链运输车辆中依次送货。

5. 配送运输

配送运输属于运输中的末端运输、支线运输。它和一般运输形态的主要区别在于：配送运输是较短距离、较小规模、较高频度的运输形式，一般使用汽车作为运输工具。

6. 送达服务

要圆满地实现运到货的移交，并有效地、方便地处理相关手续并完成结算，还应当注意卸货地点和卸货方式等。同时进行一些冷链产品相关的冷藏、冷冻咨询服务，也使冷链配送独具特色。

7. 配送加工

配送加工是流通加工的一种，是按照客户的要求所进行的流通加工。

二、冷链配送的流程

冷链配送的基本作业流程如图7-1所示。

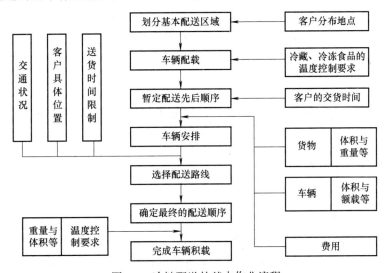

图7-1 冷链配送的基本作业流程

（1）划分基本配送区域 为使整个配送有一个可遵循的基本依据，应首先将客户所在地的具体位置做一系统统计，并将其做区域上的整体划分，将每一客户囊括在不同的基本配送区域之中，以作为下一步决策的基本参考。例如，按行政区域或依交通条件划分不同的配送区域，在这一区域划分的基础上再做弹性调整来安排配送。

（2）车辆配载 由于配送货物品种的特性各异，为提高配送效率、确保货物质量，必须首先对温度要求差异大的商品进行分类。在接到订单后，将货物依特性进行分类，

冷链物流管理

以分别采取不同的配送方式和选用不同的运输工具,如按冷冻食品、恒温食品和冷藏食品划分;其次,配送货物也有轻重缓急之分,必须初步确定哪些货物可配于同一辆车上,哪些货物不能配于同一辆车上,以做好车辆的初步配装工作。

(3) 暂定配送先后顺序　在考虑其他影响因素、做出最终的配送方案前,应先根据客户订单要求的送货时间将配送的先后作业次序做一概括的预计,为后面车辆积载做好准备工作。计划工作的目的是保证达到既定的目标,所以,预先确定基本配送顺序既可以有效地保证送货时间,又可以尽可能地提高运作效率。

(4) 车辆安排　车辆安排要解决的问题是安排什么类型、吨位的配送车辆进行最后的送货。一般企业拥有的车型有限,车辆数量也有限,当本公司车辆无法满足要求时,可使用外雇车辆。

(5) 选择配送线路　知道了每辆车负责配送的具体客户后,如何以最快的速度完成对这些货物的配送,即如何选择配送距离短、配送时间短、配送成本低的线路,就需根据客户的具体位置、沿途的交通情况等做出优先选择和判断。除此之外,还必须考虑有些客户或其所在地点环境对送货时间和车型等方面的特殊要求,如有些客户不在中午或晚上收货,有些道路在某高峰期实行特别的交通管制等。

(6) 确定最终的配送顺序　做好车辆安排及选择好最佳的配送线路后,依据各车负责配送的具体客户的先后,即可将客户的最终配送顺序加以确定。

(7) 完成车辆积载　明确了客户的配送顺序后,接下来就是如何将货物装车,以什么次序上车的问题,即车辆的积载问题。原则上,知道了客户的配送顺序后,只要将货物依"后送先装"的顺序装车即可。但有时为了有效利用空间,可能还要考虑货物的性质(怕振、怕压、怕撞、怕湿、形状、体积及质量等)做出弹性调整。此外,对于货物的装卸方法也必须依照货物的性质、形状、质量和体积等来做具体决定。

第三节　冷链配送的典型模式及其选择

一、冷链配送的典型模式

(一) 自营配送

自营物流配送模式是指资金实力雄厚的生产或流通企业为了提高配送质量,自行组建冷链物流配送系统,将产品从供应地送达消费者手中。例如,顺丰优选就属于自建物流配送的典型。自建物流配送系统是真正推进生鲜电商行业发展的关键。但是在这种模式下,冷链配送的成本增加很多,这个成本需要通过到原产地直接进货等途径来降低。其优势总结如下:

1) 企业对供应链各个环节有较强的控制能力,易于与生产和其他业务环节密切配合,全力服务于本企业的经营管理,确保企业能够获得长期稳定的利润。对于竞争激烈的产业,企业自营物流配送模式有利于企业对供应和分销渠道的控制。

2) 可以合理地规划管理流程,提高物流作业效率,减少流通费用。对于规模较大、产品单一的企业而言,自营物流可以使物流与资金流、信息流、商流结合更加紧密,从

第七章 冷链配送

而大大提高物流作业乃至全方位工作的效率。

3) 可以使原料采购、配送及生产加工等从战略上一体化，实现准时采购、增加批次、减少批量、调控库存、减少资金占用、成本降低，从而实现零库存、零距离和零营运资本。

4) 反应快速、灵活。企业自营物流配送模式由于整个物流体系属于企业内部的一个组成部分，与企业经营部门关系密切，以服务于本企业的生产经营为主要目标，能够更好地满足企业在物流业务上的时间、空间要求，特别是要求频繁配送的企业，自建物流能更快速、灵活地满足企业要求。

其不足之处为：

1) 投资大、成本高。自营物流对供应链各环节有较强的控制权，但由于牵涉到运输、包装和仓储等环节，创建物流配送系统需要的资金较多，投资较大，对中小企业而言，要想创建物流配送系统是比较困难的。企业自营物流普遍只为自己办事，根据企业自己的物流量的大小创建，如果企业自身的物流量小，就难以形成规模经济从而导致物流资本较高。该模式比较适合连锁经营企业。连锁零售业完成常温物流中心的建设后，纷纷将企业内物流的重心转向低温物流中心及生鲜食品加工中心，如北京京客隆、上海联华、上海农工商和华润万家等。

2) 管理困难。生产或流通企业没有物流优势，需要从头做起。要想创建自己的物流配送体系并经营好它，是个很大的挑战。企业的商业领域涉及什么，物流服务就要涉及什么，基本的物流设施设备和经营团队都要齐全，业务范围越大，物流管理压力越大。另外，物流人员很多，管理起来非常难。

3) 与第三方物流供应商的关系难以处理。自营物流与第三方物流供应商的竞争关系远大于合作关系，所以如何合理地分配市场、定位市场，让大家能公平竞争、和谐发展，是比较困难的。一旦处理不当，使双方关系破裂，就有可能导致恶性竞争，甚至造成物流市场的混乱。

(二) 共同配送

共同配送模式是指多个冷链产品经营企业，在配送网络与服务存在优势互补的情况下，各方在基于互相信任、风险共担、利益共享的长期战略合作伙伴关系下，通过协作性信息平台，将各方的生鲜加工配送中心、冷链运输部门等相关物流服务部门连接成为"虚拟联盟"，通过配送要素之间的双向或多向流动、信息共享及一系列决策支持技术来实现各方之间的配送业务的统一调度和管理；或者多个客户联合起来共同由一个第三方物流服务公司来提供配送服务。共同配送针对冷链商品的配送品种多样化、温度需求多层化、流通渠道多元化的特点，按照不同的温度需求进行冷链配送。共同配送将成为城市配送的主导力量。

共同配送有六大好处：

1) 集约化程度的提高，使人工、设备和设施费用分摊到了很多共享的客户身上，各自成本得以降低。这些零散客户共享所带来的生意量就像大客户所带来的生意量一样大，使得物流的规模效益得以发挥，从而节约成本，提高服务水平。

2) 有利于满足客户要求。有很多客户的需求量并不大，但是所需商品种类多，对时间又有较高的要求，只有进行共同配送，才能整合多客户资源，满足不同客户的

冷链物流管理

要求。

3）有利于优化资源配置。共同配送整合了所有参与客户的商品资源，整合了客户和第三方物流的车辆和库房资源，同时整合了所有参与客户的配送线路资源。例如在连锁超市行业，目前由于交通堵塞和超市收货排队的原因，车辆的装载率与送货点数形成一个尖锐的矛盾。每个店送货量少，而门店又不断增加，如果考虑装载率，把车辆全部装满后同时还要考虑到是否能够在收货时间内送完，加上要考虑驾驶员的在途工作时间等，在这些矛盾下只能选择降低装载率以保证完成客户的送货时间要求。

4）有利于提高运输效率。共同配送整合了大量客户，使冷藏车辆的载重和车辆载货空间得到了有效利用，避免了车辆不满载导致的浪费，提高了运输的效率。

5）有利于提高配送科技含量。实施共同配送，有利于配送服务企业提高配送的科技含量。多家企业参与共同配送，不仅有助于共建信息系统与网络，实现信息共享与快速响应，同时也有利于在配送过程中，利用射频技术、GPS和传感技术等，对配送过程进行全面监控，为客户提供更多的增值服务。

6）有利于提高社会效益。实施共同配送，大大减少了在途配送车辆，缓解了交通压力，降低了碳排放量，对环境的污染也随之减少。

而在冷链物流领域，这六大好处显得尤为明显：同一地区的几家冷链配送公司联合，各自负责一定区域的所有签约终端店的冷链配送服务，避免了冷链物流特有的"网大点散"的状况，有利于降低成本；专注在一个较小的片区服务，而自己公司的其他任务由其他离客户更近的公司代劳，有利于满足客户对冷链产品的特殊时效需要；冷链物流设备昂贵，让中小物流企业负责较小的区域，增加其在该区域的业务量，不仅可以更充分地利用冷藏车等设备，也提高了运输效率；最后，因为只控制较小区域，车辆需求将会缩小，不仅减轻交通压力和环境压力，还让企业更有能力购买科技含量高的冷藏车等设备。

共同配送实际上是同一地区或不同地区之间诸多企业在物流活动中相互配合、联合运作，共同进行理货、送货等活动的特殊组织形式。

共同配送模式从合作主体间的关系角度来看，可以分为横向共同配送、纵向共同配送和共同集配。横向共同配送是指采取共同配送的合作者处于供应链的相同层次。纵向共同配是指供应链上游和下游成员建立的合作配送体系，此体系可更加高效地完成配送任务。

1. 横向共同配送

横向共同配送按合作主体的产业归属，可以分为同产业间的共同配送和异产业间的共同配送。同产业间的共同配送是指相同产业的生产或经营企业为了提高物流配送效率，通过配送中心或物流中心集中配送产品的一种方式。同产业间共同配送节省了各参与企业对物流设施、设备、人员的巨大投资，而且让企业能够集中精力发展自己的核心业务。并且这种配送模式有利于实现专业化，配送水平相对较高，提高了运输效率。

异产业间的共同配送是指将从事不同行业的企业生产经营的商品集中起来，通过物流中心或配送中心对客户进行配送的一种形式。与同产业共同配送相比，其商品配送范围更加广泛，涉及的部门更加多样化，属于多产业结合型的业务合作。

第七章 冷链配送

2. 纵向共同配送

纵向共同配送有常见三种形式：第一种形式是原料供应商与制造商之间的共同配送；第二种形式是零售商与批发商之间的共同配送，即大型零售业主导的共同配送；第三种形式是产、批组合型异产业共同配送，这种形式主要是由生产商和批发企业共同出资、参加建立的共同配送企业，以对便利店等现代零售企业多频度、小单位、统一的配送活动。这种共同配送使产、供、销实现了更紧密的合作，更好地满足了消费者需求。

3. 共同集配

共同集配是将共同配送策略引入到城市冷链物流中来后的进一步深化和发展，它是指以大型运输企业或第三方物流企业为主导的合作型共同配送，包括集货和送货两个部分，即由大型运输企业或第三方物流企业统一集中货物，合作参与企业将商品让渡给指定运输企业，再由各运输企业或第三方物流企业分别向各个地区配送。这种形式既可以依托下游的零售商业企业，成为众多零售店铺的配送、加工中心，又可以依托上游的生产企业，成为生产企业，特别是中小型生产制造企业的物流代理。

（三）第三方配送

第三方冷链物流（Third-Party Cold Chain Logistics, 3PCCL）是指冷冻冷藏生产经营企业为集中精力于核心业务和节约成本，与专业的冷链物流公司签订合同，在一定期限内将部分（配送）或全部冷链物流活动（仓储、配送、流通加工等）委托给专业冷链物流公司来完成，同时通过信息系统与冷链物流企业保持密切联系，以达到对冷链物流全程管理控制的一种冷链物流运作与管理方式。

第三方物流配送模式有以下几个优点：

1）专业的第三方物流公司将提供专业的物流服务。作为非核心业务，如果投入大量的基础设施和设备、网络及庞大的人力成本，必然会在一定程度上削弱企业自身的核心竞争能力。

2）自己做不到的事情，可以要求其他的公司做到，还可以转移各种风险及潜在风险，包括管理风险、人员劳资风险和交通风险等。

3）有利于节约成本。一些连锁超市公司或者是一些大型生产业自行建设配送中心并组建物流网络，需要投入大量的资金，如果采用委托给第三方物流的方式，就可以节省自行建设配送中心的成本用于开拓新市场和进行技术革新。

4）有利于提高企业效益。随着科技的发展，制造企业的制造量越来越大，随其后的便是越来越大的配送量。在经济发达国家，物流自动化程度已经相当高，配送中心也多采用无人自动化仓库，利用自动货架和自动化分拣系统，可以最大限度地节约成本，提高效率，增加企业效益。

冷链产品生产企业通过把物流业务外包给专业的第三方物流公司，然后专注于打造其核心竞争力，利用第三方物流公司的规模效益来降低自己的物流成本，是"双赢"的事情。例如，大众交通股份有限公司、锦江集团旗下的上海食品公司与日本三井物产株式会社合资成立了国内第一家专门从事低温食品物流的企业——上海新天天大众低温物流有限公司。他们通过调查发现，上海每天有6700万t生鲜易腐食品上市，而且冷链食品的年消费增长率在8%以上。在超市等大卖场中，冷链食品所占比例达到20%以上，有非常广阔的发展前景。

冷链物流管理

二、冷链配送模式的选择

1. 矩阵图决策法

矩阵图决策法主要依靠矩阵图来判断采用哪种配送模式,如图7-2所示。

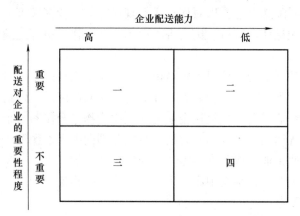

图7-2 矩阵图决策法

一区:配送对企业重要,配送能力也强,可以自营配送业务。

二区:配送对企业重要,但企业配送能力低,不应该自营,应寻求与其他企业合作建设配送体系或寻求第三方提供配送服务。

三区:配送能力强,与企业需求相比,配送能力可能过剩,可以为其他企业提供配送服务,消化过剩的能力。

四区:配送对企业不太重要,企业本身的配送能力也不强,不考虑自营,如果有一定的配送需求,可以寻求第三方提供服务。

2. 比较选择法

这是指通过比较成本与收益确定选择哪种配送模式。

(1) 确定型决策 这种类型的决策问题中,一个配送模式只有一种确定的结果,只要比较结果,就可以确定方案。

例1:某企业市场份额扩大,拟完善配送系统,现有三种方案可选,各方案配送模式的成本收益见表7-1。

表7-1 各方案配送模式的成本收益

配 送 模 式	成本费用(万元)	销售额预计数(万元)
自营配送模式	8	160
共用配送模式	7	150
第三方配送模式	5	145

解:运用价值分析解此类问题:

$$V = \frac{F}{C}$$

式中 V——价值系数;

第七章 冷链配送

F——功能价值（销售额预计数）；
C——成本费用。

自营配送模式：$V = \dfrac{F}{C} = \dfrac{160}{8} = 20$

共同配送模式：$V = \dfrac{F}{C} = \dfrac{150}{7} \approx 21.4$

第三方配送模式：$V = \dfrac{F}{C} = \dfrac{145}{5} = 29$

因为第三方配送模式价值系数最大，所以选择第三方配送模式。

一个单目标决策，只要求投资效益最好即可，但如果此类问题要达到的目标是一个目标集，则为多目标决策。

例2：某企业在选择配送模式时，有四个要考虑的目标，见表7-2。该选择哪种模式呢？

表 7-2 各方案配送模式的考虑目标

配送模式	成本费用（万元）	销售额预计数（万元）	利润总额（万元）	客户满意度（%）
	0.1	0.3	0.4	0.2
自营配送模式	10	220	25	98
共同配送模式	8	180	17	97
第三方配送模式	5	140	15	99

解：价值系数计算公式：

$$V = \sum M_i F_i$$

式中 M_i——本项目值/最大值；
F_i——重要性系数。

各配送模式的综合价值系数为：

自营配送模式：

$$V = \sum M_i F_i = \dfrac{5}{10} \times 0.1 + \dfrac{220}{220} \times 0.3 + \dfrac{25}{25} \times 0.4 + \dfrac{98}{99} \times 0.2 \approx 0.95 。$$

共同配送模式：

$$V = \sum M_i F_i = \dfrac{5}{8} \times 0.1 + \dfrac{180}{220} \times 0.3 + \dfrac{17}{25} \times 0.4 + \dfrac{97}{99} \times 0.2 \approx 0.78 。$$

第三方配送模式：

$$V = \sum M_i F_i = \dfrac{5}{5} \times 0.1 + \dfrac{140}{220} \times 0.3 + \dfrac{15}{25} \times 0.4 + \dfrac{99}{99} \times 0.2 \approx 0.73 。$$

综上，由于自营配送模式价值系数最大，所以选择自营配送。

（2）非确定型决策 所谓非确定型决策，是指每种自然状态下的结果不是确定的，而且我们也不知道每种结果发生的概率，也就是说每种配送模式可能出现哪种结果是无法确定的。

例3：某企业计划通过革新配送系统来提高客户的满意度，从而稳定现有客户，开发潜在客户，可供选择的配送模式有三种，企业对客户的满意度无法做出准确的预测，只能大体估计出三种情况及相关的成本费用（见表7-3），请问该问题应如何决策？

冷链物流管理

表 7-3　各方案配送模式不同满意度对应的成本费用

满意度	不同配送模式的成本费用（万元）		
	自营配送模式	共同配送模式	第三方配送模式
满意度高	100	80	75
满意度一般	70	50	60
满意度低	30	20	30

解法一：

依乐观准则，自营配送模式中成本最小为 30 万元，共同配送模式中成本最小为 20 万元，第三方配送模式中成本最小为 30 万元，比较这三种模式中的最小成本，共同配送模式为最小，所以选择共同配送模式。

解法二：

依悲观准则，自营配送模式中成本最大为 100 万元，共同配送模式中成本最大为 80 万元，第三方配送模式中成本最大为 75 万元，比较这三种模式中的最小成本，第三方配送模式为最小，所以选择第三方配送模式。

解法三：

采用后悔值法来判断。各方案的后悔值见表 7-4。

表 7-4　后悔值

满意度	配送模式		
	自营配送模式	共同配送模式	第三方配送模式
满意度高	25	5	0
满意度一般	20	0	10
满意度低	10	0	10

自营配送模式最大后悔值为 25，共同配送模式最大后悔值为 5，第三方配送模式最大后悔值为 10，所以第三方配送是可选模式。

（3）风险型决策　可以根据预测得到不同自然状态下的结果及出现的概率进行决策。

例 4： 某企业通过加强配送效率，提高客户满意度来扩大产品的销售量。现有三种配送模式可供企业选择，应选择哪种模式？配送模式选择表见表 7-5。

表 7-5　配送模式选择表

市场需求规模	概率	销售量（件）		
		自营配送模式	共同配送模式	第三方配送模式
大	0.5	1000	1200	1500
一般	0.3	800	700	1000
小	0.2	500	400	300

解：

自营配送模式期望值：

$E_1 = 0.5 \times 1000$ 件 $+ 0.3 \times 800$ 件 $+ 0.2 \times 500$ 件 $= 840$ 件。

共同配送模式期望值：

$E_2 = 0.5 \times 1200$ 件 $+ 0.3 \times 700$ 件 $+ 0.2 \times 400$ 件 $= 890$ 件。

第三方配送模式期望值：

$E_2 = 0.5 \times 1500$ 件 $+ 0.3 \times 1000$ 件 $+ 0.2 \times 300$ 件 $= 1110$ 件。

因为第三方配送模式的期望产出最大，所以选择第三方配送模式。

第四节 冷链配送优化

冷链配送的对象通常是生鲜食品，因此对时效性的要求特别强。同时，冷链配送车辆的能耗较常温车辆更大，在运行里程相同的情况下，冷链配送成本的上升尤为明显。因此，优化配送路线，对冷链配送至关重要。

一、车辆路径问题的理论发展及主要类型

车辆路径问题是物流配送领域研究的热点问题，一般可定义为：对一系列装货点和卸货点，组织适当的行车路线，使车辆有序地经过它们，在满足一定的约束条件（如货物需求量、发送量、交发货时间、车辆容量限制、行驶里程限制和时间限制等）下，达到一定的目标（如路程最短、费用最短、时间尽量少、使用车辆数尽量少和车辆利用率高等）。

1. 车辆路径问题的理论发展

车辆路径问题自产生至发展经过了三个理论发展阶段：一是旅行推销员问题（Traveling Salesman Problem，TSP）；二是经典车辆路径问题（Vehicle Routing Problem，VRP）；三是带约束条件的车辆路径问题，包括带时间窗约束的 VRP（Vehicle Routing Problem with Time Windows，VRPTW）、带容量约束的 VRP（Capacitated Vehicle Routing Problem，CVRP）。

2. 车辆路径问题的分类

车辆路径问题按照起点和终点的数量大致可以分为以下三种类型（Ballou，1992）：①相异的单一起点和单一终点；②相同的单一起点和终点；③多个起点和终点。

另外，许多学者按空间特性和时间特性的相对重要性将其划分为以下几种：

1）当不考虑时间要求，仅根据空间位置安排路线时称为车辆路线安排问题（Vehicle Routing Problem，VRP）。

2）当考虑时间要求安排路线时称为车辆调度问题（Vehicle Scheduling Problem，VSP）。

3）当同时考虑空间位置和时间要求时称为路线和调度混合问题。也可以将有时间要求的车辆调度问题称为时间窗约束的车辆路线问题（VRPTW）。

二、基于时间窗约束的冷链配送车辆路径模型

由于冷链配送强调时效性，因此，带时间窗约束的车辆路径问题在冷链配送中非常普遍。时间窗约束是客户需求点对于车辆到达的时间限制。Solomon 将时间窗限制分为硬式时间窗（Hard Time Windows）及软式时间窗（Soft Time Windows）。硬式时间窗 VRP 是指车辆必须在约定时段内到达需求点开始服务，如果提前到达则必须等到时间窗开启才可以开始服务。硬时间窗不允许迟到，如果迟到，客户则拒绝接受服务。软式时间

冷链物流管理

窗 VRP 是指如果配送车辆送达时间超过客户规定时间段，则需按照先前的约定加以处罚。

1. 问题的分析

设完成任务 i 需要的时间（装货或卸货）用 T_i 表示，并且任务 i 的开始时间必须属于范围 $[T_i^z, T_i^w]$ 内，其中 T_i^z 为任务的允许最早开始时间，T_i^w 为任务的允许最晚开始时间。如果车辆在时间 T_i^z 之前到达，则车辆需要等待；如果车辆在时间 T_i^w 之后到达，则任务 i 要延迟进行。求满足货运要求的费用最少的车辆行驶路线。此问题称为由时间窗的车辆优化调度问题。

2. 时间窗车辆路径问题的分析

以 G_i 表示车辆到达客户并开始进行任务 i，T_{ij} 表示车辆从点 i 行驶到点 j 的时间，一般应有以下关系式：

$$T_i^z \leq G_i \leq T_i^w$$

（1）硬时间窗 VSP 硬时间窗 VSP 要求每项任务必须在规定时间范围内完成，即必须满足上式。如果超出这个时间范围，则得不到问题的可行解。

（2）软时间窗 VSP 软时间窗 VSP 虽然有时间限制，但是这个限制是柔性的，如果某项任务不能在要求的时间范围内完成，则进行一定的惩罚。具体分为提前到达与延迟到达两种情况。

若车辆在 T_i^z 之前到达客户需求点 j，则车辆不能立刻进行作业，必须在此等候，产生了机会成本损失。

若车辆在 T_i^w 之后到达客户需求点 j，则车辆因为时间延误，服务被延迟，客户会因此产生不满意，必须支付一定的罚金。

（3）关于时间窗宽度的定义 对于时间窗 VSP 的时间特性进行分析，给出以下定义。

定义 1：对于任务 i，要求其在限定时间范围内 $[T_i^z, T_i^w]$ 执行，则时间窗的宽度为

$$W_i = [T_i^w - T_i^z]$$

定义 2：对于任务 i，每项任务均要求在各自的时间窗内执行，则时间窗系数为平均时间窗宽度与平均行驶时间的比值：

$$\overline{W} = \frac{\sum_{i=1}^m W_i}{m} \Bigg/ \frac{\sum_{i=1}^m \sum_{j=1}^m t_{ij}}{m^2} \quad (i \neq j)$$

当 $\overline{W}$ 在不同的范围内时，问题有不同的特征。

1) $\overline{W} = 0$，即每项任务有确定的开始时间。

2) $\overline{W} > 2$，此时的时间窗约束属于松约束，时间约束在一般情况下均能够满足，可能存在时间可行的回路，问题的空间性质处于支配地位，根据位置情况安排线路即可。

3) $0 < \overline{W} < 2$，此时的时间窗约束属于紧约束，在进行车辆调度时，必须考虑时间约束。在此情况下，问题的时间性质与空间性质相比更可能处于支配地位，时间可行的回路较少或没有。

3. 问题的描述及模型的建立

一般情况下，非满载 VRP 可描述为：有一个车场，为构造数学模型方便，将车场编号为 0，任务编号为 1，…，l，任务及车场均以点 $i(i=0, 1, …, l)$ 来表示。客户

点 i 的需求为 g_i，车场的车辆载重为 q，客户 i 到客户 j 的单位（成本、距离、时间）为 c_{ij}，M 为一大正数。

$$y_{ki} = \begin{cases} 1, & 点\ i\ 的任务由车辆\ k\ 完成 \\ 0, & 其他 \end{cases}$$

$$X_{ijk} = \begin{cases} 1, & 车辆\ k\ 从点\ i\ 行驶到点\ j \\ 0, & 其他 \end{cases}$$

在不考虑时间窗的情况下，此类问题的目标函数通常表示为

$$\min z = \sum_i \sum_j \sum_k c_{ij} x_{ijk}$$

在有软时间窗约束的情况下，若不能按要求时间完成任务，则要加以惩罚。以 C_2 表示车辆在任务点处的等待单位时间的机会成本，C_3 表示车辆在要求时间后到达单位时间所处以的罚值。

若车辆在 T_i^z 之前到客户需求点 j，则产生成本 $C_2(T_j^Z - G_j)$。

若车辆在 T_i^W 之后到达客户需求点 j，则处以罚款 $C_3(G_j - T_j^W)$。

用罚函数法处理时间窗约束，将软时间窗 VSP 的目标函数表示为

$$\min z = \sum_{i=0}^{l} \sum_{j=0}^{l} \sum_{k=1}^{m} c_{ij} x_{ijk} + M \sum_{k=1}^{m} \max(\sum_{i=1}^{l} g_i y_{ki} - q, 0) + \\ c_2 \sum_{j=1}^{l} \max(T_j^e - G_j, 0) + c_3 \sum_{j=1}^{l} \max(G_j - T_j^w, 0) \quad (1)$$

s.t.

$$\sum_i g_i y_{kj} \leq q \quad \forall k \quad (2)$$

$$\sum_k y_{ki} = 1 \quad i = 1, \cdots, l \quad (3)$$

$$\sum_i x_{ijk} = y_{kj} \quad j = 0, 1, \cdots, l; \forall k \quad (4)$$

$$\sum_j x_{ijk} = y_{ki} \quad i = 0, 1, \cdots, l; \forall k \quad (5)$$

$$x_{ijk} = 0 \text{ 或 } 1 \quad i, j = 0, 1, \cdots, l; \forall k \quad (6)$$

$$y_{ki} = 0 \text{ 或 } 1 \quad i = 0, 1, \cdots, l; \forall k \quad (7)$$

目标函数（1）表示配送的总成本，第一项表示配送活动发生的成本，第二项表示车辆违反载重吨惩罚成本，第三、四项表示车辆违反时间窗约束产生的成本，其中，第三项表示车辆提前到达产生的机会成本，第四项表示车辆延迟到达产生的惩罚成本。约束（2）是车辆载重约束，约束（3）即每个需求点服务车辆唯一性约束，约束（4）（5）为到达某个客户的车辆唯一性约束，约束（6）表示车辆 k 是否由客户 i 到客户 j，约束（7）表示客户 i 的任务是否由车辆 k 完成。

第五节 冷链宅配

随着人们生活水平的不断提高，加之近几年食品安全问题乱象丛生，人们对饮食健

冷链物流管理

康愈加重视，农餐无缝对接的理念也因此逐渐深入人心。冷链宅配便顺应这一发展趋势而走入人们视野的。有数据显示，2012年上半年我国网络零售（电子商务）市场交易规模为5119亿元，同比增长46.6%，速度惊人。而这其中，绝大部分交易额来自除食品之外的快消品和电子产品，食品所占比例不足10%，生鲜冷藏食品的比重则更低。这就说明，一方面消费者对于电子商务日益倾向甚至产生依赖，另一方面则显示出食品冷链宅配市场的巨大空间。据了解，目前冷链宅配在日本、澳大利亚、我国台湾等地区应用非常普遍，众多上班白领在办公余暇，通过网上订单，便可在下班后享受送货上门的新鲜果蔬，既免去了去菜市场的疲惫，还保证了果蔬的品质，极大地便利了居民的生活。2013年以来，我国冷链终端需求开始呈现爆发迹象。天猫、京东和苏宁易购等一线电商全面进军生鲜市场，带动我国冷链宅配迅速崛起；雨润、联想等行业巨头也开始加速布局冷库建设与冷链配送，冷链宅配呈现迅猛发展的势头。

全程冷链已逐渐成为业界共识，其关键是要与终端消费者实现无缝对接。目前，在冷链宅配最后一公里的冷链配送上，配送设备还是泡沫箱和纸箱加冰，有的甚至都不放冰块降温。这些设备显然不能保证冰激凌、蛋糕、蔬菜和水果等食品的保鲜和保质。可以说，从定制专业的冷藏箱、保温箱和冷冻箱等冷链宅配设备到具体解决方案，这些都是冷链宅配所必须解决的问题。而要解决这些问题就必须用到各种制冷设备，这无疑为制冷行业带来了一个新的发展机遇。

一、发展冷链宅配的意义

冷链宅配是冷链行业的细分领域，是一项专业化的高端服务，不同于传统的冷链仓储与配送，其能够将整个冷链供应链条带动起来。冷链宅配的发展则会影响冷藏箱、冰箱、冷藏车和冷库等一系列冷链因素的变化。冷链宅配带动的面要比常规冷链物流带动的面大得多，将来甚至包括超市等终端也要来做冷链宅配。最终会形成全程冷链，乃至全民冷链，有利于我国食品安全的促进与提升。

冷链宅配的另一层深远影响在于对冷链物流企业发展模式和方向的改变。从目前国内冷链物流市场份额来看，部分冷链物流企业在局部地区或线路上已经占据了牢固位置，甚至半壁江山。但从年度销售额来看，多数仍在千万级别徘徊，过亿元规模的很少。为什么冷链物流企业营业额上亿很困难，而快递企业年营业额上亿，甚至十几亿、几十亿的却不在少数？因为前者面对的是数量有限的固定门店，而后者面对的则是数量上亿、需求不断呈几何级增长的消费者。以趋势看问题，不难发现冷链物流企业服务B2B这条路越走越窄，而意识到这一点后，前瞻性的企业已经开始做出改变。

此外，从消费者角度来看，冷链宅配的发展和成熟，将会影响越来越多的消费者在网上进行水果、蔬菜等生鲜食品的选购，这很可能会改变整个农产品的流通模式，以往蔬菜由农民采摘再到批发商、零售商的市场格局将会受到影响。

二、冷链宅配的难点

据中国物流与采购联合会冷链物流专业委员会调查研究，目前我国冷链物流已发展到一定的瓶颈期，利润越来越低，局部地区市场饱和，冷链同行之间价格竞争严重，运作方面存在着一些困难。

第七章 冷链配送

1. 服务需求规模有限，成本高

冷链宅配虽然风生水起，但是目前总体需求量还是十分有限。真正的冷链宅配需要专业的技术支持，成本十分昂贵，在需求还未形成规模的情况下，每单的配送成本十分高昂，并非是现下某些一个箱子加一包冰块就解决问题的不合理配送现象。终端需求分散且数目少、前期投入大的现状必然决定其成本高。反过来，更多的服务需求才使得成本降低，企业才有能力去投入专业冷链设备来取代简易工具。因此，只有使得宅配服务的需求形成规模，才是发展现代冷链的硬道理。例如，电商企业早已对生鲜食品垂涎已久，只是考虑到要想涉足生鲜食品，就必须先解决其冷链配送问题，而这块建设难度大，投入（冷库、冷藏车）又太多，只能无奈作罢。

2. 冷链宅配末端网点缺乏

第三方冷链物流企业想做冷链宅配业务也面临较大困难。这样做对配送网点的要求太高：原来只是在供货商与销售网点之间进行冷链配送，销售网点有冷储设备即可；现在则要延伸到每家每户，消费者若不及时取货，生鲜食品则无处存放。这一点与同样送货到家的普通快递截然不同。大多快递企业都在居民区建有配送站，订购货物可以集中送到这里，然后打电话让客户来取。但是，目前冷链物流公司并不具备这样的集散能力，冷链宅配末端网点缺乏，严重制约了冷链宅配的发展。

3. 生鲜食品的温控要求不一致

由于冷链宅配的特点是小批量、多批次、多品种和多温区，这也给配送提出了新的难题。因为如果采用冷藏车来配送，多品种、多温区的问题难以解决，并且途中频繁开关门势必对车中产品温度产生影响。目前已经有企业开始尝试用厢式货车搭配定制冷藏箱的方式解决这一问题。

4. 城市交通管理不利于冷链配送的开展

任何一个行业的发展都离不开相关政策的支持，冷链行业更是如此。在目前北京、上海等大城市愈发拥堵的交通环境下，宅配对于交通的挑战将会更大。生鲜冷藏产品需要用冷藏车或厢式货车运输，这样会加剧交通拥堵，而在白天不允许货车进城的城市，这一点更加难以解决。

5. 配送品质难以保证

运输过程中，由于多种原因，不能保证全程制冷，全程温度跟踪记录也没有普及，如冷藏车频繁开门、装卸货物时冷链中断等；使用单温区冷藏车进行冷藏、冷冻混车配送导致冷藏食品冻伤，冷冻食品融化；使用泡沫箱或纸箱加冰、冰瓶，有的甚至不放冰块降温，难以保证配送温度，食品安全也令人担忧。

三、冷链宅配模式

国家农产品现代物流工程技术研究中心副主任王国利表示："目前国内冷链宅配没有一个赢利模式可以借鉴，都是摸着石头过河，黑猫宅急便、快行线等是行业内比较成功的企业。"黑猫宅急便和快行线是 B2C 冷链宅配模式与二段式冷链宅配模式的典型代表，除此之外还有 C2C 冷链宅配模式具体介绍如下：

1. B2C 冷链宅配模式

据业内专家介绍，B2C 的流程是"客户仓库—分拣基地—营业所—快递员—家庭住宅"，整个流程都保证恒温冷链运输。黑猫宅急便是雅玛多集团知名的宅配服务品牌，在我国主要以 B2C 的模式服务冷链宅配。北京快行线及顺丰速运纷纷进入这一领域。快行线通过与京东商城、淘宝网、1 号店等平台进行业务合作，将其配送服务对象延伸至终端消费者，成为速冻食品宅配中的先驱者。

2. B2B + B2C 二段式冷链宅配模式

B2B + B2C 二段式冷链宅配模式即"城市冷链体系 + 落地配"的解决方案。冷链宅配主要与第三方物流企业合作，部分线路全程冷链配送，其他则是半冷链的二段式配送，依托 B2B 冷链城市间运输，配合"最后一公里"的落地完成冷链宅配。

传统的冷链物流资源分配不均衡，配送主要以 B2B 为主。生鲜电商则面对庞大的 C 群体，强调宅配，具有客户要求时效性、不同食品多温层保鲜、运输过程中有损耗等配送难点。二段式冷链宅配是依托城市间干线冷链运输，以城市冷库为节点，配合最后一公里的落地配完成宅配的。而快行线在北京的 B2B 方面相对比较成熟，利用 B2B 的基础优势开展冷链的 B2C 业务是水到渠成的事，B2B 与 B2C 业务的区别就是网点延伸程度的不同。初步发展阶段，相对成熟的物流企业会用 B2B 的资源，初步确定网点，经过二级配送上门服务，逐步实现网点到消费者手中的过渡。

3. C2C 冷链宅配模式

C2C 的运作流程是"发货人—快递员—营业所—快递员—家庭住宅"。该模式最初主要针对个人客户，为其递送温控商品。例如，在炎热的夏天，母亲在家乡摘下新鲜水果，想让外地的儿子也尝尝鲜，即可采用 C2C 冷链宅配模式。利用电子商务平台，该模式也可以扩展到大型农场对个人消费者的宅配模式，大型农场在线上销售商品，线下利用冷链宅配送到消费者手中。

◇ 关键术语

冷链配送（Cold Chain Distribution）
车辆（Vehicle）
冷库（Cold Storage）
车辆路径问题（Vehicle Routing Problem）
配载（Stowage）
时间窗（Time Windows）

◇ 思考题

1. 冷链配送的三个特点是什么？
2. 冷链配送系统的构成要素有哪些？
3. 描述冷链配送的相关环节。
4. 冷链配送的基本作业流程有哪些？
5. 简述冷链配送的三种模式及特点。
6. 简述矩阵图决策法的原理。
7. 简述比较选择法的三种情况及原理。
8. 思考我国发展冷链宅配的难点。

第七章 冷链配送

9. 思考冷链宅配的几种模式的特点及适用性。
10. 思考西方冷链配送的发展经验对我国有哪些借鉴意义。

◇ **综合案例**

快行线"To C"，看得见温度的二段式冷链宅配

配送天猫车厘子的第一单，是快行线物流试水生鲜电商的开端。

一、"触电"甜头

快行线物流原本是一家专注于食品冷链配送的企业。从1996年成立至今，快行线经历了两次转型。第一次转型是由于连锁零售兴起，快行线由商贸物流转向第三方物流，开始了B2B的商超配送。但商超配送面临着配送区域分散、零供关系紧张、城市通行受阻等种种问题。

冷链"To C"（面向消费者）的变革，是快行线的第二次转型。就在运联传媒记者在快行线采访的几个小时内，已有两家电商客户自己找上门来。

"触电"让快行线尝到甜头。而就在2012年，主要服务于商超的快行线董事长刘培军还常常为货量减少及与商超的紧张关系而头痛。"在运联传媒主办的最后一公里物流论坛上，主题是"To C时代的配送模式变革"，有嘉宾演讲提到，未来谁能够"To C"，谁才是最后的赢家。当时我很震撼，那以后我开始意识到冷链宅配的重要性，并探索从"To B"到"To C"的转型。"刘培军说。

二、"传统冷链+落地配"

要配合生鲜电商的发展，一定要有宅配的发展。传统的冷链物流资源分配不均衡，配送主要以B2B为主。电商生鲜则面对庞大的个人消费者（C）群体，强调宅配，具有客户要求时效性高、不同食品多温层保鲜、运输过程中有损耗等配送难点。如此专业化的服务，不是所有物流企业都可以提供的。快行线的信息系统是将冷链和落地配这两个成熟的行业贯穿起来的重要因素，所有的操作都是基于其使用的G7系统平台上完成的。于是，便有了快行线"看得见温度"的生鲜宅配。

就在天猫为找不到合适的生鲜物流服务商发愁时，刘培军与黄宗荣、许文伟、翟学魂等一帮行业友人，以"传统冷链+落地配"的二段式冷链宅配模式获得了天猫车厘子的配送机会。

以北京本地为例，同城客户将货交给快行线后，由快行线提供专业的冷库保鲜、分拣包装等，再根据订单要求，运输到全北京25个落地配网点，然后由落地配完成最后一公里配送。在落地配无法覆盖的密云、怀柔等偏远地区，则由快行线自行配送。外省客户则由干线冷链运输企业完成城市间运输，到达本地后与上述方式相同。

三、快速复制布网

与雅玛多的一站式冷链配送相比，二段式冷链宅配的最大优点是能够快速复制。在短短几个月的时间内，刘培军等人配合天猫的营销脚步，完成了43个城市的布网。

如今这种模式已不仅用于服务天猫，更为快行线等企业开启了"To C"时代的大门。但这其中仍有许多有待解决的问题：

1) 从落地配的角度看，落地配缺乏资金，无法更替专业的冷链设备。

冷链物流管理

2）生鲜商品具有高度非标准化、质量动态变化、产品多样性等特点，订单量没有形成规模化的时候成本控制较难。

3）一件商品的运输途径几家物流承运商，这给上下游的信息对接及承运商之间的信息对接都提出了严格要求。

"虽然电商生鲜才刚刚起步，单量还没有形成规模化，冷链宅配没有可借鉴的模式，存在种种问题，但值得骄傲的是，我们一直在探索。身处电商时代，作为配送企业应该努力的是筑渠引水，直面变革，而不是被动地等水到来。"刘培军说。（案例来源：中国物流与采购网．）

问题：

1. 快行线物流在冷链配送方面成功的经验是什么？
2. 快行线冷链宅配的成功对我国其他物流企业有什么启示？

第八章　冷链物流成本控制与节能

◇ **学习目标**

掌握冷链物流成本的特点及重要性；掌握冷链物流成本的核算方法，尤其是作业成本法；掌握冷链物流成本的控制方法；理解冷链物流节能的含义、思想及重要性；理解冷链物流节能的具体措施；了解冷链物流成本控制与节能的发展趋势。

◆ **引例**

随着人们消费水平不断提高，对食品安全理念的重视程度也越来越高，冷链运输未来的市场增量必然是巨大的。但顺丰、阿里等行业巨头的成功，不代表所有电商都能在冷链物流的这场群雄逐鹿中顺利存活。近年来，生鲜电商平台不堪亏损压力离场的事情时有发生，鲜品会、菜管家、美味七七和许鲜等先后登上了"冷链物流死亡名单"。据了解，2016年以来，陆续已有十几家生鲜电商倒闭。国内冷链物流市场仍处于起步阶段，混沌初开，东方欲白，许多当前存在的风险和痛点还亟待改善与解决。

首先，国内冷链设施相对陈旧，相关投入成本一直居高不下。近年我国冷链基础设施正在迅速增长，但相对于我国庞大的人口基数，冷库及冷藏车等资源的人均占有量仍偏低，部分基础设施陈旧且分布不均，亟待升级改造。我国冷链物流主要集中于铁路和公路运输，相关数据显示，截至2011年，全国共拥有6152辆铁路冷藏车，不足铁路货车总量的1%。公路冷藏车保有量在5万辆左右，仅占货运汽车的0.3%。从运输情况看，受我国铁路资源等因素限制，铁路冷藏运输与公路冷藏运输难以协同，严重影响冷藏运输效率。

另外，冷链物流企业在具体运作时，在仓储方面要建立专门的冷库，在配送时要使用专业的冷藏车，对包装材料也有很高的要求。有些实力的企业会自建生鲜全冷链物流体系，通过专业研发的温控技术、材料和设备，从仓储、分拣、运输到末端配送，真正实现全程冷链配送。这种方式虽说能够确保产品的运输品质，但是冷链运营成本很高。据悉，在全国接近5000多家生鲜电商中，纯盈利的电商不足5%，其余的多处于亏损状态，只有小部分勉强盈亏平衡。如何有效地降低成本，是冷链物流高质量发展迫切需要解决的问题。（案例来源，中国物流与采购网，http://www.chinawuliu.com.cn/information/201711/14/326218.shtml.）

第一节　冷链物流成本概述

一、冷链物流成本的定义

物流成本指的是物品在静态存储或动态空间移动过程中消耗的所有物化劳动和活化劳动的货币表现。结合物流环节来说，就是物品在实体运动中，经过生产加工、包装、运输、配送、搬运及综合管理等各环节耗用的所有人力、物力、财力的总和。物流成本有狭义和广义之分，狭义的物流成本是指物品空间位移变化而产生的运输、装卸等成本。广义的物流成本涵盖了产品从生产、流通到最终被消费整个过程所耗用的全部成本，是原材料采购、产品加工、包装、运输、配送、仓储保管等各物流环节耗用的成本之和。

作为一般物流的一种特殊形式，冷链物流成本主要由运输成本、仓储成本、库存成本和管理成本组成。然而，在整个流通过程中，冷链物流对温度和存储条件的要求都较一般物流系统更高。它包括冷冻加工、冷冻储藏、冷藏运输和冷藏销售等附加值高的物流业务，这大大增加了其各个环节对应的物流成本。

二、冷链物流成本的特点

1. 冷链物流成本显性与隐性并存

与其他物流成本类似，冷链物流成本具有隐性特征。现行的会计科目中，仅仅将支付给第三方运输企业和仓储企业的费用列入物流成本，而对于使用企业自己的车辆进行运输、使用自己的仓库进行存储和使用自己的工人进行相关操作的成本计入其他科目，不列入物流费用科目内。因此，我们所能看到的仅仅是物流成本很小的一个部分，这在冷链物流行业也有明显的体现。

冷链物流成本同时又具有显性特点。原因在于冷链物流本身具有鲜明的特点，那就是温度的全程控制，因此，所有与温度控制相关的成本都应列入冷链物流成本，这是显而易见的，也是被绝大多数冷链物流企业所接受的。并且在实际的工作中，显性的温度控制成本的计算也较为简单。

2. 冷链物流成本削减的乘数效应

冷链物流活动与一般的物流活动一样，都具有成本削减的乘数效应。若某企业的物流成本是 200 万元，冷链的温控成本占物流总成本的 50%，即冷链的温控成本是 100 万元，如果温控成本可以降低 10%，也就是说减少 10 万元的温控成本，实际上等于企业增加了 10 万元的净利润。假定企业的销售利润率为 5%，那么增加这 10 万元的销售利润实际上需要增加的销售额就是 200 万元，占到企业销售额的 10%。现实中，增加销售额远比降低物流成本的成本要高得多，可见成本的削减对于企业经营意义重大。

3. 冷链物流成本不完全效益背反

一般物流活动与冷链物流活动在效益背反问题上的区别在于，冷链物流活动的效益背反关系是不完全的，只是在部分的活动中存在效益背反。在一般物流研究中存在的效益背反现象在冷链物流中也普遍存在，但情况有所不同。通常情况下，运输和仓储之间

第八章　冷链物流成本控制与节能

是存在效益背反情况的。但是反映在冷链物流上，由于冷链产品的生产者中有很大一部分是个体农户，他们不具备储存生鲜产品的环境条件，因此对于收购冷链产品的加工厂商来说，冷库的建设是必不可少的。由于冷库的建设和租赁成本相对较高，一般厂商倾向于按照订单进行采购或生产，而不会自行租赁仓库进行冷链产品存储活动。一般物流活动可以有选择地进行相关的运输和存储活动的组合，而冷链物流活动则基本上只存在一种选择，而没有运输与仓储活动的组合选择，因此实际上就谈不到效益背反问题。

三、冷链物流成本控制的必要性与可行性

1. 必要性

随着物流管理意识的增强，人们对物流成本的关注度越来越高，降低物流成本已经成为物流管理的首要任务。从基本的供需规律上来看，冷链物流系统的要求更高、更复杂，需要投资的成本相当大，因而经由冷链物流进入市场的农产品，价格被推高，抑制了消费需求；反过来，这又降低了农产品生产企业对冷链物流的需求。更为重要的是，一旦农产品生产企业由此增加的物流成本高于原有的损耗，冷链物流企业也就彻底失去了这部分需求，生存空间被压缩。要改变这种局面，降低农产品冷链物流成本、激活市场需求，是当前最为关键的一个问题。

即便是在冷链物流发展较完善的美国，物流成本也是较高的。以果蔬为例，美国农业部的最新统计数据表明，蔬菜、水果的平均农场收购价分别约是终端零售价的26%、28%。换言之，零售价比收购价贵了近4倍。我国尚不完善的冷链物流供应链体系导致冷链效率及成本都要高得多，见表8-1。与欧美国家相比，我国果蔬、肉类、水产品等产品冷藏运输率（指易腐食品采用冷藏运输所占的比例）平均不到20%，冷藏流通率（也称冷链流通率，指在物流过程中采用冷链物流占所有物流的比例）平均相差数10倍，如图8-1所示。而国内的流通损腐率又是国外的数倍，如图8-2所示。如此一来，冷链运输的新鲜货品的价格更为"高货值"。在我国，冷链物流成本控制迫在眉睫。

表8-1　我国与发达国家农产品物流成本对比

国　家	物流成本占总成本比重	物流环节损耗率	加 工 比 例	加工增值	超市连锁经营销售比例
发达国家	10%	5%（粮食） 1%~5%（果蔬）	80%	1:(3~4)	80%~95%
中国	40%（粮食） 60%（果蔬）	15%（粮食） 25%~30%（果蔬）	10%	1:1.8	不足30%

（资料来源：中国物流与采购协会、招商证券.）

2. 可行性

（1）国家政策扶持力度逐渐加大　近年来，国家部委及与物流相关的部门出台或公布了一系列有利于物流成本控制的政策性文件，见表8-2。2010年，国家发改委出台《农产品冷链物流发展规划》，把冷链物流的发展提升到政策层面。2012年，农业部相继出台《农产品加工业"十二五"发展规划》和《关于贯彻落实〈国务院办公厅关于加强鲜活农产品流通体系建设的意见〉的通知》，其中明确提出要发展冷链物流系统和冷链物流技术，推进产品批发市场建设、提高农产品储运加工能力、解决物流配送半径

冷链物流管理

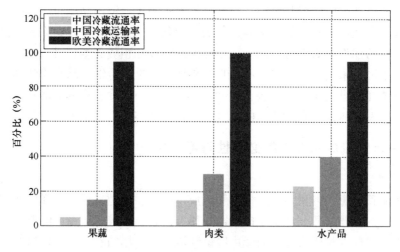

图 8-1　我国冷藏流通现状

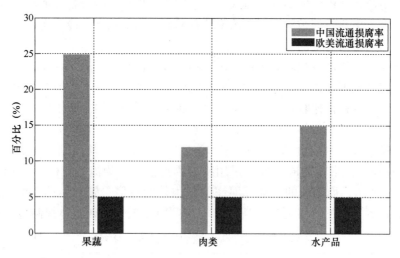

图 8-2　我国流通损腐率现状

（资料来源：中国仓储协会、招商证券．）

限制等措施，同时加大农产品冷链物流体系的建设和政策、资金扶持力度。商务部相继出台《关于推进现代物流技术应用和共同配送工作的指导意见》《国务院办公厅关于加强鲜活农产品流通体系建设的意见》《加快推进鲜活农产品流通创新的指导意见》等多项政策措施。一系列政策及文件的出台，为冷链物流高昂的成本控制提供了可靠的平台。

表 8-2　近年来冷链物流成本控制相关的政策及文件

年　份	部门单位	政　策　名　称
2010 年	国家发改委	《农产品冷链物流发展规划》
2012 年	国家农业部	《农产品加工业"十二五"发展规划》
2012 年	国家农业部	《关于贯彻落实〈国务院办公厅关于加强鲜活农产品流通体系建设的意见〉的通知》

第八章 冷链物流成本控制与节能

(续)

年份	部门单位	政策名称
2012年	国家商务部	《关于推进现代物流技术应用和共同配送工作的指导意见》
2012年	国家商务部	《国务院办公厅关于加强鲜活农产品流通体系建设的意见》
2012年	国家商务部	《加快推进鲜活农产品流通创新的指导意见》
2012年	物流标准化技术委员会	《冷链物流分类与基本要求》（GB/T 28577—2012）
2012年	物流标准化技术委员会	《药品冷链物流运作规范》（GB/T 28842—2012）
2012年	物流标准化技术委员会	《食品冷链物流追溯管理要求》（GB/T 28843—2012）
2014年	国务院	《物流业发展中长期规划》
2014年	国家发展改革委员会、商务部、交通运输部等十部门	《关于进一步冷链运输物流企业健康发展的指导意见》
2016年	国家发展改革委员会	《物流业降本增效专项行动方案（2016—2018年)》
2017年	国务院	《加快发展冷链物流 保障食品安全促进消费升级的意见》

（2）相关技术比较成熟 无论是农产品运输的物流技术，还是物流信息自动化管理技术，在国外都已得到广泛应用，为我们提供了借鉴。例如，美国已经拥有现代化的仓储、运输和包装等相关专业技术，为农产品的高效流通提供保障。现代化的农产品仓储技术、运输技术和包装技术等为农产品流通服务的专业技术。在整个流通过程中运用冷链技术装备，大大降低了农产品在流通中的损耗率。我国在大力发展专有技术的同时，不妨借鉴美国的先进流通技术，为我所用，降低农产品流通成本。同时，我们也不能只发展技术，伴随着技术的发展，我们应当加强农业信息化建设。

美国政府每年都会拨付大约15亿美元用于农业信息网络的建设和推广。美国已经建成世界上最大的农业计算机网络应用系统，这个系统覆盖了美国的46个州、加拿大6个省和美国、加拿大以外的7个国家。以众多学校的科研为依托，以美国农业部为支撑，广大农场和农业企业为受益对象，将农产品的生产和销售信息置于一个共享网络中，注册用户通过电话、电视或计算机等终端设备，即可共享网络中的信息，实现农产品生产者、农产品流通企业和其他经营者的资源共享，对农产品流通各个环节进行及时有效的管理和控制，实现信息的互通有无。

（3）从农产品流通企业本身来说，对成本进行控制也是百利而无一害的 目前，农产品流通企业的各项成本划分不清，不能反映实际成本。进行成本控制，将成本责任落实到每一个环节和部门，可以降低流通成本，减少损耗，提高经济效益。

【同步案例8-1】

"生鲜电商"、"冷链物流"绝对是2015年食品行业的关键词，尤其是生鲜电商，其高客户黏性、高毛利、高回客率已经成为各路电商争抢的"大蛋糕"。当然，提到生鲜电商，肯定绕不过冷链物流，因为如果生鲜电商的冷链供应链体系不成熟，就很难做出起色，但生鲜电商是否一定要投入巨资自建冷链物流却值得磋商。日前，多名业内专家表示，电商自建冷链是个伪命题，重复建设带来资源浪费的成本将最终转嫁到消费者头上。

做冷链物流是生鲜电商投入成本最多的板块，因此，许多生鲜电商被迫投入重金，建设冷库及建立物流车队，但这也带来了投入成本过高、回报周期困难等问题。有业内人士表示，生鲜电商经营的果蔬、肉禽等产品，仓储需要分为常温、恒温、8~15℃、

冷链物流管理

0～8℃、-18℃五个温度区，而这也带来了非常高昂的建库成本。以一个5000m²的标准温区冷库来说，硬件投入就在2000万元左右，若仓库要覆盖华东、华南和华北三大区域，起码需要1亿元的成本，但这些投入的收回周期则需要5～10年。

由于冷链物流从生产流程、网络布局和设备配套上都与传统物流有着明显差异，因此随着未来生鲜商品在线上销售规模的不断扩大，冷链物流必将成为一个规模不小于目前传统物流的新网络。这仅仅是在仓储环节。所有环节的物流车辆也必须是具备四大温层的专用冷藏车，甚至连"最后一公里"的电动三轮车都必须有冷藏和冷冻两种温度控制的功能。从电动三轮车到消费者家中，则需要采用专业冷链保温箱、食品级环保降解专用袋，实现全程冷链的无缝衔接。从目前来看，切入生鲜销售的几家电商在这张网上都花了大钱。据称，京东打造冷链物流的投入计划是100亿元。

对于冷链配送，京东一位人士说，现在市场上通用的方法是"泡沫箱＋干冰"的方式，仅泡沫箱和干冰的成本就不止10元。其次，市场上冷链物流所通用的泡沫箱大部分是一次性的，难回收，不环保。京东冷链的做法是"自营配送员＋可循环使用的专用冷链配送箱"，可以将生鲜产品送达后，进行回收。这样的配送方式额外增加的成本并不会太多，却极大地降低了生鲜的物流成本。有数据显示，目前国内农产品电商接近4000家，其中仅有1%盈利，7%巨额亏损，88%略亏，4%持平，总体上95%都在赔。据统计，我国生鲜品类的损耗为20%～30%，大部分是在产品流通过程中发生的，而在国外这一数字为3%～5%。消费者投诉退货则意味着产品完全报废，往返运输翻倍增加了商品的损耗，进而拉高了成本。

其实，随着专业物流公司不断努力打造冷链物流，目前的生鲜电商冷链条件已有所改善。从冷链物流配套角度而言，整个市场并不缺乏硬件设施，只是没有整合用来服务生鲜电商所需要的B2C宅配市场。从2015年开始，出现了许多第三方冷链服务商，传统冷链物流行业也在朝着零售终端转型，将来冷链成本会进一步下降。

有业内人士算了一笔账，类似顺丰、京东这种完全自建冷链的，1kg生鲜产品运输的冷链成本为30元，集中在北京、上海和广州的纯生鲜电商自建物流成本最低为20元，如果采用菜鸟平台上利用大数据进行合理整合的第三方冷链服务商，成本最低可降到12元。

此外，在速度上，利用大数据分析对生鲜宅配流程进行优化，建立起低成本、高利用率的开放式冷链，也可以在极短时间或消费者预约时间内送达商品。（案例来源：http://www.sohu.com/a/57210846_235941.）

问题：
1. 结合案例，说说你认为生鲜电商当前面临的主要问题有哪些。
2. 你认为生鲜电商自建冷链物流是伪命题吗？为什么？
3. 你认为生鲜电商在发展过程中最需要解决的关键问题是什么？为什么？

第二节　冷链物流成本的核算

一、冷链物流成本核算的原则

与其他物流成本类似，冷链物流成本核算与管理的目标是以冷链物流成本核算与管

第八章　冷链物流成本控制与节能

理为手段，实现高效率的冷链物流活动。企业争取以最低的物流总成本，提供最优的物流服务，降低产品的损耗，提高客户的忠诚度和满意度。各企业应根据本企业的特点，逐步完善物流成本核算，积累准确全面的物流成本资料，适时进行分析和决策，提升物流成本管理水平。

在会计核算原则的基础上，冷链物流成本核算还应遵循以下原则：

1. 系统性原则

效益背反理论认为物流活动中的各环节的费用控制存在矛盾，一种功能成本的降低有可能引起另一种功能成本的增加。冷链物流成本核算要以系统的角度反映和控制物流总成本，要从企业系统的角度分析企业总成本的变化。

2. 重要性原则

冷链物流成本涉及企业的各个环节，冷链物流成本应重点核算和管理主要物流领域的成本。

3. 明晰性原则

冷链物流成本项目繁多、业务量大，成本核算项目要清晰易懂，防止成本项目交叉造成重复计算。冷链物流成本核算既要从物流环节的角度，又应从费用要素的角度记录和反映会计数据以利于企业进行物流成本管理。

二、冷链物流成本的构成和分类

图 8-3 展示了冷链物流的一般流程，以下按此流程分析冷链物流的成本构成，从功能形式和支付形态两方面进行考虑。

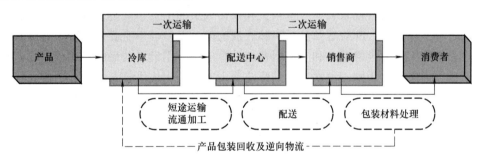

图 8-3　冷链物流的一般流程

1. 按照功能形式划分

从功能形式角度分析，冷链物流成本主要由流通加工成本、包装成本、仓储成本、运输成本及装卸搬运成本等构成。

（1）流通加工成本　为了延长生鲜产品的保鲜期，方便产品进行长距离运输或分散销售，需要对产品进行一定的加工处理，如冷冻加工、分装加工等，因此而产生的费用称为流通加工成本。冷链物流的流通加工成本主要包括：冷冻设备费用（设备使用、折旧、维修等费用）、加工材料费用、加工人员的劳务费用及其他加工费用（水电费、燃料费、管理费用）等。

（2）包装成本　包装成本是指为了方便生鲜产品或冷冻冷藏产品的运输及销售，需要对产品进行一次或二次包装工作而产生的成本。包装成本主要包括包装材料费、包

冷链物流管理

装使用的机械费用（机械折旧、维修、油耗等）、包装技术费（防潮技术、缓冲技术等）及人工费用等。

（3）仓储成本　简单来说，仓储就是保管、储存产品。仓储成本是构成物流成本的一个重要组成部分，对于冷链物流更是如此。冷链对象的易腐性决定了其储存期短，对仓储温度要求也更严格，增加了仓储管理难度及仓储成本。仓储成本包含很多内容，如仓储设备的折旧、维修费用，仓库工作人员的劳务费用，产品因腐烂变质造成的损失，缺货成本及仓储综合管理费用等。

（4）运输成本　运输成本是指产品因运输作业而产生的费用。在冷链物流成本构成中，运输成本占有很大份额。由于冷链产品保质期较短，所以要求运输时间尽可能短，而且运输过程也要保持产品处于适当的低温状态中，这就决定了冷链物流运输需要采用冷藏车、蓄冷箱等冷冻冷藏设备。冷冻冷藏设备的折旧、维修费用是冷链物流成本的主要组成部分，除此之外，运输成本还包括燃料费、过路过桥费、运输管理费等。

（5）装卸搬运成本　产品的空间移动离不开装卸搬运作业，由人力或机械将产品装入或卸下所产生的费用就是装卸搬运成本。装卸搬运成本主要包括工作人员的劳务费用，装卸搬运设备的折旧费、维修费用，水电、燃油费用及操作不当造成的货损费用等。

2. 按照支付形态划分

如果以支付形态作为划分标准，冷链物流成本可以分为材料成本、人工成本、设备成本、公用成本及综合管理成本等。材料成本主要是指包装材料费、冷冻加工材料费及设备燃料费等。材料成本的计算主要采用公式：材料费用 = 材料单价 × 材料耗用量。人工成本是指冷链物流管理人员、技术人员和操作人员的工资、奖金、福利等费用，这些费用的计算多以公司合同规定及员工实际表现为准。设备成本主要是指冷链物流涉及的所有设备的折旧费与维修费总和。折旧费的计算通常是用设备的采购费用乘以一定比例的折旧率，而维修费用则以每次实际维修花费为准。公用成本是指物流活动中耗用的水费、电费和煤气费等。无论是水、电还是煤气，都有测量仪表，通过使用量和单价很容易计算出使用费用。综合管理成本包括物流各环节的综合管理费用及除了上述成本之外的其他物流成本，如商务差旅费、交际应酬费、场地租赁费等。其中一些费用可以直接进行成本统计，对于无法直接计算的，可以按照经验以一定比例进行估算。

三、冷链物流成本的核算方法

冷链物流成本的核算方法，是指将与冷链物流成本相关的费用归集并分配到冷链物流成本核算对象时采用的具体方法。冷链物流成本核算方法的选择会直接影响费用归集与分配的准确性，不当的核算方法会导致最终冷链物流成本核算失真。所以，选择合适的物流成本核算方法很重要。以下主要介绍三种冷链物流成本核算方法：运营成本法、任务成本法和作业成本法。

1. 运营成本法

运营成本法是来自我国传统交通运输企业的一种成本核算方法，故而也可以称为传统成本核算方法。学者张国庆曾指出，采用运营成本法核算物流成本就是按照一定的标准将会计报表中与物流活动有关的成本分离出来进行单独核算，这里的一定标准多指

第八章　冷链物流成本控制与节能

机器工作时间或人工工时。采用运营成本法核算冷链物流成本的特点就是将冷链物流成本划分为直接费用和间接费用，间接费用的分配采用单一的分配标准。采用运营成本法进行核算时，首先要明确核算对象，这是进行费用归集的基本前提。对于制造企业来讲，每一份产品的订单都是它成本核算的对象。物流企业与制造企业不同，它的产品不是实物，而是没有实体的服务。冷链物流企业的每一份冷链物流业务合同都具有自身的独特性，内容丰富且不同，所以，对于冷链物流企业而言，每一项冷链物流业务都可以作为成本核算对象。物流企业的物流业务涉及很多作业环节，各环节之间的差异较大，从而很难确定统一的业务量标准。但针对某一作业环节而言，是可以确定其业务量标准的。所以，采用运营成本法进行冷链物流成本核算时，大多只计算冷链物流业务的总成本，这也是运营成本法的局限性。

2. 任务成本法

有很长一段时间，企业对物流成本的核算都局限在物流总成本计算上，忽略了各物流环节的运作及相互关系。在 Christopher 提出物流任务成本法之后，任务成本的概念产生了。1971 年，马丁·克里斯托弗提出了任务成本的思想，并试图将该思想用于物流成本管理中。1982 年，巴雷特为了将任务成本运用到实际的问题当中，专门创建了框架结构体系，这个框架结构体系是用来分析企业中的物流过程的。

采用任务成本法对冷链物流系统进行成本核算时，首先将各个冷链物流的子系统之间的关系定义为相互关联并作用的，然后依据的是冷链物流系统中客户之间不同的重要性，系统为其带来不一样的服务水平的成本。任务成本法的优势在于，其核算的冷链物流成本的结构里将子系统看作是子单位的纵向结构，并且将各个冷链环节在物流系统中的运作的具体过程考虑在内，改善了传统的成本核算方法以部门作为子单位的横向结构。任务成本法从系统方面考虑，可以核算出针对不同客户的不同服务成本，又可以从总成本的方面考虑，可以很好地体现出各个物流子系统在总系统中的相互关联性。任务成本法重视的是系统整体的物流输出，以及与此输出相关联的物流成本。

在对冷链物流成本的核算中，任务成本法虽然完善了传统的方法，但是也有一些难以克服的缺陷：任务成本法的完成需要复杂的成本核算，并且人为的主观因素对冷链物流作业成本的分配影响很大，直接造成核算结果存在一定的偏差。尤其是在公共作业领域中应用时，如解决公共仓储的成本分配问题，这个缺陷体现得尤为明显。

3. 作业成本法

运用作业成本法核算冷链物流成本，能将间接成本较为准确地分配到物流作业中，再通过物流作业归集到冷链物流成本这一核算对象。企业要想运用作业成本法来计算冷链物流成本，必须明确作业成本法的基本原理，了解资源、作业及成本计算对象之间的关系。运用作业成本法计算冷链物流成本的基本步骤如图 8-4 所示。具体来说，采用作业成本法核算冷链物流成本主要分为四步：分析和定义冷链物流作业；确认冷链物流系统涉及的资源；确定资源动因，将资源分配到作业成本库；确定作业动因，将作业成本分配到冷链物流成本对象。

（1）分析和定义冷链物流作业　冷链物流作业作为连接资源与成本对象的纽带，是系统内为达到某一目标而进行的消耗资源的工作。供应链的各个环节或各道工序都可以被认为是一项作业。作业的认定并不是以部门划分为基础的，而是为实现同一目标所

冷链物流管理

进行的活动的集合。在定义作业时,应注意将物流活动分解成便于理解与操作的基础作业。

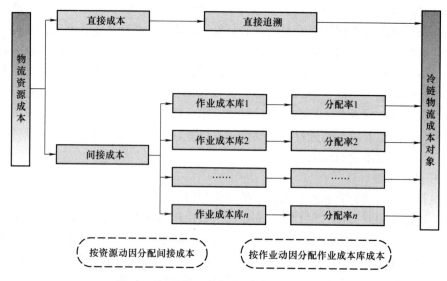

图8-4 运用作业成本法计算冷链物流成本

(2) 确认冷链物流系统涉及的资源　冷链物流系统涉及的资源的消耗是成本产生的根本原因,而作业的完成是以消耗资源为代价的。确定冷链物流系统涉及的资源是在确定了冷链物流包含的物流作业的基础上进行的,每项作业都有相对应的资源,那些跟物流作业无关的资源不纳入物流成本的核算中。确定了物流作业涉及的资源之后,可以为各类资源建立资源库,将统计核算期间消耗的资源归集到各自的资源库中。

(3) 确定资源动因,将资源分配到作业成本库　作业量的多少、作业完成质量的高低与资源消耗程度存在一定的关系,要将资源正确地分配到作业中,就需要确定对应的资源动因。简单理解,资源动因就是将资源成本分配给相关作业的依据。当多项作业共同耗用同一种资源时,就需要确定资源动因,常用的资源动因有使用次数、工作小时数、人数、天数和面积等。如果某些资源只应用于某项作业,那么便不需要资源动因,可以将资源成本直接归集到该作业中。

(4) 确定作业动因,将作业成本分配到冷链物流成本对象　作业动因是将作业成本库中的成本分配到冷链物流核算对象中的依据,它反映的是产品(服务)消耗作业的情况。作业动因的确定不是唯一的,当实际情况发生变化时,同一项作业的作业动因可能发生变化。例如,同是配送作业,有时选择配送次数为作业动因,有时选择配送花费的小时数为作业动因。确定了作业动因之后,通过统计作业动因总数,可以算出各作业的单位间接成本分配率。然后根据各冷链物流对象的作业动因数,就可以得到各冷链对象耗费的间接成本,间接成本与直接成本的总和便是要求的冷链物流成本。

◇知识窗

冷链是为保持新鲜食品及冷冻食品品质,使其从生产到消费过程中,始终处于低温状态的配有专门设备的物流网络。冷链主要应用在食品、农产品、医药和化工等领域,

第八章　冷链物流成本控制与节能

其中食品、农产品占比最大。相较普通物流，冷链优势突出。高额成本投入是冷链发展的主要客观障碍。冷链初期投入和后续运营成本都高于普通仓库。根据第一物流网的数据，普通仓库造价为 400 元/m^2，冷库由于需要配备保温系统，所以造价高于 2000 元/m^2，建一座中型冷库的成本至少要 2000 万元。同时，冷库运营耗电量巨大，$1m^2$ 冷库月耗电费用至少为 20 元。除冷库建设和运营，冷链运输成本也比普通车辆高出 40%~60%。

第三节　冷链物流成本的控制

一、降低冷链物流设施设备的投入成本

食品冷链物流系统的设施设备包括冷库、冷藏运输车辆及冷藏周转箱等。冷链物流系统的正常运转离不开这些设施设备的支持，这些设施设备是食品冷链物流系统运作的物质基础。与一般的物流系统设施设备相比，冷链物流系统的设施设备由于要具备制冷和保温等功能，其造价较高，因而食品冷链物流系统具有资源密集的特点，其设施设备投入高于一般物流系统。对于食品冷链物流系统中的主体企业而言，在设施设备方面的投资、购置决策将对企业的生存和发展产生重要的影响，从而直接影响到食品冷链物流系统的发展。开展共同配送，可以提高设施设备的利用率，实现食品冷链物流系统的协同，以降低食品冷链物流系统设施设备的投入成本。

目前，共同配送是美国、日本等一些发达国家广泛采用且影响面较大的一种先进的物流方式，它对降低物流成本具有重要意义，也是食品冷链物流系统中相关企业可以采用的降低成本的策略。通过共同配送的集中化处理，冷链物流企业可以有效合理地利用现有的物流设施设备，做到物尽其用，实现物流资源的共享和物流功能的互补，并充分节省物流处理空间和人力。由于冷链物流的低温特点，食品冷链物流企业单独建立冷链物流中心，投资成本高，而且回收期较长，对于单个企业的风险及资金压力都比较大。鉴于此，食品冷链物流系统中的各企业可以联合起来，共同参与冷链物流。

二、降低冷链物流运作成本

1. 冷链物流运输配送成本控制

冷链物流企业经营中涉及两次运输：一次运输是从冷库到配送中心的流通加工过程；二次运输是从配送中心到销售商的配送过程。伴随近年来我国冷链物流的发展，原先最为薄弱的运输环节有了很大的改进，冷藏车的使用比例大大增加，但由于冷藏车的可装载容积比普通货车要小，在运输相同吨位的冻品时，用冷藏车运输的车次就要比用货车运输的车次多。由此增加的运输量一般在 15% 左右。所以，有效控制运输量成为控制冷链物流企业的一个重要方面。众多的冷链物流企业要在提高运输效率，降低运输量上下功夫，目前冷链物流转向多品种小批量的运输已成为必然趋势。

冷链运输与配送环节中，要合理运用运输配送工具和选择路线，努力开展多式联运，从而降低运输成本、提高运输速度。冷藏集装箱的使用和先进的信息技术的应用也为开展多式联运提供了条件。在运输工具配置上，应充分考虑区域内业务总量、平均运

冷链物流管理

距、批量数和批次数等因素，并做到"三低二高"（车辆油耗低、车辆保管费用低、运输成本低，运输效率及利润高），切实推行包装标准化、车辆规格标准化等，实现最佳的经济效益。路线方面，在运输环节中的路线相对固定，而配送过程中由于门店多、距离不一等多种因素的影响，较为复杂，可借助专业的信息系统规划最优或最短路线，同时要尽量缩短装卸过程中开车门的时间，避免运输工具内部温度的波动，造成产品损失。食品冷链物流业务主体需要对配送进行精细化管理，以降低运输成本。企业间共同配送能提高车辆装载率和降低配送成本。

在运输过程中加大对冷藏运输车辆的考核力度，严格冷藏运输车辆在途时间的考核标准，缩短运输期限以避免运输费用的增加。

2. 冷链物流仓储成本控制

国内冷链物流企业的制冷技术仍处于一个较为落后的阶段，冷冻冷藏质量监控、车间环境温度和洁净度控制、卫生管理和包装技术仍与国际标准有较大的差距。虽然许多先进的全程冷藏控温运行管理制度正在逐步建立中，但由于企业不能及时使用，导致了各个环节上的信息阻塞，易腐制品在运输途中经常发生无谓的延误，进一步加大了风险。现在对冷库的要求已不仅只是储藏，而更要关注其周转率、利用率，以及进出库的运输成本和对客户的吸引力。因此对冷库的关注除了低温条件外，更重要的是它的一些物流指标，特别是冷库的年吞吐量。我国冷库的空置率非常高。因此，冷链物流企业要最大限度地控制库存成本，必须尽可能地降低冷库空置率。

（1）科学设计　企业在冷库的布局设计上应该采取灵活实用的方针，在业务旺季时冷库的储存空间出现空置的情况很少，但在业务淡季时，冷库的空置问题就非常突出。例如，储存量为1万t的一个单体冷库在业务淡季的空置率达到60%，也就意味着企业要为保持库内温度和卫生付出额外的60%的成本费用。但如果在冷库布局上采取大小冷库套叠的形势，将冷库的制冷机组进行相应的调整，即可实现现实储存量与实际能耗的匹配，将大冷库变成小冷库，降低维持和管理费用。同时，在冷库中要充分运用科学的运筹学知识，合理安排速冻区、低温区和超低温区的排布和路线，尽量利用能源，避免浪费。总之，库存能耗的降低是一个细节问题，如库内灯光的温感和声控设置、库门开关的自动及时设置等，需要企业的管理者和实施者在实际工作中不断发现问题、解决问题。

（2）高效使用　冷链物流企业可以借助库存信息系统在平衡过期和缺货的条件下确定最佳订货点；企业还应着眼于保持库存的持续稳定，不出现断链；另外不同生熟情况的食品要分类储存以避免不必要的损失。仓储成本主要包括制冷系统建设、冷库库房建设、冷库内设备购置等投资较大的固定投入及冷库的日常维护等成本。对于食品冷链物流系统主体企业来说，提高冷库的利用率是降低仓储成本的重要措施。

3. 运用信息系统

《农产品冷链物流发展规划》中强调冷链物流信息化的重要性，高效的信息化是降低冷链物流成本，增强企业竞争力的有效途径。农产品供需和地域的不一致导致信息的不对称，冷链物流信息平台既有助于冷链物流市场信息实时交换与共享，也支撑完整的冷链物流和温控管理体系。通过应用公共网络平台和信息技术，企业可以将上下游企业衔接起来，实施无缝对接，全程监控货物、共享交换信息资源，提高冷链物流整体运作效率。美国、荷兰和加拿大等发达国家十分注重冷链物流运作信息化建设。美国的农业

第八章 冷链物流成本控制与节能

计算机网络应用系统（AGNET）是目前世界上最大的农业信息系统，覆盖美国、加拿大和除此之外的 7 个国家，生产商、运营商和销售者可共享网络中的信息资源。荷兰的电子化农产品交易市场涵盖联运物流中心和农产品集成保鲜中心、花卉和园艺中心的新式电子交换式信息和订货系统。

信息化建设包括区域冷链物流信息平台和企业物流信息系统两个层面。从发展趋势来看，冷链物流企业就需要开发出适合自己的冷链物流信息系统，采用先进高效的信息技术，如将带有温度传感器的 RFID 标签应用到冷链物流的整个过程，并通过 GPRS 进行标签信息与企业的管理信息系统连通，可对环境温度进行实时监控。一旦发生温度异常情况，系统会发出报警，便于工作人员及时采取措施，避免损失。

管理信息系统也是冷链物流建设的重要环节。它主要包括库存控制系统、客户服务系统、仓储管理系统和运输管理系统。对企业来说，使用物流管理软件来有效地降低企业物流成本，在无形中扩大了企业利润。系统中准确的库存数据和销售汇总数据为企业采购提供依据，从而提高了工作效率与管理水平；系统还提供各种预警，如近保质期、过保质期产品的报警和在库存品的库龄分析等，使仓库管理人员能及时采取有效的措施，大大减少在库存品的损耗。冷链物流信息系统提供准确的市场动态和信息沟通，使物流流程变得更加合理，降低滞后现象。因此，引入信息系统，既可使冷链物流方向正确，又可充分利用现有冷链设施，最大限度地降低物流成本。

三、降低冷链食品损耗

仅在 2006 年，我国因丢弃腐烂食品而造成的浪费已达到 700 亿元人民币，占食品生产总值的 20% 之多。因此，应该根据低温储存原理对冷链储存中涉及的各种技术进行科学的使用，降低食品腐烂变质带来的损失。先进的冷藏物流工艺流程系统设计可以大大降低冷藏物流的物流成本。更先进的系统会让物流的各个环节互相合作，并让冷链物流的全部流程处于协调状态。要降低食品冷链物流系统中的食品损耗成本，需要大规模改造和更新现有的食品冷链物流系统设施设备。具体来说，需要从以下两方面来更新食品冷链物流设施设备以降低食品冷链物流系统中的食品损耗。

1. 加速提升冷藏运输设备的技术水平

我国冷藏运输装备技术水平在车辆结构、制冷机组等相关设备可靠性，车体隔热和气密性，载货容积、重量，新材料应用，地面设施完善，新冷源的应用，气调保鲜技术的开发等方面，均与世界先进水平有很大的差距。在冷藏运输装备开发中，应加强与先进国家的合作，采用技术合作尽快提升冷藏运输装备的技术水平。

2. 大力发展新型冷藏装备

为了满足冷冻食品特别是深度冷冻食品对运输条件的要求，发达国家的铁路运输业都在努力对机械冷藏车进行更新换代。美国的成组式及以石油作为能源的机械制冷运输设备正逐步减少，而以单节或集装箱式的冷藏运输设备和不依赖石油的新型冷源车或隔热车成为重要的发展方向。结合国情及冷藏运输的市场需求，冷藏运输装备应发展能够适应冷藏快运业务的快速冷藏车，能够适应货物品类多样化及长距离运输的冷藏集装箱，以及灵活机动、控温范围广、能满足大量货物运输的机冷车。

冷链物流管理

【同步案例8-2】

2018年《中国农产品冷链物流发展报告》指出：2017年我国冷链体系的不健全已然成为物流企业前进的阻碍，由于政府多个部门管冷链，众多企业盲目投资，导致农产品冷链领域投资不足与投资过度同时存在，全国农产品冷链体系"不缺资源缺整合"。

交通运输部于2018年2月7日指出，2017年全国物流成本降低了881.6亿元，2018年将确保降成本不低于2017年的水平。

然而，我国农产品冷链物流成本仍然较高。冷链物流除了专业化程度不高，我国冷链物流还存在企业运行成本高、经营心态浮躁等问题。

路桥费、燃油费和人工费等逐年走高，三者加起来占到冷链企业总收入的80%以上，已成为压在冷链物流企业身上的大山，在一定程度上加剧企业心态的浮躁，在支出方面精打细算，很少有企业主动在信息系统、设备升级、人才培养和服务提升等方面加大投入。

预冷环节缺失、经营分散、运输网络落后、缺乏有效信息管理系统是我国冷链成本高的主要原因。我国常温物流的利润率是10%，冷链物流的利润率是8%，企业选择常温运送符合理性经纪人假设。同时，发达国家的冷链利润率为20%~30%，所以冷链发展有利可图。我国冷链不经济的现状主要是由现有水平不高、结构不完善造成的。我国预冷环节缺失，不经预冷的果蔬在流通环节的损失率高达25%~30%，提高单位果蔬冷链成本。经营分散减小了每家冷链企业可获得的货量，造成较高的冷库空置率，提升冷链成本。同时，运输网络落后、物流集散中心布局不合理是造成高额运输成本的又一大原因。此外，国外普遍采用先进的管理信息系统，系统中库存数据和销售数据可实现预警，为企业采购提供依据，降低仓储成本和保存期损耗，而我国冷链信息系统落后，导致冷链物流不经济。（案例来源：中国物流与采购网，http://www.chinawuliu.com.cn/zixun/201803/20/329530.shtml.）

问题：

1. 查阅近三年我国农产品冷链物流发展报告，并整理我国农产品冷链物流成本主要由哪几部分构成，以及其各成本的分布情况。
2. 如何破解冷链物流成本居高不下的难题？

第四节　冷链物流节能概述

一、冷链物流节能的含义

物流的碳排量由于位居各行业前列，受到了广泛的关注和研究，低碳经济、绿色经济这些环保理念运用于物流领域，形成了低碳物流、绿色物流及绿色供应链等概念。一般认为，低碳物流是以应对全球气候变化为背景，以科学发展观、低碳经济、物流管理等理论为基础，以节能减排、低碳发展为基本要求，抑制物流活动对环境的污染，减少资源消耗，利用先进的低碳技术规划并实施低碳物流活动。低碳物流应是物流作业环节和物流管理全过程的低碳化，其内涵体现为绿色加高效。

第八章　冷链物流成本控制与节能

作为众多物流中的一种重要形式，冷链物流的节能旨在通过科学的管理体系去抑制冷链物流过程对环境造成的危害，并使能源得到充分的利用，倡导经济的可持续发展。其目的是将环境理念应用到冷链中的各个系统，加强对冷链运输、包装、装卸搬运、仓储及回收等各个作业环节的环境管理和监督，有效地遏制物流发展造成的环境污染和能源浪费。

二、冷链物流节能的必要性

进入 21 世纪以来，我国的物流业持续快速增长，规模不断扩大，2000—2017 年年均增长超过 15%，但是我国物流业发展整体水平不高，经济增长所花费的物流成本很高。2016 年，我国全社会物流费用支出占 GDP 的比重仍有 14.6%，而美国和日本少于 10%。运营方式粗放、效率低下，是造成能耗增加和资源浪费的主要原因。

能源消耗是碳排放的主要来源，据埃森哲物流和运输业行业研究报告显示：在各行业中，运输业的碳排放位居第五，占总量的 13.1%。物流和运输作为人类活动的重要组成部分，每年产生的碳排放是 2800Mt，占人类所有活动产生的二氧化碳的 5.5%，占整个产品生命周期排放量的 5%~15%。有研究数据表明，每吨公里货运对环境造成的污染强度，公路是铁路的 10 倍左右，其成本也在 10 倍以上，更是远高于水运。2005 年，公路和水路运输能耗占全国石油及制品消耗总量的比重超过了 30%；2007 年，我国二氧化碳排放总量约为 57.7 亿 t，其中交通运输业占 0.57 亿 t，占全国二氧化碳排放量的 8.8%。我国大量的干线运输仍主要依靠公路，公路总里程仍在持续增加。

冷链物流不同于普通的物流过程，是以冷藏冷冻学为基础，以保质保鲜为目的，将温度控制贯穿于供应链过程的低温系统工程。温度、湿度和氧气含量等因素对存放环境的影响，使冷链比一般物流系统更加复杂，其运作过程始终伴随着能源的消耗。我国的肉类、水果、蔬菜、水产品、奶类和速冻食品的平均增长率分别为 11.0%、25.8%、12.0%、24.0%、7.8% 和 20%，药品、花卉等的年消费量增幅也都在 10% 以上，这无疑为冷链设施设备提供了广阔的市场空间，随之也会增大冷链行业乃至整体物流行业的能源消耗。而设备陈旧、制冷技术落后、管理不到位、空驶率高、满载率低和重复作业等问题使得我国冷链物流能源浪费严重，运行能耗居高不下。

三、冷链物流制冷设备的节能

制冷设备作为食品加工企业的能耗大户，其经济性将严重影响企业的运行成本。选择节能型压缩机、在制冷系统中采用更多的节能技术，是食品加工企业的必需选择。

1. 采取经济合理的保温措施

从食品的速冻加工到低温冷藏，从冷藏运输到冷柜销售，食品与外界之间都存在热交换。在速冻加工过程中，由于食品本身的热量远远大于外界传入的热量，速冻设备的保温效果往往不被重视。另外，大部分低温加工车间的保温也往往被忽视。实际上，只要是与外界有温差的地方，都应采取保温措施。保温效果好，运行费用一定低。目前，国外广泛采用加大月台面积的方法，并对月台采取全封闭、保温措施，除了提高了物流效率、保证冷链的完整性外，实际上增强了冷库的保温效果，达到了节能的目的。因

冷链物流管理

此，无论速冻机还是冷库，无论冷藏车、冷藏船还是超市冷柜，都应采取优质的保温材料和经济合理的保温层厚度，即使初期投资费用较高，但从以后运行情况看，既节能又保证了食品的质量。

2. 采用经济合理的冷藏温度标准

食品在冷链运行过程中的冷藏温度越低，则能耗越大。针对不同食品的储藏期应分别采用不同的冷藏温度。例如，我国规定冻结物冷藏间的温度为 -18℃，在此温度下猪、羊、牛的胴体的最大冷藏期分别为 6 个月、9 个月、12 个月。如果了解到某批牛胴体需要在 3 个月内消费掉，则该批牛肉在冷链中运行的温度就可以适当提高至 -16℃ 或更高一点，只要能保证这批牛肉 3 个月的保质期就可以。当然，不同食品在不同低温下的冷藏期的长短，需要专业技术人员通过计算或实验数据获得，千万不能想当然。否则，虽然提高冷藏温度实现了节能效果，但是却牺牲了产品的质量，未免本末倒置。

3. 选择经济型制冷压缩机

在实际运营中，要考虑的各种技术因素非常多，包括库房温度和蒸发温度调节、冷间相对湿度调节、供液方式调节、蒸发器双流量调节、库房照明控制、空气冷却器（冷风机）融霜控制、冷库门控制和库房照明控制等。下面针对后面三种进行具体的说明。

(1) 空气冷却器（冷风机）融霜控制 冷风机融霜是所有冷链物流企业都必须面对的问题，它基本采用半自动控制或定时融霜控制，实际存在的问题是：融霜指令可能不及时或滞后，融霜过程带入热量过多。为了节能，冷风机的融霜应当做到全自动控制。首先要有合适可靠的霜层传感器或差压变送器（在某些情况下也可采用电流变送器），感知最佳的融霜时间；然后要有合理的融霜程序；还要有冷风机翅片感温器，防止过度加热。三管齐下才能做到冷风机融霜节能。

(2) 冷库门控制 冷库门要随开即关，这是每个冷库管理都有的规定，但是没有一个冷库能完全做到，除了个别野蛮操作之外也是有其实际客观原因的。解决的最好办法是自动控制。如蜗杆电动门专设 PLC 控制，功能十分齐全，如果开门时间过长，会自动关闭，节能效果很可观。同时，冷库门的电加热丝功率有大有小，有防结露和防冻结两种选择，注意选配合适的加热功率可节能 2%。

(3) 库房照明控制 库房照明按冷库制冷设计手册的规定是 $1.8 \sim 5.8 W/m^2$，但实际工程中的配置往往超过该数字，有的甚至在 $10 W/m^2$ 左右。如果忘了关灯，不但浪费了照明电能，还增加了冷库和制冷系统的热负荷。增加一个简单的控制就可避免出现浪费：当冷库门关闭 $5 \sim 10 min$ 后，如果照明灯还亮着，即自动关闭照明。延时的时间应超过工人在内一次作业的最长时间，避免误关灯；万一有误关灯的情况，借助库房长明灯和冷库门安全设置，人员的操作安全还是有保障的。

4. 制冷系统综合节能措施

对于一个完整、独立的制冷系统，可根据使用目的、对象的不同，综合采取以下节能措施：

(1) 尽可能降低冷凝温度 在食品冷冻加工过程中，制冷系统采用蒸发式冷凝器或水冷式冷凝器的冷凝效果要远远好于空气冷却。

第八章　冷链物流成本控制与节能

（2）尽可能提高蒸发温度　加大冷间蒸发器的面积是提高蒸发温度的一个有效措施。除此之外，还要准确确定蒸发温度与冷间温度、冷间温度与货物温度、货物表面温度与中心温度的差距。

（3）采用自动控制系统　自动控制系统是最优化的系统，在保证制冷效果的前提下，自动控制系统可以最大限度地降低输入功率，同时可以有效地改善人为因素影响产品质量的状况。

（4）能量综合利用技术　在制冷系统中采用热回收技术、冷回收技术、制冷剂回收技术和冷冻机油再生技术等，可以达到节能降耗、节约运行成本的目的。

四、冷链物流管理方面的节能

冷链系统运行的经济性，很大程度上体现在设备的使用、人员的培训、产品的监控和标准的执行等方面。任何一个环节出现问题，都可能造成冷链系统的能耗增加甚至是浪费，造成损失。

1. 管理并用好制冷设备

在冷链系统中，制冷设备是能耗最大的设备，管理并用好制冷设备非常关键。例如，减少冲霜次数、减少冷间开门次数、尽可能集中进出货物等，都可以有效地减少冷量的损失。根据制冷系统操作规程，按时放出系统中的油和不凝性气体、按时保养和维修，可以大大延长设备的寿命。在保证冷间温度的前提下，采用最经济的开机方式，如尽可能在晚间电价低、环境温度低时开机等，都能实现有效的节能。

2. 加大对冷链管理人员的培养与培训

目前，冷链物流人才十分缺乏，已逐步成为制约我国冷链快速发展的瓶颈。企业间的竞争归根到底是人才的竞争，要千方百计地吸引、聚集、驾驭和培养大量的冷链物流专业人才以满足对冷链系统管理和操作人员的社会需求。冷链管理人员的培养与培训有两个途径。一方面，各有关科研院所、大专院校有针对性地培养和训练，为冷链物流业输送更多合格人才。另一方面，企业加强与专业机构的通力合作，积极组织举办高水平的冷链物流培训班，培养一批高级冷链物流人才。

3. 实行冷链运行全过程的有效监控

冷链运行中如果还采用人工测量和纸面记录，无统一数据系统支持，就会造成监管脱节、取证困难、无法确定责任、损失率大等问题。近年来，我国各大冷链物流公司纷纷加快冷链的信息化建设，实施了加速冷藏车的更新换代，建立冷链物流中心，引入全方位 GPS 卫星定位系统、RFID 冷链温度管理系统、仓库管理系统、仓库恒温系统等一系列先进技术，加大了对冷链运行全过程的有效监控。冷链物流与信息化的融合使得冷链物流业节能效果明显。

4. 制定并严格执行冷链标准法规

在食品物流安全的管理政策与法规建设方面，我国食品质量和安全的国家和行业标准体系逐步完善。例如，上海市在 2007 年 10 月 1 日发布实施了《食品冷链物流技术与管理规范》（DB31/T 388—2007）地方标准，北京市食药监局于 2016 年 1 月 1 日正式实施了《冷链即食食品生产审查实施细则》。但我国冷链标准的建设工作仍然任重道远。要尽快制定与国际接轨的冷链物流指导准则与相关标准，包括整个冷链物流节点的相关

冷链物流管理

标准和良好操作规范。例如，原料基地生产标准与规范、预冷与储藏标准、加工标准、运输标准、销售标准、标签标准，以及检测方法标准、环境标准、服务标准等，并制定以 GAP、GVP、GMP、HACCP、ISO 为基本原理的冷链物流全程质量与安全控制技术规程。

◇ **关键术语**

物流成本（Logistic Cost）
物流成本核算（Logistics Cost Accounting）
运营成本法（Operation Cost Method）
任务成本法（Mission Costing）
作业成本法（Activity-based Costing）
物流运作成本（Logistics Operation Cost）
仓储成本（Warehouse Cost）
冷链物流节能（Cold Chain Logistics Saves Energy）

◇ **思考题**

1. 与常温物流相比，冷链物流成本有哪些新的特点？
2. 冷链物流成本核算的基本原则有哪些？基本方法有哪些？
3. 查阅文献，整理冷链物流成本核算三种方法的发展历程，比较其优缺点。
4. 冷链物流成本有哪些控制方法？
5. 冷链物流成本节能的思想是什么？具体有哪些节能措施？
6. 我国的冷链物流成本由哪些成本构成？结合成本问题论述冷链物流的不足与发展趋势。
7. 如何运用现代化的信息技术与物流技术，破解冷链物流成本居高不下的难题？
8. 查阅相关文献，分析我国农产品冷链物流成本的组成及控制方法。

◇ **综合案例**

　　冷链物流运输至今一直保持着高价格门槛，其服务的范围虽然在全国扩大得很快，但大多数中小型企业确因为高额的运输费用，还是冒险选择普通的物流运输。一些冷链企业负责人一直试图甩掉"贵族标签"。冷链运输讲究的是一个"全程监控"，通过全程的透明化监控，不仅可以保证产品运输过程的安全性、可追溯性等，还有利于供需双方维系长期合作关系。"在浙江杭州，能够为食品企业提供完整化冷链服务的物流企业不会超过 5 家，要实现全冷链运输，企业不仅需要技术能力，更要有雄厚的资金实力。"统冠物流的蔡经理说，"在冷链物流企业的成本投入中，人工费用、设备的购买费用、运输费用等都是一笔不小的开支。"

　　统冠目前已投入了 5000 多万元，建设了整套的制冷及控制系统，并建设了 1 万多平方米全温层仓储空间，每个库区的温度不同，所有温度信息都反映在多温库监视盘上。红色、绿色、黄色三色指示灯，分别代表故障、制冷、融霜三种状态。

　　仓库里设置了电子拣货系统，不需要人工验货，只要输入相关信息就能立刻找到货

第八章　冷链物流成本控制与节能

物的准确位置。

蔡经理表示，除了要投入巨资建冷库，制冷车的价格也不菲。"一般制冷车的价格为16万元/辆，但我们公司的这种要23万~26万元/辆，差别就是车壁厚度相差了2cm。"蔡经理说，"我们的制冷车车壁厚度为10cm，普通的只有8cm。"蔡经理道出了这2cm的意义，在40℃以上高温地区，在太阳直射的情况下，10cm的隔热效果是8cm的1.5倍，杭州夏天室外温度超过40℃的时间不少，但同样车子的装载量就变小了。

"冷链物流成本比普通物流成本要高出40%~60%，国内市场培育起来很辛苦，但令我们惊喜的是，现在很多食品企业已经开始主动找上门求合作。"蔡经理说。由于这几年食品安全问题频出，消费者对食品的要求越来越高，这个行业正在逐渐成熟起来。对于冷链物流的"身价"，杭州富日物流有限公司高董事长算了一笔账：普通仓库的造价约为400元/m^2，冷库则要配备保温系统，造价就至少要高达2000元/m^2，而且冷库需要花费高额的电费，1万m^2的冷库一个月的电费至少要20万元。

同时，高董事长表示，公司目前配有30多辆制冷车，每辆制冷车的容量为60m^3，都配有两部发动机。

"目前有实力做冷链物流的基本都是大型企业，中小型企业很难承担巨额投入。"高董事长说。据他粗略估计，冷链运输的成本至少要比普通运输高80%，但冷链物流的利润只有20%左右，远远没有它所拥有的"身价"那么高。同时高董事长表示，企业要达到20%利润的前提是冷库的面积要100%利用起来。

对于杭州大华元水果超市吴老板来说，冷库建设虽然要投入巨大的资金，但同样也会给自己带来良好的收益。"有了冷库，我们就可以进行反季销售，拥有市场主动权。例如，冰糖心苹果在11—12月的均价为8元/kg，但到了1月价格就上升到了9元/kg，2月为10元/kg，3月就有11元/kg，我们可以在低价时把苹果储存在冷库里，等到高价时再拿出来销售。"吴老板表示，反季销售不仅竞争少，而且能为自己带来价格优势，利润至少上升30%~50%。

因为成本高，食品全程冷链配送一直专属于大型商超，小便利店很难消化高额的配送成本。

要抓住这些商超、餐饮业的生意，冷链物流企业势必要走出一条低成本的冷链配送模式。统冠物流的蔡经理表示，统冠花了5年时间才成功走出一条低成本的冷链配送模式。"我们自行设计了制冷车车厢，车内拥有两个温度层，这样的设计主要是针对货量小、品种多的企业，如为家庭宅配果蔬、速冻食品等。"蔡经理说，"公司的物流基地相当于一处总配送中心，很像公交总公司覆盖大区域枢纽，货量集中，一些大客户可坐专车专线，而一些小品牌就像搭公交车，刚好温度要求一致，就顺路一起走。这样一来，小型企业也能承受冷链物流的成本。"

蔡经理表示，通过采用与门店间的诚信验收模式，双方人员对点交接时间减少，以前需要用5辆车才能完成近100家便利店的配送，现在只需4辆车，相当于减少了20%的配送成本。因此，冷链物流企业对供需双方的帮助就已经是冷链运输成本的其中一部分了。"杭州物流企业多，但做冷链物流的企业还是比较少的，可以预见的是，随着农产品深加工的发展，冷链物流一定会迎来发展的黄金期。"杭州市物流与采购行业协会

冷链物流管理

楚秘书长表示，对于冷链行业来说，杭州市场仍有很大的挖掘空间，但值得注意的是，目前看来，冷链行业还需要时间来走向成熟，冷链资源也需要时间进行整合，但再过几年，它就会爆发，成为一个极大的商机。（案例来源，http://www.360doc.com/content/18/0526/17/56038220_757212337.shtml.）

问题：

1. 结合案例介绍，分析冷链物流成本主要由哪几部分构成。
2. 根据案例内容，讨论如何打造低成本冷链物流配送模式。
3. 结合当前物流技术发展趋势，讨论冷链物流成本控制的新思路。

第九章　冷链物流信息管理

◇ 学习目标

了解现代物流信息技术的基本构成；掌握物联网技术的内涵与构成；掌握物流自动化设备技术的应用，物流设备跟踪和控制技术的应用，物流动态信息采集技术的应用；了解 GPS 技术在冷链物流运输中应用的可行性；掌握基于 GPS 技术的冷链运输信息系统架构设计；掌握 RFID 技术在冷链物流采购环节、存储环节、运输环节（货物跟踪）、配送环节和销售环节等的应用；了解基于物联网的冷链物流信息管理系统的价值；掌握基于物联网的冷链物流信息管理系统的构成；了解物联网与实时定位系统的相关性；掌握冷链物流实时定位系统构建的原则；掌握冷链物流的实时定位系统构建与运用。

◆ 引例

冷链物流监控系统

冷链智能监控系统主要用于对冷链储存、运输过程进行监控与管理，包括温湿度传感器、RFID、GPS 及软件管理系统。它的最基本的作用就是实时掌握温湿度情况，避免货物变质造成损耗。

例如，药品、冰激凌、奶制品等货品，都需要经过从产地预冷、自动化冷库储藏、全程冷链运输到末端配送的冷链配送全过程。每一个过程都要通过不同的温区保存好冷链货品，这就需要针对不同的温区进行环境温湿度的自动监测和数据采集，对库房温湿度实行 24 小时连续、自动的监测和实时记录。每个库房应设置多个温湿度监测设备，用于库房温湿度状况的自动监测和数据采集。

除了在冷库（仓储环节）的应用外，像车辆（运输环节温湿度监控、定位）、生产车间（基站定位＋温湿度检测）和门店（销售环节的温湿度监控）均可以使用冷链智能监控系统。

随着物联网的火热和市场的发展，为了更好地降低物流配送成本，在物流行业同样也涌现诸多智能监控类的硬件，以帮助物品实现安全可追溯、质量可监控、订单信息可跟踪等。

冷链物流企业尤其要通过大数据、物联网等技术的运用来实现冷链物流的智能化，以大幅提升冷链物流配送的效率，并对整个冷链物流配送进行更好的管理和把控。

冷链物流管理

第一节　物流信息技术与应用

一、物流信息技术的定义

物流信息技术是指运用于物流各环节中的信息技术。根据物流的功能及特点，物流信息技术包括计算机技术、网络技术、信息分类编码技术、条码技术、射频识别（RFID）技术、电子数据交换技术、全球定位系统（GPS）和地理信息系统（GIS）等。

物流信息技术是物流现代化的重要标志，也是物流技术中发展最快的领域。从数据采集的条码系统，到办公自动化系统中的微机、互联网，各种终端设备等硬件及计算机软件都在日新月异地发展。同时，随着物流信息技术的不断发展，产生了一系列新的物流理念和新的物流经营方式，推进了物流的变革。在供应链管理方面，物流信息技术的发展也改变了企业应用供应链管理获得竞争优势的方式，成功的企业通过应用信息技术来支持其经营战略并选择其经营业务，通过利用信息技术来提高供应链活动的效率性，增强整个供应链的经营决策能力。

二、物流信息技术的组成

（一）条码技术

条码技术是在计算机的应用实践中产生和发展起来的一种自动识别技术。为我们提供了一种对物流中的货物进行标识和描述的方法。

条码是实现POS（销售终端）系统、EDI（电子数据交换）、电子商务和供应链管理的技术基础，是物流管理现代化、提高企业管理水平和竞争能力的重要技术手段。

（二）电子数据交换技术

电子数据交换（Electronic Data Interchange，EDI）通过电子方式，采用标准化的格式，利用计算机网络进行结构化数据的传输和交换。

构成EDI系统的三个要素是EDI软硬件、通信网络及数据标准。

EDI系统的工作方式大体如下：用户在计算机上进行原始数据的编辑处理，通过EDI转换软件（Mapper）将原始数据格式转换为平面文件（Flat File），平面文件是用户原始资料格式与EDI标准格式之间的对照性文件。通过翻译软件（Translator）将平面文件变成EDI标准格式文件。然后在文件外层加上通信信封（Envelope），通过通信软件EDI系统交换中心邮箱（Mailbox）发送到增值服务网络（VAN）或直接传送给对方用户，对方用户则进行相反的处理过程，最后成为用户应用系统能够接收的文件格式。

（三）射频识别技术

射频识别（Radio Frequency Identification，RFID）技术是一种非接触式的自动识别技术，它通过射频信号自动识别目标对象来获取相关数据。识别工作无须人工干预，可工作于各种恶劣环境。短距离射频产品不怕油渍、灰尘污染等恶劣的环境，可以替代条码，如用在工厂的流水线上跟踪物体。长距射频产品多用于交通上，识别距离可达几十米，如自动收费或识别车辆身份等。

(四) GIS 技术

地理信息系统（Geographical Information System，GIS）是多种学科交叉的产物，它以地理空间数据为基础，采用地理模型分析方法，适时地提供多种空间的和动态的地理信息，是一种为地理研究和地理决策服务的计算机技术系统。其基本功能是将表格型数据（无论它来自数据库、电子表格文件，还是直接在程序中输入）转换为地理图形显示，然后对显示结果浏览、操作和分析。其显示范围可以从洲际地图到非常详细的街区地图，显示对象包括人口、销售情况、运输线路等内容。

(五) GPS 技术

全球定位系统（Global Positioning System，GPS）具有在海、陆、空进行全方位实时三维导航与定位的能力。

GPS 在物流领域可以应用于汽车自定位、跟踪调度、铁路运输管理和军事物流。

(六) 物联网技术

物联网（The Internet of Things）就是物物相连的互联网。

物联网的核心和基础仍是互联网，是在互联网的基础上延伸和扩展的一种网络；其用户端延伸和扩展到了任何物品与物品之间进行信息交换和通信。

因此，物联网是通过射频识别装置、红外感应器、全球定位系统和激光扫描器等信息传感设备，按约定的协议，把任何物品与互联网相连接，进行信息交换和通信，以实现智能化识别、定位、跟踪、监控和管理的一种网络。

物联网的关键技术构成如图 9-1 所示。它由以下几部分构成：

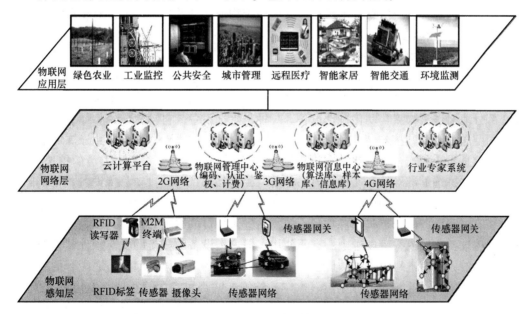

图 9-1　物联网的关键技术构成

1）感知层。感知层承担信息的采集（通过智能卡、RFID 电子标签、各种物理量传感器等）。

2）网络层。网络层承担信息的传输（无线传感网、移动网、固网、互联网和广电网等）。

冷链物流管理

3）应用层。应用层完成信息的分析处理和决策，以及实现或完成特定的智能化应用和服务任务，以实现物与物、人与物之间的识别与感知，发挥智能作用。

4）云计算技术。物联网的发展离不开云计算技术的支持。物联网终端的计算和存储能力有限，云计算平台可以作为物联网的"大脑"，实现对海量数据的存储、计算。

就物联网的市场现状来看，无线射频识别器和传感器越来越便宜，移动运营商关注物联网市场，数据访问的带宽不断增加，大量管理软件陆续出现，物联网应用需求呈现强劲势态。

就物联网技术的部署现状而言，许多物联网技术是跨行业部署的，物联网技术使得很多行业进入了新的市场，尤其在基建、能源、公用设施和零售业最为明显。许多行业开始使用物联网实现远程设备监控和管理。

物联网在收益方面将实现：节约运营成本；增加收入来源；满足政府的各类政策规范；提高客户服务的满意度和实现贴身服务；对资产的有效监控。

美国权威咨询机构 Forrester 预测，2020 年，世界上物物互联的业务跟人与人通信的业务相比，将达到 30∶1，仅仅是在智能电网和机场防入侵系统方面的市场就有上千亿元。

（七）管理软件

物流管理软件包括运输管理系统（TMS）、仓储管理系统（WMS）、货代管理系统（FMS）和供应链管理系统（SCM）等。

三、物流信息技术的应用

在国内，各种物流信息技术已经广泛应用于物流活动的各个环节，对企业的物流活动产生了深远的影响。

（一）物流自动化设备技术的应用

物流自动化设备技术的集成和应用的热门环节是配送中心。配送中心的特点是每天需要拣选的物品品种多、批次多、数量大。因此，国内超市、医药和邮包等行业的配送中心部分地引进了物流自动化拣选设备。一种是拣选设备的自动化应用，如北京市医药总公司配送中心，其拣选货架（盘）上配有可视的分拣提示设备，这种分拣货架与物流管理信息系统相连，动态地提示被拣选的物品和数量，指导着工作人员的拣选操作，提高了货物拣选的准确性和速度。另一种是一种物品拣选后的自动分拣设备。将条码或电子标签附在被识别的物体上（一般为组包后的运输单元），由传送带送入分拣口，然后由装有识读设备的分拣机分拣物品，使物品进入各自的组货通道，完成物品的自动分拣。分拣设备在国内大型配送中心有所使用。但这类设备及相应的配套软件基本上是从国外进口的，也有进口国外机械设备，国内配置软件的。立体仓库和与之配合的巷道堆垛机在国内发展迅速，在机械制造、汽车、纺织、铁路和卷烟等行业都有应用。例如，昆船集团生产的巷道堆垛机在红河卷烟厂等多家企业应用了多年。近年来，国产堆垛机在行走速度、噪声、定位精度等技术指标上有了很大的改进，运行也比较稳定。但是与国外著名厂家相比，在堆垛机的一些精细指标上，如最低货位极限高度、高速（80m/s 以上）运行时的噪声，以及电机减速性能等方面还存在不小差距。

（二）物流设备跟踪和控制技术的应用

目前，物流设备跟踪主要是指对物流的运输载体及物流活动中涉及的物品所在地进行跟踪。物流设备跟踪的手段有多种，可以用传统的通信手段，如电话等进行被动跟踪，也可以用RFID手段进行阶段性的跟踪，但目前国内用得最多的还是利用GPS技术跟踪。GPS技术跟踪利用GPS物流监控管理系统，主要跟踪货运车辆与货物的运输情况，使货主及车主随时了解车辆与货物的位置与状态，保障整个物流过程的有效监控与快速运转。物流GPS监控管理系统的构成主要包括运输工具上的GPS定位设备、跟踪服务平台（含地理信息系统和相应的软件）、信息通信机制和其他设备（如货物上的电子标签或条码、报警装置等）。在国内，部分物流企业为了提高企业的管理水平和提升对客户的服务能力也应用这项技术。沈阳等地方政府要求下属交通部门对营运客车安装GPS设备工作进行部署，从而加强对营运客车的监管。

（三）物流动态信息采集技术的应用

企业竞争的全球化发展、产品生命周期的缩短和用户交货期的缩短等都对物流服务的可得性与可控性提出了更高的要求，实时物流理念也由此诞生。如何保证对物流过程的完全掌控，物流动态信息采集应用技术是必需的要素。动态的货物或移动载体本身具有很多有用的信息，如货物的名称、数量、重量、质量、出产地，以及移动载体（如车辆、轮船等）的名称、牌号、位置、状态等一系列信息。这些信息可能在物流中反复使用，因此，正确、快速地读取动态货物或载体的信息并加以利用可以明显地提高物流的效率。在目前流行的物流动态信息采集技术应用中，条码技术应用范围最广，其次还有磁条（卡）、语音识别、便携式数据终端、射频识别（RFID）等技术。

1. 一维条码技术

一维条码是由一组规则排列的条和空、相应的数字组成，这种用条、空组成的数据编码可以供机器识读，而且很容易译成二进制数和十进制数。因此，此技术广泛地应用于物品信息标注中。因为符合条码规范且无污损的条码的识读率很高，所以一维条码结合相应的扫描器可以明显地提高物品信息的采集速度。加之条码系统的成本较低，操作简便，又是国内应用最早的识读技术，所以在国内有很大的市场，国内大部分超市都在使用一维条码技术。但一维条码表示的数据有限，条码扫描器读取条码信息的距离也要求很近，而且条码上损污后可读性极差，限制了它的进一步推广应用。一些信息存储容量更大、识读可靠性更好的识读技术开始出现。

2. 二维条码技术

一维条码的信息容量很小，商品的详细描述只能依赖数据库提供，离开了预先建立的数据库，一维条码的使用就受到了局限。基于这个原因，人们发明了一种新的码制，除具备一维条码的优点外，同时还有信息容量大（根据不同的编码技术，容量是一维的几倍到几十倍，从而可以存放个人的自然情况及指纹、照片等信息）、可靠性高（损污达50%时仍可读取完整信息）、保密防伪性强等优点。这就是在水平和垂直方向的二维空间存储信息的二维条码技术。二维条码继承了一维条码的特点，条码系统价格便宜，识读率高且使用方便，所以在支付、车辆等管理信息系统上开始应用。

3. 磁条技术

磁条（卡）是以涂料形式把一层薄薄的由定向排列的铁性氧化粒子用树脂黏合在一起并粘在诸如纸或塑料这样的非磁性基片上。磁条从本质意义上讲和计算机用的磁带或磁盘是一样的，它可以用来记载字母、字符及数字信息。其优点是数据可多次读写，

冷链物流管理

数据存储量能满足大多数需求，附着力强等，使之在很多领域得到广泛应用，如信用卡、银行卡、机票、公共汽车票、自动售货卡和会员卡等。但磁条卡的防盗性能、存储量等性能比起一些新技术，如芯片类卡技术还是有差距的。

4. 声音识别技术

声音识别技术是一种通过识别声音达到转换成文字信息的技术，其最大特点就是不用手工录入信息，这对那些采集数据的同时还要手脚并用完成工作的场合，或键盘打字能力差的人尤为适用。但声音识别的最大问题是识别率不理想，要想连续地高效应用有难度。因此，它目前更适合语音句子量集中且反复应用的场合。

5. 视觉识别技术

视觉识别系统是一种通过对一些有特征的图像进行分析来识别对象的系统，其能够对限定的标志、字符和数字等图像内容进行信息的采集。视觉识别技术的应用障碍是对于一些不规则或不够清晰图像的识别率低，而且数据格式有限，通常要用接触式扫描器扫描。随着自动化技术的发展，视觉识别技术会朝着更细致、更专业的方向发展，并且还会与其他自动识别技术结合起来应用。

6. 接触式智能卡技术

智能卡技术是一种将具有处理能力、加密存储功能的集成电路芯板嵌装在一个与信用卡一样大小的基片中的信息存储技术，通过识读器接触芯片，可以读取芯片中的信息。接触式智能卡的特点是具有独立的运算和存储功能，在无源情况下数据也不会丢失，数据的安全性和保密性都非常好，成本适中。智能卡与计算机系统相结合，可以方便地满足对各种各样信息的采集传送、加密和管理的需要，它在国内外的许多领域，如银行、公路收费、煤气收费等得到了广泛应用。

7. 便携式数据终端

便携式数据终端（PDT）一般包括一个扫描器、一个体积小但功能很强并有存储器的计算机、一个显示器和供人工输入的键盘。所以，它是一种多功能的数据采集设备。PDT 是可编程的，允许编入一些应用软件。PDT 存储器中的数据可随时通过射频通信传送到主计算机中。

8. 射频识别（RFID）技术

前面大概介绍了射频识别技术，它具有体积小、容量大、寿命长和可重复使用等特点，可支持快速读写、非可视识别、移动识别、多目标识别、定位及长期跟踪管理。在冷链物流领域，RFID 技术最显著的作用是与互联网、通信等技术相结合，可实现全球范围内的物品跟踪与信息共享。

从上述物流信息技术的应用情况及全球物流信息化发展趋势来看，物流动态信息采集技术的应用正成为全球范围内重点研究的领域。我国已在物流动态信息采集技术应用方面积累了一定的经验，条码技术、接触式磁条（卡）技术的应用已经十分普遍，但在一些新型的前沿技术，如 RFID 技术等领域的研究和应用方面还比较落后。

◇**知识窗**

冷链监控设备在实际应用中还有一些难题有待解决，如预约难、功能单一、安装维护成本高和效率低等。

第九章　冷链物流信息管理

首先，目前大多数的监控设备是有线设备，在安装的过程中需要穿孔走线，导致安装复杂，实施难度大，并且耗时，尤其冷库环境下的安装更是困难，大大影响了运输效率。

其次，近些年随着无车承运人模式的兴起，运力发生了新变化，外协车辆比例攀升，并且不讲安装维护难或易，安装费用谁承担一直是个争论不休的话题。

另外，我们也发现，局限于单点采集数据也是现在行业的普遍趋势。外协车辆的管理往往采用便携式设备，数据采集相对单一，如便携定位设备只能采集位置；便携温湿度设备能采集温湿度数据，但得不到精准位置。

那么，如何能突破瓶颈，更好地满足物流行业运力社会化，实现多维度状态采集的应用需要呢？

答案是移动化（无线）、标签化和多功能化。

第一，在冷链车车厢或冷库等场景下，各点温度不是完全均匀和统一的，因此多点监控是一个需求点。如靠出风口处的温度低，货物可能没问题，但是靠车门处可能有问题。

第二，目前第三方物流很多时候都不是使用自有车辆，而是使用社会运力，因此要解决温度管理需求，拥有一些移动式设备很重要。同时，监测设备也可以配置 GPS 模块，通过 GPS 和 GIS，监控中心可以对集装箱车辆进行地理位置定位和调度。

第三，理想状态下，从车间到运输、仓储、销售的货物中转过程中，如果有标签跟随，就可以追溯到整个周期的安全情况。如果温湿度变化超出预先设定的范围，如 20~30℃，系统将自动给出预警。如果曲线中间有一段记录明显低于 20℃，则可以根据此段时间查询相应的地点和外在环境，以便于探究温湿度变化的原因。

第四，从未来看，除了温湿度控制，还可通过软硬件来实现对环境温度的智能化控制，如冷库打冷智能化，将来会通过一些控制类的标签设备，对制冷系统进行控制。后台实时分析冷库温度情况，在需要打冷时，自动通过设备远程控制制冷机打冷。同样，门店、车辆其实也可以做到。

第二节　物流信息技术在冷链物流中的应用

一、GPS 技术在冷链物流运输中的应用

GPS 具有实时、全天候、连续、快速、高精度的特点，将 GPS 技术运用到冷链物流运输行业，能够大大提高冷链物流运输的质量、有效地保证冷链物流运输时间，从而确保冷链产品的质量和及时送达。GPS 将在冷链物流业的发展中发挥越来越重要的作用。GPS 技术可以帮助人们随时查询冷链物流运输货物车辆的位置，不但能加强车辆监控，而且能避免绕行，帮助选择最优路径，减少车辆损耗和运输时间，降低冷链物流运输成本，从而取得明显的经济效益。

从我国冷冻冷藏经营产业链条的现状看，从终端的消费信息采集、分析、加工，到生鲜食品开发及推广，再到新产品运销到市场的整个流程中信息传递不畅，反应迟钝。冷链食品的服务网络和信息技术应用都不够完善，大大影响了食品物流的在途质量、准确性和及时性，冷链的成本和商品损耗很高。所以应该利用先进的信息技术及时了解食

冷链物流管理

品的生产、加工、存储信息；掌握供应链中冷冻冷藏产品的数量、位置及温度，如安装全球卫星定位系统，进行及时提货和补货，同时也要对冷藏车的运输进行全面动态监控，从而提高冷链物流的作业效率与管理水平。

（一）冷链物流 GPS 技术的应用

由于冷链产品必须低温存储和运输，在运输中一旦发生车辆抛锚、冷冻系统瘫痪等事故，就会大大影响冷链产品的质量。将 GPS 定位技术应用到冷链物流中，通过网络实现资源共享，可以对货物运输过程中的车辆的运行路线、车货的实时运行位置、人员的安全情况、车辆的运行情况及车厢内的温度进行监控，实时准确地掌握，便于车辆的指挥调度，发生突发事故后迅速做出决策。

在冷链物流运输环节，GPS 应用包括：

1. 车辆跟踪

GPS 技术能实现对选定车辆的实时跟踪显示，并以地理信息系统来表现定位的结果，直观地反映车辆位置、道路情况、离最近冷库的距离及车辆运行线路的距离值。

2. 运行监控

可实现多窗口、多屏幕同时监控多车辆运行，能准确报告车辆的位置（包括地点、时间）及运行状况（包括发动机、温度、速度），能对指定时间内车辆的行驶里程、超速等运行信息进行分析统计，了解货物在途中是否安全，是否能快速有效地到达。当车辆发生事故时，可将事故车辆的位置和状况等信息及时准确地报告给监控中心，以供迅速做出决策，使事故损失降到最低。

3. 信息查询

可实时地从 GIS 上直观地了解运输车辆所处的地理位置，还可查询行车的路线、时间和里程等信息。系统可自动将车辆发送的数据与预设的数据进行比较，对发生较大偏差的情况进行报告，显示屏能立即显示报警目标，规划出最优援助方案，避免危及人、车、货安全。

4. 指挥调度

监控中心可结合车辆的运行状况，对系统内的所有车辆进行动态调度管理。实施车辆调度可提高车辆的实载率，有效地减少车辆的空驶率，降低运输成本，提高运输效率。

5. 路线规划

根据货物的种类、运送地和运输时间的不同，利用 GPS 技术，可以设计最佳行驶路线，包括最快的路线、最简单的路线、通过高速公路路段次数最少的路线等。路线规划好之后，利用 GPS 的三维导航功能，通过显示器显示设计路线及车辆运行路线和运行方法。

GPS 解决了信息沟通不畅而导致的车辆空驶严重、货物运输安全无保障、车辆资质可靠性差和车辆调度难等突出问题，通过信息化手段最大限度地整合了现有资源，使企业获得良好的经济效益。

（二）基于 GPS 技术的冷链运输信息系统架构设计

1. 系统发布平台

通过 Web Service 应用平台可以实现信息的对外快速发布。Web Service 可以执行从简单的请求到复杂商务处理的任何功能。一旦部署以后，其他应用程序可以发现并调用它部署的服务。因此，Web Service 是构造开发分布式系统的基础模块。

第九章 冷链物流信息管理

Web Service 提供了一种新的面向服务的构造方法，即应用实时集成。在这种条件下，应用的设计只是描述网络服务功能和如何将这些服务协调组合。应用的执行只是将协作请求转化成发现、定位其他能够提供需要的服务协作者，并将调用消息返回以供调用。

2. 系统集成平台

冷链物流信息系统由数据库服务器、无线移动通信传输服务器、GPS 通信服务器、Web 服务器、GPS/GIS 监控台、温度控制监控台、调度中心和决策中心等部分构成。系统具有整合多种通信平台的能力，使监控、管理、调度、报警和定位信息能方便地在监控网络内共享。

传输服务器负责实时传输多种通信平台的数据，为各监控座席提供数据交换服务，并且协调各监控台的登录、注销和交互。通信服务器可支持客户监控终端通过各种网络接口访问监控中心。

监控中心是整个冷链运输监控系统的重要组成部分。监控中心的配置包括各类功能服务器（静态与动态数据服务器、电子地图服务器、Web 服务器等）、中心数据处理主机、监控中心大屏幕、应用终端和软件、报警装置和数据库等。该系统利用 GPS 的定位技术、RFID 的信息识别与发送技术、无线移动通信技术并结合电子信息系统，实现对在途运输过程中的冷链产品和车辆进行动态监控、调度管理、应急处理和报警求救等功能。

车辆运输监控系统是整个冷链物流信息系统的核心技术，是集全球卫星定位系统、移动通信技术、地理信息系统和计算机网络技术为一体的综合性高科技应用系统。它的主要技术就是利用 GPS 的定位数据，通过移动通信技术，利用 GIS 技术动态显示并进行实时监控，能够对运输车辆和车上的货物实现实时、动态的监控、跟踪、调度及实时温度状态管理等功能。它使用 GPS 系统来确定车辆的位置，利用移动通信技术，监控中心能够确定车辆和货物的状态、位置信息，并通过 GIS 显示车辆的准确位置或回放车辆的行驶路线轨迹。

3. 数据结构设计

数据结构设计主要包括两部分：RFID 数据设计和数据库设计。RFID 标签中主要存储的是货物相关信息；数据库中存储的是在运输货物时相关的信息。RFID 标签存储的数据包括货运编号、货主姓名、货主身份证号码、货物位置、货物类型、货物目的地、卖方货主姓名、卖方货主身份证号码、卖方货主地址、到达目的地的时间限制、提货人的名称、提货人身份证号码、货物规格（重量和体积）、货物存储温度、货物保质期、所在仓库、入库时间、出库时间、入库/出库承办人和货物所属货运单。

数据库存储的信息包括车辆车牌、车型号、车辆颜色、运输车辆数量、运输车辆发车时间、运输车辆装货时间、到达目的地的时间、车辆费用信息（路桥、装卸、车险、养路费等）、车辆维修信息（维修计划、车辆事故等）、驾驶员信息（姓名、生日、考驾驶证的时间、住址、联系电话等）、车辆位置信息（位置编号、位置经度、位置纬度、位置时间等）、仓库信息（仓库编号、仓库位置、仓库体积等）。

4. 基于 GPS 技术的冷链物流信息系统架构

基于 GPS 技术的冷链物流信息系统架构的设计着重解决冷链物流的信息技术和服务网络薄弱的问题。服务网络与信息技术对冷链物流的发展起着至关重要的作用。服务网络和信息技术不够健全，将会大大影响食品物流的在途质量、准确性和及时性，同时

冷链物流管理

食品冷链的成本和商品损耗会很高。因此，通过信息技术建立冷链物流温度监控系统，对各种货物进行跟踪、对冷藏车的使用进行动态监控，同时将全国的需求信息和遍布各地区的连锁经营网络连接起来，可以确保物流信息快速可靠的传递和温度的精确控制。

二、RFID 技术在冷链物流追溯系统中的应用

伴随着 RFID 技术和应用的迅速发展，冷链物流业在原有的优势基础上逐渐开发出在 RFID 技术中加入温度传感系统。这种方法是通过温度传感器实时获取温度数据，然后传给与之连接的 RFID 标签储存，RFID 获得的数据就能在进入阅读器阅读范围时被读出，以供利用。通过这种方法，可以实现对运输/配送过程中温度发生改变时的预警，或是对物流活动中的温度变化进行记录，从而帮助辨识可能由温度变化引发的质量变化，以便采取相应的应急措施。

（一）RFID 技术应用在冷链物流过程的环节

RFID 技术应用在冷链物流过程中包括以下几个方面：采购环节、存储环节、运输环节（货物跟踪）、配送环节、销售环节。

1. 采购环节

针对冷链产品保质期短、需要保鲜的特点，在冷链产品的供应上，要从产地开始进行跟踪管理，以保证产品的基本品质和营养价值。首先将采购的产品分类装箱并在每一箱货物上加上一个带有温度传感器的 RFID 标签，并将每箱货物的信息输入带有温度传感器的 RFID 标签中，内容包括货物编码、货物数量、生产地、品种、规格、包装时间、保质时间、储藏温度、湿度、价格和变更时间等信息。这些数据被采购控制系统采集和记录，并进一步纳入企业采购管理系统。对于冷链物流来说，温度是其核心，带有温度传感器的 RFID 标签能实时收集到货物的温度信息，企业能够监控到货物的实时温度。不同产品的货物和相同品种、品质不同的货物，都必须要有对应的产品温度指标。低温食品的物流应实现温度标准化，这样在后续存储、运输、配送和销售环节才可以保证货物的质量。

2. 存储环节

在仓库的接货入口，RFID 读写器在货物通过时自动采集电子标签信息，如货物的数量、目的总站、目的分站等，自动完成货物的盘点并将货物信息存储到系统数据库中。

货物到达仓库后，可通过 RFID 读写器读取货物信息，根据仓库划分的不同存放区域进行自动入库。在货物传输过程中，读写器自动读取货物包装上的电子标签信息，将货物种类的编码与数据库中的仓库分区编码相核对，如果编码一致，系统将控制传送带将货物送到相应的库位，以实现自动化货物地点分类操作。还可以利用读写器对货物的存放状态进行监控。

出库时，出库信息通过系统传送到相应库位的电子标签上，显示出该库位存放货物需出库的数量，指示工作人员完成从货架到传输带的操作。货物通过仓库出口的 RFID 阅读器，系统自动完成验收操作。

仓库管理人员能够实时掌握商品的库存信息，从中了解每种商品的需求模式，及时进行补货，从而提高库存管理能力，降低库存水平。将整个收货计划、取货计划、装运计划等与 RFID 技术相结合，能够高效地完成各种业务操作。这样既增强了作业的准确性和快捷性，提高了服务质量，降低了成本，节省了劳动力和库存空间，同时又减少了

工作失误造成的错送、损害、存放变质等损耗。

3. 运输环节

在货物运输过程中，通过带有温度传感器的 RFID 标签，管理人员可以实时了解目前有多少货物处于转运途中，各自的始发地和目的地、预期到达时间及其他相关信息（货物的生产地、保质期、温度等），方便对在途货物进行管理。对于冷链产品，必须对温度进行实时监测，因为在运输过程中各种可能的外在因素和冷冻设备的故障，都会导致货物的温度有所变化，如果温度变化超出预设的范围，可以通过 RFID 标签实时传递的信息，很容易地追溯到问题的根源，迅速做出决策。

4. 配送环节

在配送环节，当货物进入配送中心时，配送中心入口处的 RFID 阅读器可以读取托盘上所有货物标签中所包含的内容，将这些信息与相应的采购单进行核对，可以检测是否发生错误。若货物出现变质和丢失等情况，则退货给供应商，确保对货物的精确控制。出库时，仓库出口处的 RFID 阅读器自动记录出库货物。通过 RFID 技术，配送中心能够大大加快配送的速度，提高拣选与分发过程的效率与准确率，从而增加配送中心每天的货物吞吐量，为配送中心带来了更大的经济效益。

5. 销售环节

货物送到时，零售商通过 RFID 阅读器记录下每一箱货物的信息，可以根据 RFID 标签中存储的信息，实时了解货物的状态（如温度、有效期等），保证在到达消费者手中时都处于保鲜、保质状态。零售商也可以通过收集到的信息，准确地了解库存状态，实现适时补货。

由此可见，从生产制造、仓储物流到商品零售，都可以大规模地采用 RFID 技术，因为电子标签可以实现商品从原料、半成品、成品、运输、仓储、配送到销售，甚至退货处理等所有环节的实时监控，不仅能极大地提高自动化程度，而且可以大幅降低差错率，从而显著提高供应链的透明度和管理效率。

（二）RFID 技术在冷链物流领域应用中存在的问题

RFID 在冷链物流应用中存在两大方面的问题：标准化和成本问题。

1. RFID 标准的制定

RFID 标准的不统一是制约 RFID 发展的首要因素。因此，制定 RFID 标准是当前急需解决的问题。针对这一问题，我国在 2004 年 1 月正式成立了电子标签国家标准工作组，负责起草、制定我国有关电子标签的多项国家标准。这对我国规范化、标准化地发展和应用 RFID 技术是一个巨大的内在推动力。

2. RFID 成本的降低

标签成本是 RFID 商业应用能否获得成功的关键。RFID 标签主要由 IC 芯片、天线和封装等几部分构成，价格不低。对于 RFID 技术，虽然成本较高，但还是具有大规模应用的成本优势。据资料显示，2003 年被动式高频段标签的平均价格为 91 美分，现在为 50 美分左右，如果要货量超过 10 万件的话，还可以降到 10 美分。随着集成电路技术的进步和应用规模的扩大，RFID 标签的成本将不断降低。根据 Auto-ID 中心的预测，在大规模生产的情况下，RFID 标签生产成本最低能降到 5 美分，其中 IC 芯片为 1~2 美分，天线约为 1 美分。另外，还可以通过采用新技术、新材料来降低标签成本，或使

冷链物流管理

智能标签实现循环利用。具体来说，RFID 标签的信息可写入 10 万次，利用这一特点，在企业内部物流中闭环使用 RFID 标签，不仅能充分发挥 RFID 的技术优势，而且其运行成本还将低于条码。价格计算公式为

$$P = \frac{D}{N} + C$$

式中　　P——循环智能标签价格；
　　　　D——首次采购智能标签的价格；
　　　　N——循环使用次数；
　　　　C——运转费用（常数），小于 1。

例如：标签采购价为 10 元，运转费用为 0.02 元，使用 50 次，则循环智能标签价格为 0.22 元。

由于 RFID 系统拥有巨大的技术优势：能够减少库存和销售人员方面的成本，有效降低存货错误，大大提高存货报告的有效性，由此将带来工作效率的大幅提高，从而降低系统的总体成本。因此，采用 RFID 所产生的费用也物有所值。

【同步案例】

物联网 + 物流智能硬件——易流魔方

易流魔方是一款采用移动通信技术、GPS 定位和 GFSK 无线射频技术，以无线方式连接各类传感器，集无线采集通信、GPS 定位、多点温湿度网络化监控的智能硬件设备。它运用定时温湿度采集、射频无线传输等技术，结合智能报警手段，对库房的温湿度高低限自动报警。

它可同时支持多种传感器，128 个节点并发连接，通过周边的标签设备扩展感知范围，同时通过不断衍生出来的新的传感应用来满足用户更多类型数据采集的要求。易流魔方和标签搭配使用，多点监控温湿度，适用于小型冷库、商超门店、医疗冷柜和保险箱等场景的智能管控，有效地解决物流行业从生产到运输、仓储、销售等各个环节的状态采集和在线管理。

除了在冷链行业（冷库、生产车间、商超门店、车辆）进行温湿度监控，易流魔方也可以应用于物流过程的可视化智能管理。它基于 GPS 技术、RFID 技术、传感技术等多种技术，在物流过程中可实现车辆实时定位、运输物品实时监控、在线调度与配送可视化等。

按照规划，易流魔方未来还可应用在其他行业。例如：
1）车门、冷库门或某库区卷帘门的开关检测。
2）某区域内的烟雾检测（针对车、库、车间、门店的火警检测）。
3）开箱操作检测、货物运输过程中的有损操作检测（振动、倾斜、撞击）、电信号启动与关闭的检测（如制冷机是否开启）等。
4）固定场所的视频监控。

易流魔方是物联网智能硬件产品，功能强大，但只有将硬件和软件平台强大的计算能力结合在一起，才能充分效实现物流的透明化和智慧化。

全新易流云平台实现了物流透明 1.0 向物流透明 2.0 的升级转变。硬件提供基础数

据来源，软件连接物流业务的上下游，实现业务管理的全程透明管控，不仅要管车，还实现了管货物、管订单流转、管理物流业务过程。

易流云平台无缝连接货主、承运商、车队、驾驶员等物流节点，货主订单产生后，系统生成运单，并实现路由的拆分和规划，帮助批量运单的生成。

有了运输计划（运单），系统就会把计划分到车队，车队调度人员可以很及时地收到推送消息，由车队派送车单，这个时候驾驶员 App 也会收到推送消息。驾驶员可以通过预约的功能和仓库做到场预约，然后是驾驶员的发货、取货，完成全链条的交接和协同。

不断沉淀的硬件和业务数据，不仅能结合软件平台强化企业上下游合作伙伴的连接与业务协同，更夯实了物流业务的数据化基础。

易流通过硬件采集和业务沉淀而来的大数据，加工增值后，即可实现数据业务化，指导实际物流运作。一是基于算法与数学建模，如路径优化、智能调度、智能配载等，二是基于数理统计与数据挖掘，如用户画像、数据征信、供应链需求预测等。

这些数据将帮助人们开拓大数据应用思路，如路径优化、智能调度与配载、企业画像、运力分层、数据征信与物流互联网金融、需求供应链预测，以及公路货运与交通的宏观分析等方面，带来更大价值。

从趋势上来说，物联网技术会慢慢地应用到各行各业。特别对于物流行业来说，由 RFID 等软件技术和移动设备等硬件设备组成物联网后，基于感知的货物数据便可实现货物的状态监控，如冷链物流的温湿度监控和物流信息跟踪。

其次，其功能也会进一步延伸，如开关检测、烟雾检测、开箱操作检测，以帮助参与方随时随地掌握货物的存储、运输信息，提高风险的控制能力，从而达到降低成本的目的。

问题：
1. 物联网时代，物流行业信息采集有哪些新需求？
2. 物流行业信息数据的深度挖掘与应用会给本行业带来何种商业模式的创新？

第三节　冷链物流信息管理系统

一、基于物联网的冷链物流信息管理系统

（一）基于物联网的冷链物流信息管理系统的价值

冷链物流不仅影响工农业生产的有效运行，而且还直接影响普通民众的生活习惯和质量。进入 21 世纪后，生活步入小康的民众普遍开始关注食品质量和安全问题。智慧冷链物流系统的建设与实施带来的社会效益和经济效益都是很显著的，并且符合国家科技兴国、鼓励自主产业化的大政方针要求。基于物联网的冷链物流信息管理系统为我国食品、药品、保健品安全竖起一道放心墙，为产品可追溯、可回溯提供有力保障。

基于物联网的冷链物流信息管理系统的实施会带来丰厚的社会效益：

第一，基于物联网技术的冷链物流信息管理系统符合国家产业政策，属于国家鼓励发展的产业、产品和技术，对其他企业的发展起到带动作用，利于国家产业政策的推行。

第二，基于物联网技术的冷链物流管理系统的成功推广，使我国的溯源管理系统在

冷链物流管理

实现技术的层面上具备了一次较大的提升，并提高我国生产制造业企业信息化的水平，为我国推广企业信息化做出有力的贡献，并且可以促进我国市场经济更加快速、有效地建立公平竞争的规则。

第三，基于物联网技术的冷链物流系统的有效利用，将有效地提高使用企业的生产效率，降低企业的生产成本，使企业可以有效地管理自身的产品，防止假冒伪劣产品的出现，在保证企业自身利润的同时，保证了广大消费者的切身利益。

第四，基于物联网技术的冷链物流系统的应用可以开辟一个崭新的行业市场，在为生产制造业企业带来高效的管理模式的同时为 IT 行业带来新的商机。

(二) 基于物联网的冷链物流信息管理系统的构成

基于物联网的冷链物流系统主要包括几大子系统：冷库智能仓储管理系统、冷库可视化智能管理系统、冷链物流车辆监控系统等，它们分别负责产品各个环节的详细信息，便于企业对于产品的管理和追踪。

1. 冷库智能仓储管理系统

基于物联网信息化建设思想，冷库智能仓储管理系统采用先进的 RFID 技术、自动控制技术、有线/无线通信技术、数据库技术和信息管理技术等，并对所有的冷库、库位、货品和托盘等进行科学规范的编码，建立仓储基础数据库，以实现出入库、盘点、移库工作的智能化功能。

实际仓储工作中，将 RFID 标签粘贴在货物上、包装箱上或安装到托盘上，在库门处架设 RFID 读写设备，当货物出入库时，系统可自动读取出入库货物的信息，并上传到后台计算机系统进行管理。也可在叉车上安装读取设备，在装卸货物时，对货物进行自动识别，并通过无线网络，将信息传递到后台系统。当冷库中物品需要进行盘点或移库的时候，可利用手持式读写器进行相关操作，并实时地将信息发送到后台系统中。

2. 冷库可视化智能管理系统

冷库可视化智能管理系统采用传感技术、ZIGBEE 技术、计算机图形技术、视频技术、自动控制技术、有线/无线通信技术、数据库技术和信息管理技术等，可以实现冷库内容的可视化、温度变化的实时监控和自动报警等。

系统对冷库进行图形可视化建模，以二维或三维的方式展现库存内容，并与实际数据实时关联。可在地图上实现仓储数据的实时信息查询，快速了解仓储情况，进行调度决策。同时，结合先进先出等原则，可以分析出最佳存储库位和最佳取货库位。

系统在库内部署视频监控设备和多种相关传感器设备，这样便可实时监测库内实际货品和环境情况，辅助进行库存管理和决策。

3. 冷链物流车辆监控系统

冷链物流车辆监控系统采用 GPS、GIS、移动通信传输技术、传感技术等，实现对冷运车内物品的监视和车辆位置的实时跟踪、温度实时监控、开关门时间和次数的记录，从而达到对车辆和所载物品在整个物流环节的信息化、可视化管理。

二、基于物联网的冷链物流实时定位系统

(一) 物联网与实时定位系统的相关性

冷链物流实时定位系统是指在冷链物流的基础上创新出的一种适合于冷藏冷冻品物

流实时定位的技术,其具有远距离、动态、准确度高、可靠性强等优点,突破了数据录入和数据采集的瓶颈,为企业和冷藏冷冻品市场提供一套完备的资产、人员追踪定位解决方案。

物联网的非接触识别信息、远距离读取数据、可识别高速运动物体、保密性好、安全可靠无法伪造等技术特性,决定了它能够为建设一套完善的冷链物流实时定位系统提供技术服务支持。

基于物联网的实时定位系统,能够为企业提供更为强大的信息链,对进料、在制品(WIP)、包装、运输和仓储直到最后发送至供应链的下一环节,进行全方位和全程的可视化跟踪,使得在生产过程和存储运输过程中对在制品的跟踪及成品的质量追溯更为清晰,解决冷藏冷冻品在冷链物流运作过程中的多个环节中温度无法监控,以及运输仓储流通加工过程中的断链的问题,协调生产流通加工各个要素之间的关系,有助于企业降低产品缺陷率,保证冷藏冷冻品的质量,缩短流通周期,降低生产成本,提高生产效率,提升企业在市场上的综合竞争力。

(二)冷链物流实时定位系统的构建原则

一套合理的冷链物流实时控制系统,可以实时更新企业的信息,帮助企业决策与市场变化的信息动态同步;可以全面监控冷藏冷冻品在流通过程中的质量安全,确保在流通过程中只要冷藏冷冻品出现问题,就可以实时监测到并做出相应的处理,从而控制损失的范围,迅速找出问题出现的原因并改正;可以帮助企业实时掌控旗下资产,尤其是运营车辆的当前运营状态,发挥资产的价值。

该系统在构建过程中应遵循如下原则:

1. 资源公共共享性

基于冷藏冷冻品的物联网实时定位系统应符合共有物流的思想,做到汇聚供应链上企业的信息,发挥公共网络信息平台的作用。物联网实时定位系统的设计应遵从供应链上的多方参与、系统扩展性强、开放性好的原则,给冷藏冷冻品流通体系的安全提供有力支撑。

2. 安全与隐私保护性

在物联网实时定位系统中,物品预先已嵌入电子标签,自身可能不受控制地被扫描、定位和追踪,这势必会使供应链上的相关冷藏冷冻品加工、运输及销售企业的安全与隐私问题受到侵犯。因此,如何确保标签物的拥有者的安全与隐私不受侵犯便成为基于物联网实时定位系统设计的关键问题。

3. 联合建设,统一技术标准

物联网实时定位系统发展过程中,传感、传输、应用各个层面会有大量的技术出现,供应链中的企业可能会采用不同的技术方案。如果各行其是,那结果是灾难性的,会造成各自建设的物联网实时定位系统无法完成联网共用。

4. 信息管理平台的集中建设

物联网实时定位基础设施建设成功以后,产品信息的传感容易,但是感知的信息如果没有一个统一的信息管理平台来进行综合分析处理,则无法为整个供应链提供效用。

冷链物流管理

（三）冷链物流的实时定位系统构建

冷链物流中的各个环节在冷藏冷冻品安全中都起非常重要的作用，是不容忽视的。要保证冷链物流中冷藏冷冻品的安全，必须对冷链物流运作中的每一个环节都要做到实时监控。为保证冷藏冷冻品定位系统的安全有效，冷链物流的实时定位系统必须从冷藏冷冻品的源头开始定位监控，包含冷藏冷冻品流通加工运输及销售的整个过程，直到冷藏冷冻品流通到销售者手中，甚至包括逆向物流的过程。

冷链运作包括在运输、仓储、装卸搬运、流通加工、包装、配送及信息服务等几个环节，针对冷链物流流程及一般冷链物流服务产品过程，可将冷链物流的整个物流流程分解成以下几项活动：原材料获取、冷却、冷藏加工、冷藏运输和冷藏销售等。

针对这些活动流程，将冷链物流定位系统从数据的采集、数据更新、定位跟踪、数据共享等几个方面进行具体构建。

1. 冷链物流各流程的数据采集

数据采集部分是实时定位系统的重要组成部分，是定位系统的基石。冷藏冷冻品实时定位系统的数据采集依靠物流网中的关键技术——RFID 电子标签技术。RFID 电子标签主要用在冷链产品、堆场、仓储和车辆管理上，对各种标识物进行识别监控和跟踪定位。标识对象主要包括冷链产品本身、冷冻运输车辆的集装箱和相关人员等。

在冷藏冷冻品的原材料采购环节中，RFID 电子标签主要由相关的采购人员协同冷链产品生产者，采用内置或黏贴在冷藏冷冻品上，并且将冷藏冷冻品的品质、产地、具体采摘人员姓名、采购人员的姓名及相关的产品详细信息输入到标签中去。冷藏冷冻品采购完成后，相关采购人员立马组织及时运输。冷链物流的运输分为两种模式：一种是由企业自有车辆组织运输；另一种是企业借助第三方物流企业的运输车辆完成农产品原材料运送到企业加工中心的过程。企业自有车辆运输，在信息控制方面相对更加容易，企业可以通过车辆自有的 GPS 系统实时控制车辆运输的路线，控制运输时间，并且通过确认 RFID 电子标签发出的信号，确定车辆与冷藏冷冻品的物质统一运输性，防止出现车货分离的现象，有效地控制运输过程中发生随意卸货、换货、以次充好的行为。企业借助第三方物流企业组织运输时，可以跟第三方物流企业签订信息系统共享协议，从而达到控制物流的目的。

当冷藏冷冻品到达企业的加工中心后，随着加工作业环节的完成，工作人员通过手持的数据编辑器，完成对 RFID 电子标签中信息更新输入的过程。具体需要输入的信息包括加工人员工号、加工场地、加工温度等详细具体的信息。

冷藏冷冻品完成相应的加工过程后，进入冷冻储存环节。在冷藏冷冻品的储存环节，实时定位系统可以与仓储管理系统相互结合使用，完成冷藏冷冻品信息流的录入，以及储存位置的分配工作。入库单根据产品类别等信息通过系统处理成多份入库分单，每份分单可以分成多个标准化的托盘数据。将相应的托盘数据输入到 RFID 电子标签上，并且内置或粘贴到托盘上，实现冷藏冷冻品仓储数据的实时管理与监控。托盘数据分为：货物的种类、数量、入库单号、供应商和制造部门等信息。通过对 RFID 电子标签发送信息的监控，系统从而完成储存的冷藏冷冻品的出入库情况的统计与控制。在整个物流环节中，电子标签首先承担最基本的信息载体的作用，能够准确识别出标示物，并获取其相关信息。RFID 电子标签能准确地追踪定位到标识物，迅速查找到该物体的

第九章　冷链物流信息管理

具体位置和进行物流控制。

当冷藏冷冻品按照销售的要求，需要从冷冻仓库中完成出库作业时，系统根据客户需求，根据产品储存的 RFID 电子标签中的托盘数据，快速迅捷地完成冷藏冷冻品的定位拣货等工作。从储存环节进入下一个销售流通环节。在冷冻运输过程中，工作人员通过手持式数据编辑器，完成对 RFID 电子标签的信息输入。内容可包括：运输车辆牌号、相关运输人员与运输企业、运输目的地及运输时限等。在销售环节中，当客户对相应的冷藏冷冻品购买完成后，必然要经过结账的过程。在结账的过程中，销售员通过结账处的手持或固定式读写器，将卖场的具体信息及销售的具体时间录入到 RFID 电子标签中，以备后续的农产品质量追踪体系的建设。

2. 冷藏冷冻品数据的及时更新

冷链产品在途经每一个物流环节时，都有可能产生新的数据，从而需要更新信息。产品信息流的更新不仅是内置或黏贴在产品上的 RFID 电子标签中信息的更新，同时更是完成信息系统中数据的实时更新的过程。在具体操作中，产品流通加工过程中的相关从业人员，通过手持的数据读写设备完成对 RFID 电子标签中的信息输入后，通过 RFID 电子标签自身的信息发送功能或手持数据读写设备在读取标签中的信息时的发送功能，以无线电波数据传输方式（RFDC）将信息发送。信息经过系统天线的接收后，将信息传递到阅读器中进行译码阅读。译码阅读完成后，系统通过互联网传递到数据库中，结合 GPS 系统中的数据与仓库管理系统（Warehouse Management System，WMS）中数据综合汇总后，完成信息的更新过程。数据库系统是参与系统内部的农产品的运输企业、加工企业及销售企业共享的一个网络平台。企业内部各部门可以通过计算机、显示器、打印机等电子应用设备共享数据库内的最新数据。

3. 冷藏冷冻品所处方位的实时跟踪

大到每一个批次的冷藏冷冻品，小到每一个单独的冷藏冷冻品个体，冷链物流实时定位系统都能进行实时的跟踪与定位。每一件冷藏冷冻品上都附带有可以发送传递信息的 RFID 电子标签，RFID 电子标签是带有控制系统的集成电路，可以在不同的时段根据环境的需要，发送无线电波信息。无线电波信息经过系统天线的加强后，可以实现远距离传递，实现标签与数据读写器之间的通信。定位系统可以分别应用在农产品的运输、生产加工、存储及销售等过程中，实现冷藏冷冻品所有生产流通环节的实时定位。

在运输环节中，将数据读写器固定分布在运输车辆、轮船或飞机等运输工具上，当带有 RFID 电子标签的农产品经过时，被固定分布的数据读写器扫描阅读，从而记录下冷藏冷冻品的具体运输方式及车号等信息。结合 GPS 的使用，可以精确地定位哪一件农产品放置在哪辆车上运输，并且目前正处于哪个运输路段上。

在生产加工环节中，将数据读写器固定分布在农产品的自动化流水加工线上。随着生产加工环节的深入，可以被处在不同生产环节的数据读写器所扫描到。因为每一个数据读写器都是固定分布在自动化流水加工线上的，所以可以精确定位到每一个时刻冷藏冷冻品所处的详细位置。

在存储过程中，数据读写器可以广泛地分布在仓库门口、库内货架、叉车、自动分拣设备等相应的设备处。当冷藏冷冻品流通到数据读写器的位置后，利用射频识别技术可以高速识别运动中物品的特性，高速定位产品的位置与数量。例如，分布在仓库门口

冷链物流管理

的射频门禁系统（EAS）可以在统计出入库农产品数量的同时，针对无权限出入库的物品予以报警处理；放置在库内货架的数据读写器可以对托盘上的 RFID 电子标签进行扫描，定位相应的产品位置、数量等信息。

在销售环节中，数据读写器可以广泛分布在商场的出口处与账务结算处，实现商场内冷藏冷冻品的实时跟踪与定位。冷链产品实时定位系统可以与目前商场现有的视频监控设备共同协作，实现对冷链物流监控定位的最优化。

4. 共享的数据库系统

数据库技术是支撑农产品实时定位信息系统运作的重要部分，主要功能是收集和分析原始输入数据，将其转化为物流活动中需要的信息，实现政府相关监管部门、行业协会、供应链上各个相关企业、零售业及消费者之间的数据信息共享，实现靠全社会的力量共同监管冷链物流的质量，切实确保冷藏冷冻品的质量安全。

政府监管部门与冷藏冷冻品企业之间的数据共享，使政府对冷藏冷冻品做到实时监管，可以更好地制定相关冷链物流政策，及时应对冷链物流的质量安全问题。冷链物流供应链上的冷藏冷冻品企业之间的实时定位系统数据共享，能更好地增加供应链上运输企业、加工企业与销售企业之间的协作。同一企业的不同部门之间，多个不同企业的多个不同部门之间，可以通过互联网接入数据库系统，实现数据在计算机、显示器和打印机等多个电子应用设备平台之间的共享。消费者共享冷链物流数据，可以加强消费者对冷藏冷冻品质量安全的监管力度，强化消费者的主体地位。

◇关键术语

EDI 技术（Electronic Data Interchange）
射频识别技术（Radio Frequency Identification，RFID）
地理信息系统（Geographical Information System，GIS）
全球定位系统（Global Positioning System，GPS）
物联网技术（The Internet of Things，IOT）
RFID 电子标签（RFID Tag）
仓储管理系统（Warehouse Management System，WMS）

◇思考题

1. 阐述现代物流信息技术的构成及其在冷链物流运作中的应用。
2. 什么是物联网技术？阐述其内涵与构成。
3. 谈谈 GPS 技术在冷链物流运输中应用的可行性。
4. 基于物联网技术的冷链物流信息管理系统具有何种应用价值？
5. 基于物联网的冷链物流信息管理系统由哪些模块构成？每个模块具有什么功能？
6. 冷链物流实时定位系统的构建具有哪些原则？
7. 与普通物流管理信息系统相比，冷链物流信息管理系统有何特点？
8. 探讨物联网时代下冷链物流信息管理有何新的发展与创新。
9. 探讨基于 GPS 技术的冷链运输信息系统架构设计。
10. 探讨 RFID 技术在冷链物流采购环节、存储环节、运输环节（货物跟踪）、配送

第九章 冷链物流信息管理

环节和销售环节等的应用。

11. 探讨冷链物流的实时定位系统构建与运用。

◇综合案例

食品安全已成为全球共同关注的热点话题，给食品加贴信息丰富的"身份证"，是确保全球食品安全的有效工具，也是国内食品安全工作需要承担的新课题。

目前，在许多国家（尤其是欧盟成员国及部分发展中国家），从政府机构到消费者群体，都在迫切要求和关注在食品生产和食品供应链中应用可追溯测量方式。

通过食品安全可追溯体系的建立，可识别出发生问题的根本原因，实行产品召回或撤销，获得更可信的信息，有利于食品链过程的透明化，提高食品安全，并增强食品链不同利益方之间的合作和沟通。

1. 蔬菜和牛肉有了"身份证"

食品安全已成为全球共同关注的热点话题，从疯牛病、口蹄疫到注水肉、毒韭菜、问题奶粉、苏丹红1号等，食品安全的警钟总是出其不意地响起。而如何在第一时间里查清"罪魁祸首"，正是执法者们必须直面的重要问题。那些来路不明、信息不全的问题产品往往让人大伤脑筋。试想，如果给食品配备一个"身份证"，注明其来龙去脉，也许一切问题便可迎刃而解了。

这不仅是一个美好的设想，在国家质检总局2003年启动的"中国条码推进工程"的大力推动下，在中国物品编码中心积极进行的食品跟踪与追溯工作筹备中，国内的部分蔬菜、牛肉产品开始拥有了属于自己的身份证。

山东寿光是全国闻名的蔬菜之乡，也是国内蔬菜安全可追溯性信息系统试点的所在地。在寿光国际蔬菜节上，记者就现场感受了一回蔬菜"身份证"的神奇魔力。虽然这所谓的"身份证"只是一个简单的商品条码，却几乎包含了产品的所有生产信息。要了解这些信息，只要将贴有"身份证"的蔬菜拿到检测仪器前扫一下即可，转眼之间，从生产蔬菜的土地、水质的取样化验，到购种、用药、灌溉，甚至包括蔬菜的包装、仓储和运输等，所有的信息一目了然，确保食品安全的每一个环节到位。

事实上，这种食品"身份证"其实是利用条码技术实现食品安全的跟踪与追溯。它包括两个途径：一是从上往下进行追踪，即从农场、食品原材料供应商、加工商、运输商到销售商，这种方法主要用于查找质量问题的原因，确定产品的原产地和特征；另一种是从下往上进行追溯，也就是消费者在销售点购买食品时发现了安全问题，可以向上层层进行追溯，最终确定问题所在，这种方法主要用于问题召回。

山东省标准化研究院副院长钱恒告诉记者，在蔬菜产品中建立可追溯体系是一项多方受益的尝试，不仅满足了消费者的知情权，更让试点企业的产品实现了真正的优质优价。

和寿光蔬菜基地的成功经验相似，牛肉产品的安全追溯同样卓见成效，引来众多良好反响。据中国物品编码中心的工作人员介绍，他们会同有关专家在借鉴了欧盟国家经验的基础上，编制了《牛肉制品追溯指南》（以下简称《指南》）。该《指南》为牛肉制品生产企业提供质量追溯的解决方案。在该《指南》的基础上，北京市质量技术监督信息研究所组织技术人员在北京金维福仁清真食品有限公司建立了牛肉制品质量追溯的试点工程，目前，该企业在牛的屠宰、分割等过程中建立标识体系。每个牛的主要部位在分割后都会贴有一个条码标识，通过该标识就能快速查询到该块肉的一些信息，如分割时间、牛的品种、产地、检疫情况等。同时，由陕西标准化研究院承担的《牛肉质量跟踪与追溯系统实用方案》也在西安通过了验收。目前，牛肉"身份证"已在国内外通行，备受关注。为牛肉加贴"身份证"，不仅可以优化养殖条件，还有利于突破国外相关绿色壁垒，实现"从农场到餐桌"的质量管理控制。

2. 食品企业承担追溯责任

据中国物品编码中心的工作人员介绍，由于我国食品生产、加工、经营的基础设施薄弱，食品生产、加工、经营者的法律意识和食品安全意识淡薄，加上当前比较严重的环境污染问题，农药、兽药滥用得不到有效管理，导致农产品和畜产品农药、兽药残留和污染问题严重，特别是掺杂使假等不法行为更使食品安全雪上加霜。

正因如此，如果食品信息不全，很可能导致消费者对其缺乏信任。同时，生产者因为分散经营，产品无标识，也难以追究责任。当然，这一切都需要国家有关法律法规的规范和制约，但这是一项长期渐进的工作。在当前的条件下，由食品加工流通企业来承担这样的责任，显然是最为便捷有效的。企业作为明确的市场责任主体，可以以自己的信誉来监督生产者，并以此向消费者担保。这是企业获取利润的重要手段。所以，一旦建立了这样的食品安全可追溯体系，明确了食品的来龙去脉，无疑是给消费者吃下一枚食品安全的定心丸。

从国际的形势看来，实施食品安全可追溯体系同样是刻不容缓的。欧盟和美国早已率先提出建立一个系统，对出口到当地的食品进行跟踪和追溯。欧盟已经出台了一系列相关法律法规，要求在欧盟内销售的牛肉制品和生鲜水果、蔬菜都要具有可追溯功能，以保证饮食安全卫生，同时要求出口到欧盟的肉类产品从 2005 年 1 月起必须具备可追溯功能，否则不允许上市销售。该法令实际上对食品制造业形成了新的技术壁垒。美国食品药品管理局也要求在美国国内和外国从事生产、加工、包装或掌握人群或动物消费的食品部门向该局进行登记，以便进行食品安全跟踪与追溯。

由于这一体系最早由欧盟和美国提出，所以，如何适应欧盟和美国的新法规要求就成了世界各主要食品出口国面临的共同问题。更进一步讲，建立食品安全跟踪与追溯体系已是当今世界各国的普遍要求。

在 2005 年 1 月 20 日召开的国际物品编码协会顾问委员会会议上，"建立一个以商品条码为基础的物品编码系统以有效地对食品供应链全过程进行跟踪与追溯"这一议题得到了参会各国编码组织代表的普遍响应，并很快达成了一项重要共识，这对确保食品的质量安全具有十分重要的现实意义。

加入 WTO 之后，我国有更多的食品出口到欧盟、美国，为了符合欧盟食品安全跟踪与追溯要求，更好地为出口服务，促进我国食品质量提高，增加食品的国际竞争力，需要尽早实施跟踪与追溯制度。

3. 全面铺开难度系数很大

采访过程中，几位专家不约而同地表示，虽然食品安全追溯体系非常先进，目前在全国的试点也卓见成效，但是要想在全国铺开需要时间，要达到欧盟、美国那样以法律法规形式来明确食品追溯，更是需要一个长期的过程。

第九章 冷链物流信息管理

这与国内目前的发展现状有关,在发达国家,由于各行业均衡发展,实施食品安全追溯系统并不难,但对于发展中国家,尤其是我国,各地区、各行业发展不均衡,要不断完善食品安全追溯系统建设,保证整个链条不脱节,需要做的工作还有很多。

北京市质量技术监督信息研究所副总工程师杨毅认为,建立这个系统必然会增加成本,如果想让更多的企业重视该项工作,自觉地建立质量追溯体系,有一定的难度。同时,建立质量追溯体系,对企业从业人员的素质也有更高的要求。另外,这个食品安全追溯体系属于食品安全的一个保障体系,建立以后,暂时不会见到效益,企业是否能接受,以及各个环节上的生产企业对该工作的认知度不够,这些都对体系的建立有所影响。另外,企业建立了质量追溯体系,数据也对外进行了公布,怎么让消费者相信该信息是真实的,管理部门如何监督管理企业公布的信息,这些问题都亟待解决。

同时,可追溯体系的建立将使食品、饲料、畜产加工品、加工食品及饲料原料,或者可能成为这些产品的材料,其在生产、加工、流通的所有阶段均可追踪掌控,这好比一个环环相扣的链条,涉及产品的原材料生产企业、产品生产企业、产品二次加工企业、物流运输企业、销售企业等多个环节。而供应链中各环节之间的联系比较脆弱,一个环节出问题,将使整个链条断开。例如,对于牛肉产品,养殖企业详细记录了牛生长过程中的信息,通过牛的耳标进行了标识。到牛屠宰企业后,屠宰分割会破坏牛耳标的标识。如果牛分割企业不再重新进行标识,牛饲养企业所做的工作就白费了。如何让整个链条上的企业一起行动起来,也是问题所在。

问题:
1. 结合案例谈谈如何应用冷链物流信息技术保障食品安全。
2. 如何采用冷链物流信息技术打造闭合的冷藏冷冻品供应的链条?

参 考 文 献

[1] 李娜,何雨桐.云南省药品批发企业冷链药品管理现状及监管思路[J].中国药业,2016,25(10):8-10.
[2] 陈富强,陈善斌,葛克山,等.我国发酵乳制品的冷链现状调研[J].中国奶牛,2014(2):39-42.
[3] 侯艳芳,谢东.农产品冷链物流的研究与应用[J].科技和产业,2015,15(6):16-19,24.
[4] 杨伶俐,丁蒙依.浅析连锁超市食品冷链物流系统协同配送模型研究——以联华华商超市生鲜配送为例[J].物流工程与管理,2014,36(11):50-52,37.
[5] 黄成菊.基于电子商务环境下果蔬品冷链物流运作模式构建研究——以湖南湘西柑橘为例[J].现代商业,2015(27):9-10.
[6] 中国物流与采购联合会.中国冷链物流发展报告(2014)[M].北京:中国财富出版社,2014.
[7] 中国物流与采购联合会.中国冷链物流发展报告(2015)[M].北京:中国财富出版社,2015.
[8] 中国物流与采购联合会.中国冷链物流发展报告(2016)[M].北京:中国财富出版社,2016.
[9] 中国物流与采购联合会.中国冷链物流发展报告(2017)[M].北京:中国财富出版社,2017.
[10] 李学工,李靖,李金峰.冷链物流管理[M].北京:清华大学出版社,2017.
[11] 林恒如.中小企业导入ISO 22000食品安全管理系统之个案研究——以S公司为例[D].台中:台湾逢甲大学,2012.
[12] 邓延伟,邬文兵,许金立,等.水产品冷链物流绩效评价指标体系研究[J].企业管理,2013(5):85-87.
[13] 郑静芬.整合ISO 22000与稽核机制应用于食品安全控管[D].宜兰:宜兰大学,2014.
[14] 郭孟杰.欧盟食品安全法规对台湾食品卫生管理法之启示——以水产养殖业为例[D].嘉义:台湾南华大学,2012.
[15] 黄颖,李德奎,王梦如.我国农产品冷链物流标准化管理模式研究[J].企业导报,2013(24):7-9.
[16] 黄友兰,张锐,杨烨凡.我国农产品冷链物流发展分析及对策研究[J].发展研究,2014(4):77-83.
[17] 冯健.我国冷链物流政策演变与展望[J].物流工程与管理,2015(11):9-11.
[18] 曾艳英.广东省农产品冷链物流优化的政策分析[J].南方农业,2015,9(18):130-134.
[19] 吴文治,赵述评.细化温度分区作业冷链宅配规范将出台[N].北京商报,2018-02-21(2).
[20] 中国食品网.两用式臭氧发生器用于北京冷库杀菌消毒环节[EB/OL].(2018-03-20)[2018-11-12].http://www.nclep.com.cn/view-387-1.html.
[21] 中鼎集成技术有限公司.安井食品无锡冷库的自动化改造[J].物流技术与应用,2017,22(6):110-112.
[22] 孙忠宇,程有凯.冷库现状及冷库节能途径[J].节能,2007(7):53-54,3.
[23] 康三江.浅议国内外冷库行业发展现状与趋势[J].保鲜与加工,2006(3):1-3.
[24] 冯华,王振红.生鲜食品物流存在的问题及解决方案——冷链物流[J].物流技术,2009,28(6):43-45.
[25] 张建一.美国和加拿大冷库设计的节能技术研究[J].制冷学报,2000(3):41-46.
[26] 庄友明.食品冷库除霜方法及其能耗分析[J].集美大学学报(自然科学版),2006(1):62-65.
[27] 宋金平.冷库制冷设备维修问题解析[J].技术与市场,2018,25(3):92-93.

参 考 文 献

[28] 吕五有，沈红梅．土建冷库墙体保温的能耗分析［J］．冷藏技术，2018，41（1）：32-37.
[29] 辛修瑞，牛继开，白鑫源，等．冷库发展现状以及节能与环保［J］．家电科技，2018（3）：22-23.
[30] 关志强．食品冷藏与制冷技术［M］．郑州：郑州大学出版社，2011.
[31] 郑永华．食品贮藏保鲜［M］．北京：中国计量出版社，2006.
[32] 冯志哲．食品冷藏学［M］．北京：中国轻工业出版社，2010.
[33] 谢晶．食品冷藏链技术与装置［M］．北京：机械工业出版社，2010.
[34] 关志强．食品冷冻冷藏原理与技术［M］．北京：化学工业出版社，2010.
[35] 华泽钊．食品冷冻冷藏原理与设备［M］．北京：机械工业出版社，2007.
[36] 陈锦权．食品物流学［M］．北京：中国轻工业出版社，2013.
[37] 谢如鹤．冷链运输原理与方法［M］．北京：中国财富出版社，2013.
[38] 应月，李保国，董梅，等．冰温技术在食品贮藏中的研究进展［J］．制冷技术，2009（2）：12-15.
[39] 王琦．冰温保鲜技术的发展与研究［J］．食品研究与开发，2013，34（12）：131-132.
[40] 刘倍毓，邓利玲，胡小芳，等．冰温技术在果蔬贮藏保鲜中的应用研究进展［J］．食品与发酵工业，2011，37（12）：109-112.
[41] 高志立，谢晶．水产品低温保鲜技术的研究进展［J］．广东农业科学，2012，39（14）：98-101.
[42] 张钟，江潮．食品冷冻技术的研究进展［J］．包装与食品机械，2014，32（1）：65-68.
[43] 张琳．食品包装［M］．北京：印刷工业出版社，2010.
[44] 陈丙成．基于供应链的视角探讨航空冷链运输模式［J］．空运商务，2012（315）：4-11.
[45] 陈静，张明齐．我国航运企业发展冷链运输策略［J］．水运管理，2012，34（10）：18-20.
[46] 孙金平，纪若婷，宫薇薇．北美铁路冷链运输发展研究［J］．铁道货运，2015（8）：54-5.
[47] 吴俊涛．我国航空冷链物流发展存在的问题及对策［J］．港口经济，2015（6）：46-48.
[48] 李志恒．冷链运输 让蔬菜一鲜到底［J］．印刷技术，2016（16）：20-22.
[49] 纪若婷，刘启钢，丁小东，等．我国铁路冷链物流发展策略研究［J］．铁道货运，2016，34（9）：1-5，29.
[50] 翁心刚，安久意，胡会琴．冷链物流［M］．北京：中国财富出版社，2016.
[51] 谢如鹤，刘广海．冷链物流［M］．武汉：华中科技大学出版社，2017.
[52] 崔剑．冷链物流体系建设研究［M］．武汉：武汉大学出版社，2016.
[53] 陈然，兰洪杰，等．发展冷链物流共同配送的探讨［J］．物流工程与管理，2009，31（4）：62-64.
[54] 宋伟刚，张宏霞，等．有时间窗约束非满载车辆调度问题的遗传算法［J］．系统仿真学报，2005，17（11）：2593-2597.
[55] 李军，郭耀煌．物流配送车辆优化调度理论与方法［M］．北京：中国物资出版社，2001.
[56] 刘诚，陈治亚．带软时间窗物流配送车辆路径问题的并行遗传算法［J］．系统工程，2005，23（10）：7-11.
[57] 吴能．基于周期进化遗传算法的城市冷链物流配送优化研究［D］．杭州：浙江工业大学，2011.
[58] 张钦，李辉．带有时间窗约束的车辆路径问题的一种改进遗传算法［J］．系统管理学报，2010，19（5）：589-600.
[59] 汝宜红，宋伯慧．配送管理［M］．北京：机械工业出版社，2004.
[60] 朱辉．食品冷链物流配送管理研究［D］．上海：上海交通大学，2008.
[61] 迟增彬．食品冷链物流配送时间和质量控制研究［D］．重庆：重庆大学，2011.
[62] 鄂丽媛．乳制品冷链物流配送中心选址研究［D］．大庆：东北石油大学，2011.

[63] 中国物流与采购网．快行线 TOC，看得见温度的"二段式冷链宅配"［EB/OL］．（2013-11-14）[2018-11-12]．http：//www.chinawuliu.com.cn/xsyj/201311/14/264675.shtml.

[64] 王溪．冷链宅配服务现状与发展趋势分析［J］．中国市场，2014（2）：16-18.

[65] Allen，赵钢，商立军．冷链宅配路有多远［EB/OL］．（2012-11-2）[2018-11-12]．http：//www.lenglian.org.cn/rwzf/16658_1.shtml.

[66] 陈通，李思聪．中外农产品冷链物流体系比较［J］．北京农学院学报，2013，28（2）：73-75.

[67] 陈妍，齐晗．降低农产品冷链物流成本的途径［J］．安庆师范学院学报（社会科学版），2011，30（12）：52-54.

[68] 郭慧馨．农产品冷链物流成本控制问题研究［J］．商业时代，2012（32）：36-37.

[69] 郝海．低碳经济时代物流业发展的战略思考［J］．铁道运输与经济，2011，33（9）：66-69.

[70] 洪华南．冷链物流中的共同配送策略研究［J］．铁道运输与经济，2009，31（9）：65-68.

[71] 胡晓兰，谢美娥．冷链物流企业的成本控制思路探析［J］．物流工程与管理，2009，31（184）：28-30.

[72] 贾振军，沙威．降低食品冷链中的物流成本分析［J］．重庆交通大学学报，2008，4（4）：40-42.

[73] 荆林波，王雪峰．关于我国物流业节能减排问题的探讨［J］．商业时代，2009（27）：16-17.

[74] 兰洪杰．食品冷链物流系统协同对象与过程研究［J］．中国流通经济，2009，25（2）：21-23.

[75] 李杨，韦恒．我国农产品低碳物流的问题与对策［J］．哈尔滨商业大学学报（社会科学版），2011（6）：19-23.

[76] 任倩倩，吴艳芳．低碳时代的低碳物流措施［J］．物流工程与管理，2011，33（6）：11-14.

[77] 王岭松，王东爱，杨贵娜，等．论冷链物流及其鲜活产品的绿色包装［J］．包装学报，2009，1（1）：31-33.

[78] 王文铭，刘晓亮．我国冷链物流能耗现状及对策研究［J］．中国流通经济，2011，25（10）：29-33.

[79] 魏力．实现我国物流节能减排的五大战略构想［J］．商业经济，2010（21）：3-4.

[80] 毋庆刚．我国冷链物流发展现状与对策研究［J］．中国流通经济，2011，25（2）：24-28.

[81] 许三树．积极倡导绿色物流 节能减排低碳运输［J］．物流工程与管理，2011（7）：40-41.

[82] 叶蕾，麦强，王晓宁，等．国外物流节能减排措施综述［J］．城市交通，2009，7（5）：27-31.

[83] 张国庆，叶民强，刘龙青．企业物流成本核算研究综述［J］．物流科技，2007，30（3）：1-6.

[84] 张歆祺，何静．食品冷链联合库存管理模式的探析［J］．江苏农业科学，2011，39（4）：545-546.

[85] 赵玉国．搭建信息平台 推进冷链物流诚信发展［J］．经济研究导刊，2009（22）：142-143.

[86] 郑海浪．冷冻冷藏业如何优化冷链物流［J］．商品储运与养护，2004，2（4）：8-10.

[87] 祝捷．冷链物流作业成本核算方法初探［J］．淮海工学院学报（社会科学版），2011，9（3）：18-20.

[88] 冯耕中．物流成本管理［M］．2版．北京：中国人民大学出版社，2014.

[89] 燕鹏飞．智能物流 链接"互联网+"时代亿万商业梦想［M］．北京：人民邮电出版社，2017.